五阶研训

指向持续学习力的双驱赋能教师发展范式

"上城教育高质量发展系列丛书"编委会
编　著

上海交通大学出版社
SHANGHAI JIAO TONG UNIVERSITY PRESS

图书在版编目（CIP）数据

五阶研训：指向持续学习力的双驱赋能教师发展范式 / "上城教育高质量发展系列丛书"编委会编著．—上海：上海交通大学出版社，2023.4
ISBN 978-7-313-28549-2

Ⅰ．①五… Ⅱ．①上… Ⅲ．①师资培养—研究 Ⅳ．①G451.2

中国国家版本馆CIP数据核字（2023）第063241号

五阶研训：指向持续学习力的双驱赋能教师发展范式
WU JIE YAN XUN: ZHIXIANG CHIXU XUEXILI DE SHUANGQU FUNENG JIAOSHI FAZHAN FANSHI
编　　著："上城教育高质量发展系列丛书"编委会
出版发行：上海交通大学出版社　　地　　址：上海市番禺路951号
邮政编码：200030　　电　　话：021-64071208
印　　刷：杭州捷派印务有限公司　　经　　销：全国新华书店
开　　本：710mm×1000mm　1/16　　印　　张：16
字　　数：228千字
版　　次：2023年4月第1版　　印　　次：2023年4月第1次印刷
书　　号：ISBN 978-7-313-28549-2
定　　价：78.00元

“上城教育高质量发展系列丛书”编委会

主　编

项海刚

副主编

曹　婕　沈　琳　王世美　余黎明

执行副主编

王　莺　程　艳

成　员

赵　坤　苏媛媛　赵艳艳　俞永芳　陈继明
伍小斌　沈永翔　孔晓玲　庞科军　郑一峰
钟　玲　陈文松　贾海英

本册编委会

主　编

钟　玲

副主编

廖关红

成　员

徐雪峰　蒋华灿　胡　缨　刘　英　毛慈萍
翁堤青　张　芳　王　珍　蒋　敏　金大鹏
邵晓婷

总　序

◉

2022 年 10 月，中国共产党第二十次全国代表大会胜利召开。党的二十大报告指出：从现在起，中国共产党的中心任务就是团结带领全国各族人民全面建成社会主义现代化强国、实现第二个百年奋斗目标，以中国式现代化全面推进中华民族伟大复兴。高质量发展是全面建设社会主义现代化国家的首要任务，而教育又是全面建设社会主义现代化国家的基础性、战略性支撑之一。

建设高质量教育体系，要以改革教育教学为动力。教育工作者要转变教育观念，遵循青少年儿童发展规律，践行“顺性教育”理念；要改革培养人才模式，改善教育方式方法，改进教育评价制度，落实“双减”要求，推进素质教育；要科学地运用信息技术，促进教育数字化，把现代技术与优秀教育传统相结合，促进教育现代化。

杭州市上城区作为长三角主要城市的中心城区，历史悠久，底蕴深厚，在探索教育高质量发展的实践方面起步较早，形成了很多具有区域特色的发展经验。这些年来，我多次到过上城，访问参观多所学校，与上城的教育行政干部和学校教师有所接触，并目睹了上城教育发生的变化，我认为以下几个方面值得关注：

一是以创新发展推动教育改革。“惟改革者进，惟创新者强。”一直以来，上城都肩负着为教育改革探路先行的历史使命，在理念、机制、服务创新方面作出了有益的尝试。在数字化时代的背景下，上城全面推进教育领域的数字化改革，建构了数字化、空间化、智能化、一体化的数智治理格局。此外，上城重视家庭教育，在全国首创“星级家长执照”，开创家长“持证上岗”的先河，为家校协同育人探索了新的路径。

二是以协调发展促进优质均衡。教育高质量是实现全学段、全领域、全系统的优质均衡，是在政府、学校、社会等主体之间建立良性互动。上城加大统筹力度，开发上线“淘活动”平台，有效整合各类校内外活动资源，打造“九养上城”课程体系，让城市居民乐享终身学习，让各级各类教育的价值与功能实现最大化和最优化。

三是以绿色发展提升育人品质。教育的高质量是在“质”与“量”方面都达到高水准，关注的是人的可持续发展。上城坚持以学生为本，尊重学生的身心发展规律。一方面，深入推进面向学生、教师、学校的教育评价改革，树立科学的教育质量观和人才培养观。另一方面，将课堂作为立德树人的主渠道，启动“思维课堂”研究，实现课堂从“知识立意”“能力立意”到“素养立意”，以思维发展促进学生核心素养落地。

四是以开放发展实现要素整合。高质量的教育体系是开放的，包括系统内部各类资源的开放，也包括系统外部各种要素的开放。上城坚持开放的教育理念，着力打破校园围墙与学科壁垒，探索建设区域学习中心，以“走班—走校—走社会”的新型学习机制，促进学生个性化发展。坚持以德化人，打造特色德育品牌“行走德育”，让学生走出校园、走入社会，以“行走”的方式践行社会主义核心价值观。

五是以共享发展助力教育公平。共同富裕是新时代的命题，教育均衡发展是共同富裕的基础，也是共同富裕的重要体现。上城在共同富裕的背景下，创新名校集群的发展范式，打造教育“新共同体”十大模式，强化师资队伍建设，以“五阶段、五梯队、多维度”的“教育人才多维生长台”助力教师专业发展，促进优质教育资源为群众所共享，以教育公平促进社会公平正义。

上城教育的发展，充分体现其对教育高质量发展的解读、思考与实践，展现了上城胸怀“国之大者”的视野与格局。上城教育编写出版的“上城教育高质量发展系列丛书”，全面梳理并总结了其教育改革发展的成果，涵盖名校集群建设、教育数字化改革、课堂教学改革、教育评价改革、教师培养、学校德育、家庭教育等方方面面，内容丰富、站位高远、系统性强，既有科学的教育理论，又有典型的经验案例，体现了理论与实践的统一、科学与趣味的统一。

“上城教育高质量发展系列丛书”汇集了上城教育育人实践的精华，凝聚了很多有价值的发展经验，为各地的教育改革发展提供了参考和借鉴的对象，有助于建设高质量的教育体系。相信更多的教育人能够从书中得到启迪，进一步锐意改革、积极创新，有力推动教育高质量发展。祝贺本套丛书的出版问世！

是为序。

顾明远

北京师范大学资深教授

中国教育学会名誉会长

2022 年 11 月 28 日

序

◉

党的二十大报告提出，高质量发展是全面建设社会主义现代化国家的首要任务。以高质量教师队伍建设推动新时代教育高质量发展，无疑是推进教育强国的应然逻辑。2022 年，教育部等八部门印发《新时代基础教育强师计划》，吹响了加快基础教育教师队伍建设的号角。教师的学习力与一个区域的教师研训质量直接决定了这个区域教师队伍的质量。建构新时代教师发展支持服务体系，建强区县级教师发展机构，促进教师终身学习和专业发展，提升为党育人、为国育才的水平，是贯彻党的二十大精神、办好人民满意教育的时代命题，更是新时代中国式教育现代化不可或缺的重要组成部分。

杭州市上城区教育学院是教育部命名的“全国首批示范性县级教师培训机构”。随着经济社会事业的不断发展与跨越，上城教育人不忘初心，敢于创新，勇于担当，勤于探索，在不断创新变革中谱写了一个又一个崭新篇章：所在区域的教师培训案例于 2019 年被评为“全国教师队伍建设十大优秀案例”；2021 年成为浙江省教师教育创新实验区、国家级教师培训管理者发展研究中心首批“培训专业化”实践基地；2022 年撰写的这本书很好地反映了他们在“双新”“双减”“教育数字化转型”等时代背景下对区域层面助力教师成长的新理念与新实践，其中有不少符合教师专业发展规律且颇具创意的观点和做法，对中小学教师队伍的高质量发展多有启迪，十分值得大家借鉴。

首先，本书对教师发展理念进行了时代新思考。放眼世界，21 世纪是一个充满易变性、复杂性、不确定性和模糊性的时代，面对百年未有之大变局，教育和教师都面临巨大挑战。2022 年出台的新课程方案和新课程标准给中国的义务教育教学内容和方式带来又一轮变革。在这样的时代背景下，上城教育《五阶研训：指向持续学习力的双驱赋能教师发展范式》提出：教师持续发展需要架设“提升型和转化型”双通道，“内驱和外驱”两种动力缺一不可。教师的专业发展不只是注重传统意义上的“提升式”发展，更要加强深化课程改革所必需的“转化式”学习与发展，学会“改革与新思维”；教师不只是基于专业标准的划一的“被发展”，更要“面向每一个”加强“定制式”发展，要通过各种举措激发教师自主发展的内驱力，使其与教师发展外驱力指向相同的方向，两种力量拧成一股绳，让教师成长更有力、更有效。显然，上城区对于教师专业发展的这些思考与认识是与时俱进且科学正确的，只有当教师自身具有持续学习的意识与能力，不只是“作为学科的老师”片面发展，而是“作为完整的人”全面发展，才有可能达成教师素养的高质量发展。

其次，本书为教师发展行动提供了实践新探索。书稿中分享了丰富的上城教师研修案例，有面向新教师的“相约星期二培训”，有面向全体教师的“五阶段五梯队分层分类精准研训”，也有大量丰富的情景实践、沉浸体验、项目学习等具身实践的转化型研修创新案例。一方面，我们可以清晰地看到上城为教师发展铺设了全方位多维度的成长进阶通道，让每位上城教师在职业发展的不同阶段找到自己的生长点，让教师在持续学习进阶中，从生手变成能手。另一方面，我们也可以强烈感受到上城教师研训的创新变革意识。“双新”背景下教龄长、经验丰富的老教师所面临的挑战和培训的重要性可能更甚于新教师，他们可能会在无意识中停留于经验舒适区，不愿学习甚至抵触改变。因此，上城创造性地提出要依托成人转化性学习的学理依据，组织开展以“实践困惑、学习反思、对话交流、认知重构、行为转化”为学习闭环的五层级转化研修，引导教师做“变革型教师”。这正是本书最具特色的地方，这些举措也都非常有效且有意义。

再次，本书为教师发展范式提供了区域新样本。上城区从 21 世纪初开始至今持续在开展的区域助力教师成长的模式研究在全省乃至全国范围内形成了一定影响力。纵观当下中国，区县级教师发展机构有 2800 多个，服务 1600 多万名教师。这些区县级教师发展机构是促进教师专业发展、推动教育教学改革、落实立德树人根本任务、建设教育强国的中坚力量。借助教师教育范式与体系创新来推进教师教育改革，是提升教师队伍高质量发展的良策。上城教育撰写的这本书基于“双新”背景下上城的教师培养新范式实践，以终身学习理念为引领，以转化性研修项目开发为创新生长点，指向教师专业持续发展的“五阶研训”范式架构与实践，引导教师主动去思考、去实践、实现真正的自我生长并走上幸福的职业成长之路，是顺应 21 世纪社会发展与新时代中国课程改革步伐的教师发展理念重塑，也是上城教师教育历年来发展力量积淀推动下的转型升级，更是上城教师教育面对新挑战的又一次自我攀越与变革创新。从这个意义上说，本书也为推动新时代教师高质量发展与培养提供了一个高质量的区域样本。

一直以来，我与上城区教育系统的领导和老师们多有交流，“十四五”期间，我作为上城教育智库专家团队成员之一，更有机会深度参与并了解上城教师教育领域的诸多工作，看到上城为促进教师成长所付出的种种努力，更感受到他们在实践中与时俱进、不断超越自我的变革创新精神。没有好的老师就没有好的教育。以“转化进阶”推动新时代教师队伍高质量发展，“五阶研训”范式是上城经验，也是中国特色的成功经验。期待上城教育通过不断深化的研究和创新实践，以“五阶研训”为推手，将打造高质量发展的教师队伍的理想，变成理想的高质量发展的教师队伍！

浙江大学教授
浙江省师干训中心原副主任
2022年12月

目录

CONTENTS

第一章
“五阶研训”的范式建构

教育是面向未来的事业。未来的不确定性、教育发展的时代性决定了教师需要具备可持续发展的能力和水平，要在继承与创新中应对新挑战，才能完成教育理念与行为的转型与升级。教师专业能力的建构有其独特的方式，持续学习力是面向未来的教师专业发展能力的核心。

本章将围绕教师专业发展与成人学习领域的相关理论，从区域改革的视角出发，对上城教师教育经验进行梳理，并在此基础上架构指向持续学习力的双驱赋能教师发展“五阶研训”范式。

第一节
持续学习让教师走向专业幸福

⊙

教育是极具价值和魅力的事业。德国著名教育学家斯普朗格曾说过，“教育的最终目的不是传授已有的东西，而是要把人的创造力量诱导出来，将生命感、价值感唤醒”。教师在成就学生的同时成就自己，其成长是有规律可循的，既需要响应时代的呼唤，也需要适应学生的发展，更需要遵从内心。他首先是一个独立的、发展的、完全的人，然后才能成为一名真正的教师。

一、过程性和阶段性：教师专业发展现状与国内外理论研究的共识

教师专业发展是指教师在整个职业生涯中，依托专业组织，通过终身专业训练，习得教育专业伦理和技能，逐步提高从教素质的专业成长过程，是一个从不成熟到相对成熟的发展过程。职前教师教育仅是起点和基础，职后教师教育才能为教师专业发展提供长效动力。即教师是在岗位实践中自我塑造的，在学校进行的专业化学习是为一名教师从教所做的预判性准备。

案例 1-1-1 新教师，快成长！

2021 年 9 月，许多年轻人走出大学校园来到中小学或者幼儿园，成为一名新教师。他们怀揣教育理想，登上三尺讲台，践行教育理念。

11 月底，我们面向某省份 12421 名从幼儿园到高中阶段的新教师做了一次有关“从教初体验”的不记名问卷调研。当问到工作近三个月的自我感受时，有 961 名新教师（占比 7.74%）明确表示“不太顺”，另有 3466 名新老师（占比 27.9%）则表示自己在工作中的感觉“一般般”。（见表 1-1-1）

表 1-1-1 ×× 省 2021 届新教师“从教初体验”调研结果（1）

第一题：正式工作近三个月的感觉是（请选择最接近的一项）（单选题）

选项	小计	比例
很顺利	1758	14.15%
比较顺	6222	50.09%
一般般	3466	27.9%
不太顺	961	7.74%
其他：[详细]	14	0.11%
本题有效填写人次	12421	

那么，这些新教师具体而个性的入职体验和感受是什么样的呢？在“用一个词或者一句话简要表达自己从教近三月的体验与感受”的答案样本中，截取序号为 1—15、6210—6224、12406—12420 的答题样本（见表 1-1-2），从中可以感受到新教师们普遍觉得自己忙碌劳累，努力工作但各方面反馈并不理想。链接 1-1-1 是该省 2021 届新教师“从教初体验”调研结果的详细情况（扫描二维码即可查看）。

链接 1-1-1
×× 省 2021 届新教师“从教初体验”调研结果

表 1-1-2 ××省 2021 届新教师“从教初体验”调研结果（2）

序号	答案文本	序号	答案文本	序号	答案文本
1	既来之，则安之	6210	需要继续学习	12406	繁忙，杂事多
2	一般	6211	累并幸福着	12407	兴奋与惊喜并存
3	迷茫	6212	不能停止学习的脚步，继续努力去提升自己	12408	需要更多学习的机会，发现很多不足
4	每天都很充实	6213	学无止境，学以致用	12409	忙碌
5	太杂乱了	6214	充实幸福	12410	现实遇到的困难很难用理论去解决
6	逐渐适应	6215	学生没有想象中好管	12411	受益匪浅
7	身心俱疲	6216	多学习，多听课	12412	以身作则
8	忙碌	6217	棘手	12413	痛并快乐着！继续前行
9	疲惫	6218	手忙脚乱到有点感觉不知所措	12414	充满激情
10	压力山大	6219	敬业	12415	摸着石头过河
11	艰难困苦，玉汝于成	6220	辛苦、收获、成长	12416	累
12	忙	6221	任重而道远	12417	道阻且长
13	教育教学不易	6222	初为人师，在管理学生、教学方面都有所欠缺！学生素质参差不齐，不太容易把控课堂，不能做到因材施教，每天都感觉自己很累，很努力教学，但是效果不佳	12418	关爱
14	还不错	6223	充实	12419	实践出真知
15	还需努力，还需学习	6224	早 7 晚 10，很充实	12420	新奇的挑战

继续从大数据“词云图”视角对参与调研的新教师群体做另一个维度的样本分析。12421 名新教师中有 590 名新教师（占比 4.8%）感觉“忙碌”，533 名新教师（占比 4.3%）感觉“疲惫”，187 名新教师（占比 1.5%）觉得“辛苦”，除此之外，感觉“力不从心”“迷茫”“压力大”“事情多”“烦琐”的合计 539 人（占比 4.3%）。

每一个孩子都需要好老师，每一名教师都是重要的教育资源。但从上面的调研资料可以看出，新教师入职之初存在的问题和困难还是比较多的：不少新教师会在入职之初感到困难重重，力不从心。

（根据中国某省份 2021 届 12421 名新教师的调研资料整理）

上述案例中，部分新教师的入职现状与专业发展状态并不尽如人意，甚至让人担忧。但是，从国内外教师教育实践探索与理论研究的视角来看，这又是极其正常的。教师的专业化发展过程中，其专业发展空间是无限的，成熟只是相对的。教师专业发展的内涵也是多层面、多领域的，会经历一系列专业发展阶段。

1. 国外关于教师专业发展阶段的研究

关于教师专业发展的阶段性特征，国外有许多相对比较典型且有代表性的研究结论。

20 世纪 60 年代末，美国学者弗兰西斯·富勒（Frances Fuller）提出了教师关注阶段论，为教师发展理论开辟了先河。富勒认为，在成为专业教师的过程中，教师所关注的事物是依据一定的次序更迭的，可分为四个发展阶段——“教学前关注、早期生存关注、教学情境关注、关注学生”。

20 世纪 70 年代，以美国学者卡茨（Katz）为代表，理论界开始关注教师发展历程的研究。卡茨把教师的发展分为求生存时期、巩固时期、更新时期、成熟时期。

20 世纪 70 年代末到 80 年代初，美国俄亥俄州立大学的伯顿（Burton）、纽曼（Neumann）、皮特森（Peterson）等一批学者，对教师的发展问题进行了有组织的系列研究。伯顿提出了教师发展的三个阶段——“求生存阶段、调整阶段、成熟阶段”。

20 世纪 80 年代以来，教师发展理论在世界各国受到前所未有的关注，并蓬勃发展。美国学者费斯勒（Fessler）于 1985 年提出了一套动态的教师生涯循环理论，将教师的发展分为八个阶段：职前教育阶段、引导阶段、能力建立阶段、热心和成长阶段、生涯挫折阶段、稳定和停滞阶段、生涯低落阶段、生涯退出阶段。

美国学者司德菲（Steffy）则将教师的发展分为五个阶段：预备生涯阶段、专家生涯阶段、退缩生涯阶段、更新生涯阶段、退出生涯阶段。

美国亚利桑那州立大学的伯利纳（Berliner）认为，教师教学专长可以划分为五个阶段——“新手教师、熟练新手教师、胜任型教师、业务精干型教师、专家型教师”。

休伯曼（Huberman）则在探索教师职业周期的基础上将教师职业发展阶段划分为入职期、稳定期、实验和歧变期、重新估价期、平静和关系疏远期、保守和抱怨期以及退休期。

2. 国内关于教师专业发展阶段的研究

从 20 世纪八九十年代开始，国内学者开始关注教师专业发展阶段并从不同角度展开深入研究。

叶澜、白益民以自我专业发展意识为标准，认为教师专业发展可分为五个阶段：非关注、虚拟关注、生存关注、任务关注、自我更新关注。

傅树京归纳总结了富勒等人的观点，在此基础上按照适应期、探索期、建立期、成熟期、平和期五个阶段全面描述不同专业发展阶段的教师能力和教师需要。

2011 年，钟祖荣在提出教师成长四阶段的基础上，将教师专业发展划分为适应期、熟练期、成熟期、发展期、创造前期、创造后期六个阶段，分别对应的是合格教师、熟练教师、成熟教师、骨干教师、专家教师、教育家。

连榕认为教师发展可分为三个阶段：新手型、熟手型和专家型。康翠、刘美凤在此基础上参考国内小学教师职称评定制度，将教龄、职称、教研情况三个方面确定为新手教师、熟手教师和专家教师的评定标准。

台湾地区学者王秋绒按照“教师专业社会化的过程与内涵”，将教师发展分为职前师资培育阶段、实习教师阶段和合格教师阶段。

国内外的这些研究表明，教师的专业发展确实表现出明显的过程性和阶段性。每个阶段都有其特殊性，每位教师在每个阶段的成长诉求是不一样的。这个特质又决定了教师专业发展具有连续性，教师只有基于现状不断地进修和研究，才能促进自身的发展，实现进阶，让自己的职业生命不断焕发活力。

二、转化学习与可持续性：面向未来的时代要求和教师成长的应然需求

教师专业发展具有持续性和终身性，这一特质决定了教师不是可以基于经验维持现状的“稳定”职业。教师专业的可持续化发展需要教师紧跟时代发展与变革的步伐，适应社会对人才培养的新需求。

案例 1-1-2 大家都是新手教师！

2019 年 12 月，突如其来的新冠疫情席卷全球，给全世界带来极大的冲击，教育领域也不可避免地经历了“停课不停学”的阶段，毫无准备的教师和学生们不得不集体在全网围观下试水线上教学。

一夜之间，“互联网 + 教学”成了当时的大型“翻车现场”。教师教学遇到很多问题和挑战，如：选择什么在线平台、如何顺利组织“没有教室”的在线课堂教学？如何落实“学为中心”理念，保证班里的学生能真正投入并参与在线教学？学生在线学习进度不一、学习质量差别较大，教师在课堂里如何及时了解学情并加以调控？由于疫情期间居家在线教学的特殊性，从某种程度上来说，几乎每一个教师都必须独立面对并解决这些问题，所有人瞬间变身成为“新手教师”。截至 2020 年 4 月初，疫情已导致全球 194 个国家及地区全面停学，16 亿学生无法正常上学。在这样的背景下，所有的教育人比以往任何时候都更真实、更强烈、更清醒地意识到，大变革时代已经到来。无论是像新冠疫情一样的“黑天鹅事件”，还是随着漫长社会演变而来的教育 4.0 时代，都在提醒我们，这个世界已经对所有的教师提出全新的要求，在这个充满不确定性的时代，教师面临各种真实问题，需要在新一轮的学习中持续而快速地成长起来。

（根据新冠疫情背景下的教育现状相关资料整理）

面对百年未有之大变局，教育事业面临巨大挑战。世界各国的教育改革热

潮迭起，其目标的达成最终都要依靠教师。那么，如何才能更好地促进在职教师专业的可持续化发展？

1. 促进教师专业发展的教师培训、教师研修，本质就是教师学习的过程

在教师教育和教师发展的建设方面，需要思考一个核心问题：教师的成长与发展过程中什么最重要，什么最有价值？美国学者拉尔夫·泰勒（Ralph W. Tyler）提出“未来的在职培训，将不被看作是‘造就’教师，而是帮助、支持和鼓励每个教师发展他自己所看重、所希望增加的教学能力。占指导地位的、被普遍认可的精神，将是把学习本身放在重要的地位”。从这个意义上看，促进教师专业发展的教师培训、教师研修本质就是教师学习的过程，教育教学也越来越被看作是一种“学习型专业”。没有教师的持续学习，就没有教育教学的高质量发展。

2. 在教育改革除旧布新的过程中，教龄长、经验丰富的老教师所面临的挑战可能更甚于新教师

近年来，在国际教师教育领域中，研究者已经逐渐意识到，在教育改革持续除旧布新的过程中，一些教龄长、经验丰富的老教师所面临的挑战和接受培训的重要性可能更甚于新教师。教师学习属于成人学习领域。美国成人教育学家马尔科姆·诺尔斯（Malcolm S. Knowles）提出成人学习的五大特征分别是：独立的自我概念、关注个体经验、现实需求、问题解决和内部驱动。因此，面对社会发展的不确定性，教师不仅需要改变现有的思维、感知和行动方式，还需要意识到某些固有的经验和原有的旧理念、旧方式也是教育改革新阻力、新危机的一部分。在这样的背景下，源于成人教育家麦基罗的“转化学习理论”日益受到关注。它主要是指在特定的学习环境中，学习者的感知模式和理论方式发生了质的变化，从而对自己的预设或思维习惯产生怀疑或重构。

3. 基于转化学习理论的教师专业发展，给转型期的教师专业发展带来了新思路

转化学习理论由美国成人教育家杰克·麦基罗（Jack Mezirow）于1978年首次提出。转化性学习“转变人们习以为常的认识参照体系，使其更具包容性、辨识性、开放性、情感应变力和反思性，以产生更加正确合理的信念和观点，指导实践”，它不仅改变知识结构，还转变认识体系。基于转化学习理论的教师专业发展，以教师在教育教学中所经历的困境为起点，突出教师的主体地位，强调无论多大范围的教师培训都应该把教师看作学习的主体、健全的个体和有强烈进步意愿的人，更加关注价值、情感和人际关系等文化因素对教师学习的特殊影响，也强调要使用批判性思维，让教师不断对自己的教学提出疑问，针对疑问以及教学方式开展进一步的实践探索研究。在这样的学习过程中打破传统模式的束缚，更新教师的原有认知结构，使思想、情感与行为等维度都发生深刻的结构性变化。

综上所述，转化学习与可持续性是面向未来的时代要求和教师成长的应然需求，是帮助教师解决问题、获得职业幸福感的重要因素。教师需要不断认清自身能力与时代要求的差距，时刻保持着对新知识、新事物的悦纳态度，并努力将知识更新的巨大冲击转化为内在能力和专业素养，不仅要在教学技术和教学手段层面有发展，更需要在教育思想和观点层面有深度变革与升级。

三、从“单向的进阶培训”到“多维的可持续发展支持”：教师教育高质量发展的变革趋势

当一名好教师，是每位教师的基本追求，也是社会对教师的基本期待，体现了教师高质量发展的价值导向。什么样的教师才是好教师？如何成为一名好教师？这也是教师与社会共同关心的问题。教师是为美好的明天工作的人，对于“好教师”的理解，新时代又有新要求。

案例 1-1-3 21世纪，什么样的教师是好教师？！

2019年9月17日，国家主席习近平签署主席令，授予于漪“人民教育家”国家荣誉称号。于漪在“人民教育家于漪教育教学思想”高级研修班上语重心长地和年轻教师们分享了她关于当好人民教师的最新思考。她说：“现在当老师确实很辛苦，尤其是当前面临‘双减’‘双新’的重任——面对新课题、新挑战，全体教师更要感到重任在肩，更要攻坚克难，因为教师队伍太需要引路人，太需要排头兵了。”于漪还提到自己虽然已经92岁，但依然坚持每天学习：“可以说，我基本上整天都在学习，因为只有学习，才能让自己聪明起来。”她勉励年轻教师，要扎扎实实读点“磨脑子”的书，用思想攀登，一辈子做教师，一辈子学做教师，努力成为立德树人、塑造学生的“大先生”。她同时提醒青年们，教师专业发展最重要的内在需求是精神成长。人的成长是一辈子的事，教育不是一个结果，教育是生命展开的过程，永远面向未来，没有止境。

2022年4月19日，美国公布2022“国家年度教师”桂冠获得者是来自俄亥俄州欧柏林高中（Oberlin High School）的历史老师库尔特·拉塞尔（Kurt Russell）。评选委员会在一份声明中称赞道：“库尔特积极倡导将学生置于教师工作的中心。凭借20多年的课堂教学经验，以及与社区的紧密联系，他深入探索了学校怎样做才能最好地满足学生的需求。作为2022年的国家年度教师，库尔特将为师生代言，发出自己热情而真实的声音。”

“人民教育家”是中国当代教师荣誉体系里最高级别的国家荣誉称号，“国家年度教师”则是美国七十余年来公立K-12（幼儿园至高中）教师的最高荣誉。从这两位分别代表东西方文化的顶级优秀教师身上——无论是于漪的“一辈子学做教师”还是拉塞尔的“深入探索学校怎样做才能最好地满足学生的需求”——我们都可以清晰地感受到教师专业发展与时俱进、可持续发展的必要性与价值，以及教师专业发展与教师精神生命同步成长的多元广阔空间。

（根据网络相关资料信息整理）

未来，我们需要什么样的教师？世界变革已经触及教育末梢。面向未来，全新的教师画像与迭代升级的教师教育图谱正在生成！

1. 美国——专业教育者要能够适应在不同的环境中工作

美国是教育创新最为活跃的国家之一，在教师教育领域亦是如此。美国于2017 年建立"提高教育工作者培养质量协会"，确定了基于发展背景与挑战实现教师教育共同愿望的标准，旨在设计新的教师教育认证标准和程序，以保障美国教育者培养的质量。他们在 2019 年推出教师教育认证标准，提出专业教育者要能够适应在不同环境中工作，不仅要在教育环境中从事专业实践并获得专业发展与成长，还要表明他们有能力在各种其他环境、社区和文化背景下同样能够实现专业发展。

2. 丹麦——增加教师职业生涯发展机会以提升中小学教育质量

丹麦的《公立学校法》规定公立学校的教师必须有较高的职业技能，并且使他们人尽其才，以促进中小学教育质量提升。为此，公立学校必须为教师的发展提供良好的工作环境和发展机会，政府也将促成各市政府与丹麦教师联合会的合作，拓宽公立学校教师职业发展路径。

3. 芬兰——研究本位型的教师教育被认为是培养高质量教师的关键

芬兰的教师教育发展经历了从培养"个人经验型"教师到培养"研究本位型"教师的转变，这被认为是芬兰教育高质量的关键。2016 年，芬兰出台的《国家基础教育核心课程》指出，教师的教学计划能力和教学活动能力并非是决定性的，教师的课程规划能力和集体反思能力才更为关键。为了在工作中取得成功，教师必须具有持续的学习能力、反思能力、研究能力，才能满足不同能力和文化背景学生的需要。

4. 新西兰——自主工作使得教师专业化程度在全球名列前茅

教师教学国际调查（TALIS）对全球 34 个国家和地区的教师、校长进行了调查，结果显示新西兰教师质量排名第四，仅次于俄罗斯、爱沙尼亚和新加坡。TALIS 针对新西兰七至十年级的教师和校长进行了调查，涉及来自 163 所初级中学的约 2800 名教师。他们发现，新西兰教师在参加培训和专业化发展方面表现较好，能够自主工作。这可能是新西兰教师的专业化程度在全球名列前茅的重要原因之一。

5. 英国——推动教师专业发展作为教师减负的重要举措

英国教育部为加快推行学校制度改革、积极解决学校教育公平和质量问题采取的一条举措是，政府将支持创建新的、独立的教师进修学院（teaching college），不断提升教师专业地位，并设置一个新的基金，以推动教师的专业发展。同时，英国还将促进教师专业发展作为教师工作减负策略。以沃里克大学为例，在促进教师可持续发展上，该大学职前教师教育机构为预备教师提供了四个阶段的教育课程，并积极与合作学校开展活动，以确保预备教师、指导教师的工作量负担最小化。

6. 新加坡——以价值驱动范式培养 21 世纪的教育者

新加坡教育部确立了以“学生为中心，价值为导向 (student-centric,values-driven)”的教育理念。为了与新的教育理念同步，新加坡教师教育也正式从倡导能力本位转为价值导向，旨在将 21 世纪的教育者培养为思维型人才、社会价值观的守护者。简言之，新加坡教育模式是以价值观为核心，关注教师气质的养成，同时要求教师具备批判与反思思维，目的是要培养自主思考的教师，即能够反省自我角色，利用理论和研究加深自我对学习的理解、思考；系统地介绍他们的实践，并调整教学以适应学生学习的教师。

7. 中国——让教师教育迭代升级，教育强国先强师

高质量教师是高质量教育发展的中坚力量。继 2018 年《中共中央 国务院关于全面深化新时代教师队伍建设改革的意见》之后，2022 年教育部等八部门联合印发《新时代基础教育强师计划》，明确提出要以高素质教师人才培养为引领，对教师教育体系的建设做系统思考，健全中国特色教师教育体系，形成合力以加强教师队伍建设的质量。要适应教育现代化和建成教育强国要求，建构开放、协同、联动的高水平教师教育体系，建立完善的教师专业发展机制，让教师培训实现标准化、专业化，努力建设一支有力支撑教育高质量发展的高素质专业化新型教师队伍。

从这些国家的政策走向和教育变革中，可以看到，无论是哪个国家的教师，只有当他在与时俱进的教育变革中保持终身学习状态时，只有当他具有持续不断的专业发展可能性时，只有当他有能力最大限度地满足学生将来发展之需要时，才能满足学生、社会、国家和时代的要求，成为一名合格的育人者，才有可能收获属于个人的专业发展幸福。

第二节
助力教师持续发展的上城“五阶研训”变革历程

⊙

上城区作为浙江省省会杭州市的主城区之一，文化底蕴深厚。教育一直是上城的金名片，从20世纪末开始，上城以制度之力推进教师发展之治，持续打造全覆盖、多维度区域助力教师成长的上城模式，创建形成独特的上城教师教育特色。回顾历史，展望未来，上城的教师发展一直处于迭代升级的创新变革实践中。

一、上城教师教育的价值追求与教师教育改革历程

提高教育质量的关键在于教师。一直以来，上城区以教师发展为本，把助力教师成长纳入区教育发展规划中。随着经济社会的不断发展与进步，上城的教师教育也在持续的创新变革中谱写了一个又一个崭新的篇章。

案例 1-2-1 上城是教育改革的沃土

20世纪八九十年代是教师进修学校改革激情燃烧的岁月。上城教育人不忘初心，敢于创新，勇于担当，勤于探索。1994年6月，酝酿已久的第一期上城区“跨世纪园丁工程”启动，为全国首创。在时任上城区教育局局长方莉的大力支持下，在张天孝校长、王燕骅副校长的带领下，50名青年教师满怀喜悦之情拜12位特级教师和优秀教师为师，开启了上城区教师培养的新模式。启动大会上，特级教师张化万说：“拜师难，带徒更难，但我们愿干。因为我们都年轻过，因为我们的成长都离不开前辈师长的栽培……然而，我们终究要老的。为了教育事业永远辉煌，我们带徒责无旁贷……只有在事业的追求中才能赢得生命的永恒。”1996年春，国家教委师范司和全国中小学教师继续教育年会的代表参加首期园丁工程学员的教学汇报和结业典礼，纷纷赞扬“跨世纪园丁工程”香飘全国，极大地推动了基层学校的教师队伍建设。“跨世纪园丁工程”入选1997年浙江省教育十大新闻，为上城区教育光荣时代的开启打下了基础。

上城教育人就是带着自己成长时感受到的“师承”来延续梦想的。当年“跨世纪园丁工程”中的师生，如今成了扛起上城教育辉煌的脊梁、杭州市教育发展的中流砥柱。上城教育人的脚步从未停止。2000年借课改东风，学习《现代小学数学》，紧跟着探索《现代小学语文》教材的创编与实验，用课程搭建教师成长的平台，借西湖博览会（中国杭州西湖国际博览会）助育人才。2003年11月，张化万迎来了人生中最难忘的时刻——中国杭州名师名校长论坛——“张化万小学阅读与作文教学研讨会”。至2019年，历届西湖博览会让俞国娣、曹晓红、虞大明、王莺、缪华良、蒋军晶、陆虹、何慧玲、钟玲、鲁哲清、汪玥、王林慧、马益彬等一批批上城“小语人”实现梦想，走向辉煌。

2006年，在省教育厅和区政府支持下，上城建立了省内第一个特级教师工作室，开创了“大教教心”的教师培养新机制、新模式。该工作室立足上城，面向全省，辐射全国，开始了打造浙派名师的人才培养工程，引导和帮助许多中青年教师从优秀走向卓越。“十三五”期间，上城的名师工作坊、特级教师工作站已经遍布区内每一所中小学、幼儿园，为上城各层次教师的专业发展助力。教师教育是什么？是终身学习，是教师一生的福利。好校长是好学校行走的符号，好教师是学校得以持续、健康发展的最主要的动力，是社会感受得到的最有说服力、最暖心的公平普惠教育的保证。

（根据张化万老师为杭州市上城区教育学院60周年院庆提供的文章整理）

让每一位上城教师遇见最美的自己、体验教育人的幸福感，是上城教师教育的价值追求。上城的教师教育改革重视教师精神培育，遵循教师发展规律，凸显学习者中心理念，在创新实践中多方位、多路径助力教师自主式、个性化专业发展。

1. 以“提升教师培训执行力”为核心的发展阶段

20世纪80年代初，上城教育率先在全省实施教学研究、师资培训、教育科研“三位一体”的办学模式。20世纪90年代以后，随着社会经济、政治、文化进入新阶段，上城抓住机遇，率先探索“专题化、菜单式、互动型”研训一体的教师教育新模式。至2010年，以提高教师培训执行力为改革的切入口，提出实践力是教师培训的目标与价值取向，内需力是教师培训的根本动力，执行力是教师培训的关键要素。在此基础上实践探索形成了“基于提升教师培训执行力的上城模式”，通过对提升教师培训执行力的研究，对上城区的教育发展乃至经济社会发展提供了强有力的人力资源支持。

2. 以“区域助力教师成长的上城模式”为特色的发展阶段

“十二五”期间，上城的教师教育与教育事业的蓬勃发展相同步，不断攀上新的台阶。这一阶段，上城从区域维度出发，对如何促进教师成长、提高教师素质从而提升区域教育的整体质量进行研究，形成“区域助力教师成长的上城模式”，提出区域助力教师成长模式的三条路径：基于区域，通过对区域教育资源的开发、集聚，为教师成长提供助力；基于校本，提出最能促进教师成长的平台是学校和课堂；基于网络，通过现代技术的运用，让教师时时、处处都能感受到有一个强大的团队在支持自己。同时，基于区域助力教师成长模式，提出四种助力教师成长的策略：自我设计，让教师成为成长的主体；团队指导，帮助教师获得多种风格的成长助力；研究助力，让教师的成长过程物化外显；专项培训，让教师的个体成长得到实现。

3. 以“五阶段、四梯队、多维度”平台创新为关键的内驱力激发与能力提升阶段

“十三五”期间，上城在“让教育更美好”愿景的引领下，着力打造“五阶段、四梯队、多维度”教师专业成长平台，让每一位教师在职业生涯的每一个阶段有属于自己的奋斗目标，用目标和激励来激发教师成长内驱力；在研训一体背景下开展分层分类的精准培训，助力学科专任教师、班主任队伍的专业化成长；通过工作坊、工作室项目推动区内名师队伍的共建共享，让身边的名师资源伴随上城教师发展；通过海外研修课程研发与实施拓宽上城教师的国际视野。上城在助力教师教育事业的同时，提出要让上城的每一位教师自觉成为爱的守望者、永远的学习者、正能量的传递者、面向未来的创造者，用师生的共同成长描绘美好教育蓝图，携手共创美好世界。

二、上城教师教育的现状

2021 年 4 月，杭州市上城区与江干区区划调整成为新上城区。原江干区是杭州发展的核心区域，负责教师培训的江干区教育发展研究院在“十三五”期间建构起“需求导向、评价促动、资源整合、项目运作”的工作机制，践行“求真 · 融合 · 创新”的钱塘研训文化，坚持问题导向、精准服务，教师专业发

展工作稳步前行，在连续多年的省师干训先进集体评选和教师专业发展绩效考核中名列前茅，在全省保持领先地位。从这个意义上说，上城与江干融合是一次城市“空间布局”与“资源要素”的再优化，在未来几年，两区的教师教育势必实现培训机构、培训机制、培训人员的整合、变革与优化。从区域面积18平方千米、教师体量4000多人的“小上城”到区域面积122平方千米、教师体量14000余人的“新上城”，上城教育及教师队伍建设面临新挑战，也迎来新机遇。

2022年4月，教育部印发《义务教育课程方案和课程标准（2022年版）》，聚焦育人本质，完善了培养目标，优化了课程设置，细化了实施要求，掀起了义务教育改革发展的新一轮探讨热潮。教师是教育改革行动与目的得以实现的主体，教师自身的深刻转变是教育改革重要的支撑与保障。而教师变革行之有效的途径之一就是高质量的教师学习与发展。作为一线教师，在新一轮课程方案和标准颁布后，应该怎样学习与践行才能更好地将个人从教经验与课改新理念正确对接？为深入推进新课标下育人方式变革，建设人民满意的专业化创新型教师队伍，教师教育及教师队伍建设同样面临新挑战，也迎来新机遇。

案例 1-2-2 “联片研训共同体”发展联盟

为加快推进教师专业成长，打造区域中小学协同发展新样态，2022年6月，上城推出了“1+5+96”区、片、校三级发展联盟（即1个中心、5个片组、96个学校）网格式研训机制。全区中小学以学校办学特质和教师专业发展需求为核心，按照“地域相邻、同质促进、异质互补”等原则建构“拥江”“品韵”“望湖”“走运”“依山”共同体，形成网络关系密切、紧密抱团研修、深度协同发展的格局，以全面提升区域内中小学教育教学水平，让每一位上城学子享有更加公平、更高质量的教育。

每个共同体包含中学、小学、九年一贯制学校若干所，通过抱团发展、多校协同的举措，打破学校之间的壁垒，激活研训能动性，实现优质教育资源的辐射推广与合成再造，形成稳定的合作机制。

首先，瞄准教师发展，锁定共同体发展的着力“点”。教育学院、教育评估与监测中心以共同体为单位，派驻骨干团队全程指导，通过“适性渗透，弹性扩展、校际联培”，创建一支学习型、互助型、研究型骨干教师团队，积极关注新教师队伍的专业发展，实现研训过程人人发声、同研共进，带动教师队伍整体素质提升。

其次，聚焦教育研究，形成共同体发展的纵贯“线”。每个共同体基于成员校实际情况，在驻点团队的引领下，围绕教学改革、课堂教学、作业设计、综合评价等，每学年至少确定1项重点研究项目，实现“思维课堂”共研，特色课程共建，疑难问题共商，加强中小学课程改革与研究的深度。各共同体落实落细常规活动，在实践中吸纳创新研训成果，达成研训活动的高成效，实现成员学校高起点出发、高质量发展。

再次，指向整体提升，扩大共同体发展的辐射“面”。以共同体为纽带，带动研修下沉、活动融通，积极创新推进共同体内成员学校发展的有效路径和举措，加强学校之间、共同体之间的互学互鉴，实现区域协同发展。充分挖掘共同体内优质学校资源，通过“阵地互建、活动互通、评价互动、成果互享”等机制，不断加强普优协同，缩小教师校际差异，实现学校共享共进、整体提升。

（根据《上城区中小学校“联片研训共同体”工作推进方案》整理）

“联片研训共同体”发展联盟的建立只是“十四五”期间上城教师教育自我革新完善的基础性机制建设举措之一，后续的上城教师培训工作将以研训方式的迭代升级为核心，从文化融合、制度融合、队伍融合、课程融合、评价融合五个方面展开实践变革，探索建构上城教师美好发展的区域教师成长新体系和新样态。

1. 以“教师教育精神培育”为引领，促“文化融合”

坚持把师德师风建设摆在教师队伍建设首位，以“教师教育精神培育”为核心，形成上城美好教师共性价值观，促进上城卓越教师精神的“文化融合”，有效激发教师发展内生动力，让每位教师都能更清晰地看见自己。

2. 以“研训范式迭代创新”为核心，促“制度融合”

用“制度之力”推进“教师发展之治”是上城在教师教育方面一贯的优势，两区合并之后教师培训更要基于区情，并以此为契机，以“研训机制创新”为抓手，促成教师培训与队伍发展的“制度融合”。

3. 以“多级联动、多方协同”为策略，促“队伍融合”

为促进上城教师多维优质发展，助力上城教育高质量提升，2021—2022年上城的教师培训工作以多级联动、多方协同为路径，促进教师培训关键队伍的发展提升与深度融合。今后也仍将以此为抓手，促进教师培训队伍融合。

4. 以“培训内容体系重构”为抓手，促“课程融合”

课程改革的关键在于教师的培训，培训课程和培训目标存在逻辑关系。如果说培训需求是培训的现实起点，培训目标是培训的预期终点，那么，培训课程就是连接培训需求和培训目标的桥梁。因此，培训课程建设往往是上城教师培训攻坚克难的关键内容，在研训范式创新的变革过程中，上城将以“培训内容体系重构”为重点，促进“课程融合”。

5. 以“技术赋能精准培训”为路径，促“评价融合”

与区教育评估与监测中心、教育信息资源中心紧密合作，进一步增强对区域数据库的使用意识，借力信息技术强化教师培训质量监管、项目过程评价和绩效评估，加强对培训数据的分析与评估。

三、上城教师教育“五阶研训”的迭代升级与范式架构

借助教师教育范式创新来推进教师教育改革，是促进教师队伍高质量发展的良策。在上城历年来开展的教师教育改革探索中，教师培养模式的改革无疑是一个重要的、非常具有活力的核心与关键。回顾上城教师教育发展历程，至“十三五”期间，上城“五阶段、四梯队、多维度”的“教育人才多维生长台”为上城教师专业发展打通了职业发展的上升通道，培养了一批卓越的上城美好教师。

立足当下，展望未来，在课程改革与区域教育发展对优质教师资源需求不断增长的背景下，进一步推进上城教师培养模式，形成具有区域特色的上城教师专业发展范式，并使之更加切合未来教育对新型教师的需求，将是“十四五”期间乃至今后更长一个时段上城教师教育改革和发展的重要方面。

案例 1-2-3 “教育人才多维生长台”的再生长

“十三五”期间，上城架构完成五阶段、四梯队、多通道的“教育人才多维生长台”，让一批骨干教师迅速成长起来，也让上城教育团队内的每一位教师——不论是新入职的教师，还是年长的老教师，都可以在这个平台上找到属于自己的“生长点”，在这个生长台的“磁吸效应”下产生自主发展的动力，跳一跳，摘到属于自己的那个桃子，一个个“小目标”得以实现，并逐步形成个人职业“生长曲线”。

进入“十四五”时期，在经过几轮骨干培养与评选之后，上城教师教育也从顶层设计层面意识到之前的平台架构是教师发展的外在成长助力，而教师培训的另一个关键点是课程内容建设与教师内生动力的再激发。之后在进一步健全教师成长机制培育方面，要加大课程体系建设，形成满足不同层次、不同专业发展需求的优质特色课程，探索更灵活多样的教师学习方式。与此同时，教师专业发展作为成人学习领域的一项内容，更需要在

教师学习的理论研究、教师成长的内驱力激发、教师发展的自觉主动等维度作深度推进，为上城区美好教师面向未来的可持续专业发展提供更高质量的助力。

（根据上城教师教育发展现状整理）

基于这样的思考，上城将升级重塑教师发展理念，在“五阶段”外驱提升、进阶性教师培训基础上，加强深化课程改革所必需的终身性、转化学习与教师发展，以“五阶研训”范式（见图 1-2-1）的迭代升级与变革创新为上城教师教育寻找新的生长点。

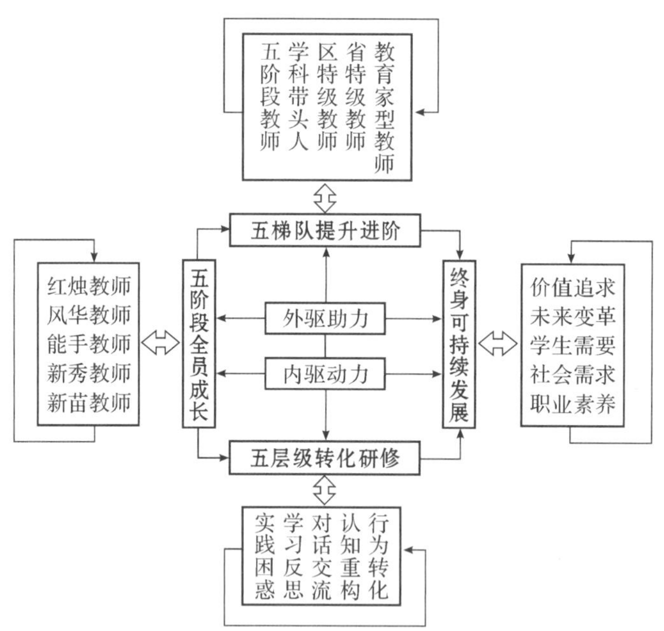

图 1-2-1　上城“五阶研训”教师专业发展范式架构

1. 五阶段全员成长，助力上城教师整体发展

教师是发展中的人，教师的发展贯穿教师职业生涯的全过程。新手教师与成熟教师在知识、经验、能力结构等各个维度都有很大的差异。教师只有找寻到适合自己的学习内容与平台，才能获得适当有效的发展，也才能实现教师专

业的终身可持续发展。

为促进并服务不同阶段的教师获得更好的发展，上城架构了教师成长体系，以上城全体教师为对象，教龄 3 年以内的教师参与“新苗奖”评选，教龄 4—10 年教师参与“新秀奖”评选，教龄 11—17 年教师参与“能手奖”评选，教龄 18—24 年教师参与“风华奖”评选，教龄 25 年及以上教师参与“红烛奖”评选，全区 30% 的教师可以获评相关奖项（见图 1-2-2）。通过“新苗奖”“新秀奖”“能手奖”“风华奖”“红烛奖”的评选，并针对获奖教师开展不同内容与形式的培训，“五阶段”获奖教师平台成为名优教师成长的一个基础平台。

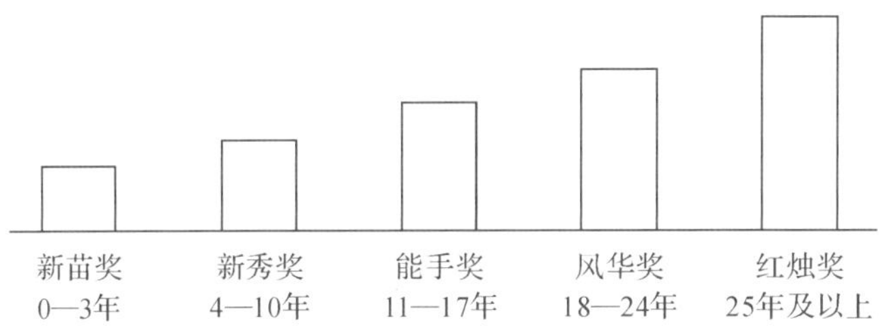

图 1-2-2 教师专业发展“五阶全员成长”体系架构

“五阶段”获奖教师平台的张力在于全覆盖，活力则是动态更新，三年一轮重新认定，每位教师都有机会成为“五阶段”获奖教师。

2. 五梯队提升进阶，助力上城教师快速发展

设立科学的阶段发展目标，选对合适的激励策略，形成教师专业发展激励机制，对各年龄段、各专业发展阶段的老师有促进作用。

“五阶段”获奖教师平台成为名优教师成长的基础平台。在上城教育人才梯队中，继续向上建构四个平台：区学科带头人、区特级教师、省特级教师和教育家型教师。这样，就形成了以教育家型教师为“顶端”、省特级教师为“尖端”、区特级教师为“高端”、区学科带头人为“中坚”、“五阶段”获奖教师为基础的“五级人才梯队”（见图 1-2-3、表 1-2-1），通过规范设立层级目标，进一步调动各阶段教师的积极性。

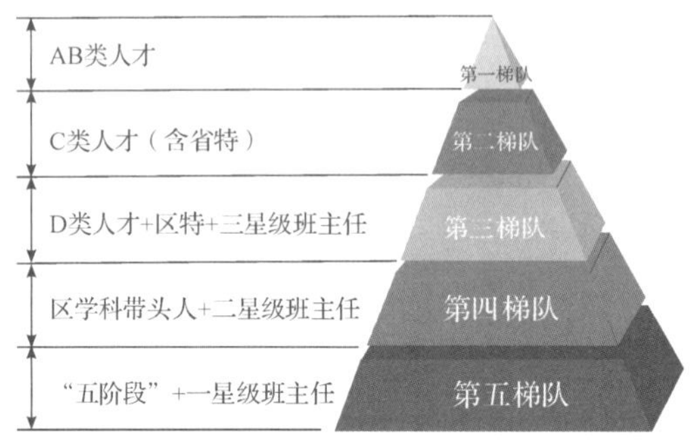

图1-2-3 “五级人才梯队”

表 1-2-1 教师专业发展“五梯队提升进阶”体系架构

区五级人才梯队	杭州市高层次人才分类	上城学科教师发展通道	上城班主任教师发展通道
第一梯队	AB 类人才	教育家型教师	
第二梯队	C 类人才	省特级教师	
第三梯队	D 类人才	区特级教师	三星级班主任
第四梯队	—	区学科带头人	二星级班主任
第五梯队	—	五阶段教师	一星级班主任

与此同时，在上城教师生长台的中上层，为避免出现教师成长“高原现象”，又实施了“特级教师工作站”“未来名师”“未来名校长”等优秀教育人才工程。对未来名师、名校长培养对象给予“一人一策”全方位专业成长支持，“双导师双证书”支撑；而特级教师工作站领衔人既是导师也是学习者，他们在带动学员成长的同时，自己也继续向前发展。作为区域教育行政部门，抓住激发教师发展内驱力这个牛鼻子，促进不同层次教师持续学习力的形成，也开启了上城美好教师成长的大门。

3. 多通道提供选择，助力上城教师特色化发展

教师作为个体，在职业发展过程中，不仅在阶段与层级上会有差异，在个人特长以及岗位价值实现的路径上也会有差异，因此，除了学科专任教师和班

主任教师，上城还设立教育管理类教师队伍专业成长的上升通道，架构起完善、全面的上城教师专业发展“多通道特色化”体系（见图 1-2-4）。

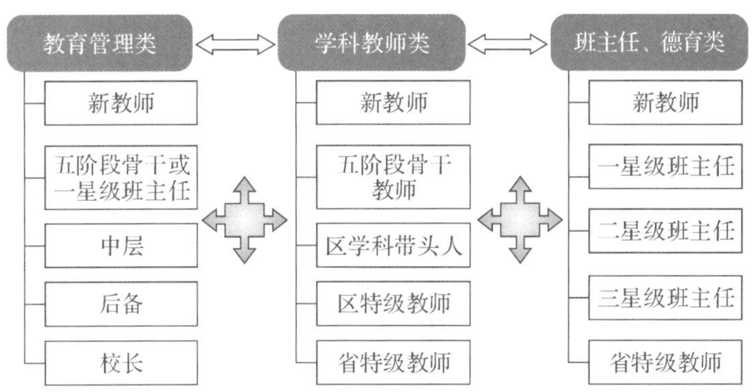

图 1-2-4　教师专业发展“多通道特色化”体系

4. 五层级转化研修，助力上城教师高质量发展

华东师范大学教育学终身教授叶澜认为，教师专业发展的实质是教师内在专业结构不断更新、演进和丰富的过程。而在建构主义、认知心理学理论及批判理论影响下，于 20 世纪 80 年代兴起的转化式学习理论为教师专业的内涵发展提供了启发。转化式学习理论代表学者杰克 · 麦基罗将转化学习过程分为触发事件、经验反思、理性交谈、付诸实践等环节。基于这样的原点认识，上城设计了“五层级转化研修”路径（见图 1-2-5），以优化教师培训课程的实施质量。

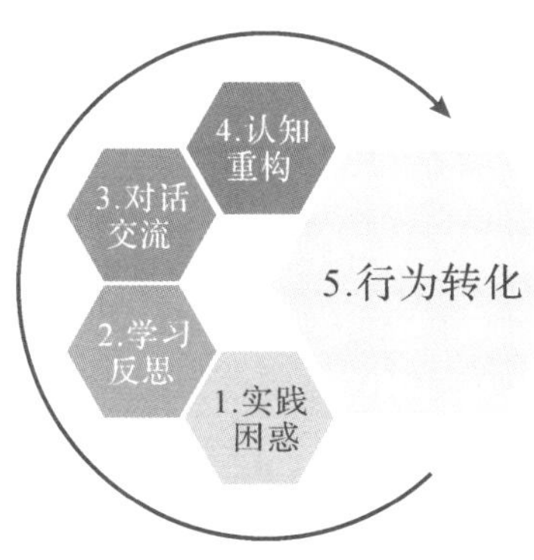

图 1-2-5　教师专业发展“五层级转化研修”路径设计

第一层级的“实践困惑”指培训者或者教师发现教育教学实践中存在的问题，是引发教师有效学习的一个重要契机，因为在触发事件面前，教师原有的经验无法对动态生成的新问题作出合理解释，从而会引起教师对原有经验进行批判性反思。第二层级的“学习反思”是转化研修中教师高质量学习的一个核心环节，它也可看作是教师对自己原有经验和能力进行质疑的过程。第三层级的“对话交流”是转化研修发生的一个支持性的环节，教师要通过与有相同境遇的伙伴进行交谈，获得应对新问题和新情况的认识与经验。第四层级的“认知重构”和第五层级的“行为转化”是转化研修的关键环节，只有教师将批判性反思与互动交流中得到的认识、经验吸纳进自己原有的专业结构，并付诸实践，转化研修才得以完成。

5.“五阶研训”促成长，助力上城教师可持续发展

受社会的不确定性、教育的复杂性以及教师个体特点等各种现实因素影响，教师的学习与成长是一个复杂的过程。“五阶研训”教师发展范式顺应社会发展趋势，从宏观的课程改革、中观的区域环境、微观的教师发展等各个层级与维度凝聚合力培养教师，以学习者为中心开展分层分类五阶段全员培训，以转化性学习为策略开展五层级转化研修，以区域政策为保障促进教师五梯队提升进阶，让教师经历一个“改变认知→优化元认知→形成认识论”的学习过程，进一步明晰新时代教师立德树人的职业价值追求，促进教师学习的深度变革以提升教师职业素养，助力教师终身可持续发展以适应面向未来的学生需求、社会需求。

参考文献

[1] 胡玉红．不同专业发展阶段小学教师教育科研能力的现状及对策研究[D]．上海：上海师范大学，2021.

[2] 史蒂芬·斯特林，王子舟．转化式学习与可持续性：基本概念的梳理[J]．世界教育信息，2019，32(02)：10-17.

［3］孙瑜．基于转化学习理论的教师专业发展［J］．教学与管理，2017（33）：55–57.

［4］陈阳．当前国际教育发展主要特点和趋势综述［J］．世界教育信息，2016，29（24）：61–67.

［5］王凯．教师学习：专业发展的替代性概念［J］．教育发展研究，2011，31（02）：58–61，75.

［6］洪明，杨正刚．美国教师教育质量认证的再创新［J］．世界教育信息，2021，34（08）：57–63.

［7］姜峰，袁梨清．提高公立学校教育质量 完善中小学教育体系——《丹麦公立学校标准改进方案》述评［J］．世界教育信息，2016（18）：48–51.

［8］祝怀新，周妍．芬兰研究本位型教师教育探析［J］．世界教育信息，2021，34（04）：59–66.

［9］邓静．TALIS 调查：新西兰教师质量世界领先［J］．世界教育信息，2016（08）：75.

［10］赵娜，欧吉祥．英国中小学教师减负路径的探索［J］．世界教育信息，2020，33（07）：50–56.

［11］马艺鸣，严票丽．培养 21 世纪教育者：新加坡教师教育发展的定位、路径和保障［J］．教育导刊，2022（03）：79–86.

［12］陈阳．当前国际教育发展主要特点和趋势综述［J］．世界教育信息，2016，29（24）：61–67.

［13］崔铭香，蓝俊晴．论成人学习理论视域下的教师专业发展［J］．职教论坛，2018（02）：114–120.

［14］李绍才．提升执行力：教师培训的上城模式研究［M］．上海：上海教育出版社，2010.

［15］李绍才．区域助力教师成长的上城模式［M］．杭州：浙江教育出版社，2014.

［16］项海刚．让教育更美好［M］．杭州：浙江教育出版社，2018.

第二章

“五阶研训”双通道机制探索

作为教育改革行动和教育目标实现的主体，教师自身的深刻转型是教育从传统到现代的成功转型和持续发展的必要条件。促进教师稳步快速成长，重要的不是向他们传递思想，而是唤醒他们的“内驱力”，引导教师自己去思考，去实践，真正实现自己生长，走上幸福的职业成长之路。面对教育的新任务和新挑战，教师要着眼于转化性学习，借助提升与转化的双通道、内外驱动的双重动力，实现从初学者到专家的转变，并通过创新培训将转化学习转变为转化性实践。

第一节
支持教师发展的双通道路径

⊙

在联合国教科文组织发布的《学会融入世界：为了未来生存的教育》报告中，提出了七个方面的教育宣言作为倡议“教育的未来”的背景资料，以此勾勒出 2050 年后的教育。其中，生态正义、人文主义、多元化、跨学科融合等原则将成为指导未来教育发展的重要风向标。进入 21 世纪，特别是在后疫情时代的大背景下，教师专业化发展已成为国际教师教育改革的趋势。教师培训作为教师教育的一个重要阶段，许多国家对其重视程度远远超出了职前培训。关于教师的培养模式，不少国家已经作过一系列的积极探索。如何建构适合本国国情的培养模式以促进教师专业发展，是当前教育改革实践中提出来的具有重要理论意义的问题。

一、教师发展的提升通道

教师发展主要有提升和转化两种通道，提升型通道主要依靠制度和机制来保障，转化型通道主要依靠教师自身在教育实践中不断累积经验，借助同伴互助和自我反思，将理念转化为个性化的操作行为。

1. 国外教师提升通道

在加强教师培训、提高教师素质方面，一些发达国家已有的实践和经验，值得借鉴。

（1）美国教师促进计划（TAP）。美国教师促进计划旨在吸引优秀人才到美国从事教育工作。该计划的核心是通过对海外教师进行职业培训，帮助教师完成专业重构和转型。该计划中教师职业再造的主要内容包括：提供教师职业晋升阶梯；实施教师主导的专业发展；建立严格的教师绩效问责制。主要涵盖教师专业地位、就业后发展机会、知识技能、证书学位、物质奖励等多方面内容。

TAP 计划旨在为教师提供专业发展的机会，打造三级晋升阶梯，岗位与薪酬相对应，责任与义务相结合，让教师根据自己的兴趣、能力和成就选择合适的岗位。实施教师绩效补偿。教师的基本工资根据职业阶梯的等级确定，教师的报酬则根据学生和教师的表现来确定。这种基于绩效的薪酬制度有效地调动了教师的实践积极性，同时鼓励教师不断学习，提高学生的学习成绩。

美国《预防虐待儿童法》颁布实施后，一个核心问题困扰着教师——缺乏有效的教学环境。教师在教学活动中的自主性被削弱，创造力被压制，合作空间被占据，从而导致教师精神压力大、缺乏成就感、孤立无援。TAP 计划针对此情况积极回应，以学校为重点，通过开展一系列校本培训活动，促进教师间的合作与交流，推动教师的专业成长。具体措施包括重新设计课程表，为教师提供充足的学习、交流和讨论教学问题的时间；并在每一周内的固定时间组织研讨会，为教师提供了各种解决具体教学问题的机会；指导教师撰写个人成长计划，为教师提供专业发展方向；提高教学反思环节的质量，为教师提高教学能力和素养提供重要手段。

TAP 计划的目标是积极有效地打造一个供教师学习、交流的平台，为教师提供解决教学过程中遇到的问题的场景，同时，教师一直以来缺乏有效、可用教学环境的棘手问题也得到了解决，并取得了相当不错的成绩。

TAP 计划注重在教师任职前和任职期间给予持续培训和指导，采用科学的评价体系，评价过程严谨规范。整个评价体系由强大的智库提供智力支持和技术保障。TAP 计划为我国建构合理有效的教师评价体系提供了有益参考。

（2）法国大学教师教育中心。法国历来重视教师的专业成长，教师教育历史悠久，开创了世界教师专业培训的先河。早在 1684 年，法国就出现了“基督教学校的西多会学院”；1794 年就已经创建了巴黎高等师范学校；到 20 世纪初，法国已经形成了较为完善的师范教育体系，有效地促进了法国教师在基础教育中的成长。“二战”后，法国政府在小学教育师资培养方面进行了五项重大改革，以满足人民群众对师资素质的新要求。其中，最值得一提的是 1989 年的改革。这一年，法国出台了《教育方向指导法》，决定在全国各个大学区设立师范学院。学院承担三项任务：准备中小学教师资格考试、开展教师职前和职后培训、开展教师发展研究。此举是法国重视教师培训、促进教师专业发展的集中体现，也是法国教师素质处于世界领先水平的重要原因。为提高师资培训质量，改变师资培训机构质量参差不齐的局面，法国还对从学前教育到高等教育的师资培训实行“统一”的教育培训制度。重组原教师培训机构（主要是师范学校），成立教师培训学院（IUFM）。通过筛选的人员只有在获得年度课程结业证书或同等资格后才能进入。

（3）日本严格的教师资格认证制度。教师专业化的重要体现之一就是教师资格认证，这是教师教育质量得到保障的重要方面。教师资格认证过程科学并严格一直以来是日本本土教师教育主要的特点之一。早在明治时期，日本就提出教师需要持证上岗的要求。日本《教师执照法》明确规定了教师的认证资格：中小学教师必须是大学毕业生，并且必须通过国家标准考试。1983 年，日本《关于完善教师培训和认证制度》对教师资格提出了新的要求：第一，像高中教师执照一样，幼儿园、小学、初中、聋哑学校、盲校和保育学校的教师都增加了以“硕士学位”为基本资格的教师执照。第二，建立明确的资质分类体系。从 20 世纪 40 年代到 80 年代初，日本的教师执照分为“普通执照”和“临时执照”。普通执照分为初等教育、初中教育和高中教育，还有 1 级和 2 级。1983 年，日本首相中曾根在国民议会大选中提出了“教育改革七大主张”，将教师执照分为三类，分别是“标准执照”“初级执照”和“特殊培训执照”。1989 年 4 月，日本颁布的《教育职员许可证法》中将教师资格证书等级划分为三种类型：“专修许可证”“一种许可证”“二种许可证”；其中获得“专修许可证”的基础是达到研究生院硕士课程结业程度，目的在于促使研究生院结业者任教，并鼓励在职教师进修。“一种许可证”的获得要求是大学本科毕业者；“二种许可证”的获得者要求必须是短期大学毕业者。同时，为了适应学校教育的多样化，设立了一个新的“特殊证书”，目的是招募具有社会经验的人来任教，主要针对小学音乐、绘画、体育和高中计算机课程。这种明确的资格评定体系不仅有助于筛选具有一定水平的优秀教师，而且可以激励教师努力向更高水平迈进。

2. 中国特色教师提升通道

中华人民共和国成立后，中国特色教师提升通道不断建立和完善，通过教师资格认证、教师继续教育、教师职称评聘等措施，在制度和机制层面促进全体教师专业发展。

（1）教师资格认证。教师资格认证，是对专业从事教育教学工作的人员在国家认证制度下的基本要求，任何一位中国公民计划从事教师工作、想获得教师职位，教师资格认证是必不可少的前提条件。教师资格证属于准入类证书，它是教育行业从业教师的许可证。2015 年前，我国实行教师终身制，2015 年，正式实施教师资格证制度改革，实行全国统考，考试内容增加、难度加大，打破教师终身制且规定教师资格需要五年一审。在校专科、本科生能直接报考，而成人高考、自考、网络教育学历的考生则要毕业后才能报考。师范生和非师范生一视同仁，都必须参加统一的国家考试，在考试成绩合格后方可申请教师资格证，进入教师队伍。

面向幼儿园和中小学的教师实行教师资格统一考试，目的是考查教育申请者的教师根本素养、教师职业道德以及教育教学各项能力是否合格，是否具备教育专业展开的潜质。提高教师职业准入门槛，对乐于教育、适合教育的申请者，赋予其教师资格。幼儿园和中小学的教师资格考试，主要包含幼儿园教师资格、小学教师资格、初级中学教师资格以及高级中学教师资格 4 项考试。

教师资格定期注册制度意义重大，是健全教师资格制度，优化师资队伍结构，建立和完善教师管理制度，打造高素质精干教师队伍的重要保证。我国目前的教师资格常规注册制度，是教师资格制度的一个必要补充。

（2）教师继续教育。中共中央、国务院在 2018 年下发了《关于全面深化新时代教师队伍建设改革的意见》，意见中明确中小学教师都要不断接受培训，终身化学习、专业化进修。转变培训方式，推动信息技术与师资培训的有机结合，实行线上线下相结合，转型为混合型培训。改进培训内容，紧密结合一线教育教学的实际情况，举办高质量的培训，使教师静心钻研教学，切实提升教学水平。推行培训课程自主选学、培训学分管理，建立培训学分银行，搭建连接师资培训和学历教育的“立交桥”等。

浙江省教师在职培训要求包括：教师需要通过有关培训机构的审核，在中小学校定期开展一些修学分的活动，同时要获得国家教育部门的学历提升认可。在学分数量方面也有严格要求。对于教师来说，一个培训周期为五年，教师可以结合实际情况自行安排具体的培训进度，在学分方面不能少于有关标准。全新录用的教师，在试用期里面也有岗位培训要求，学分不能低于有关标准。如果为新任职的校长或者园长，在任职资格方面也要进行培训，学分不能低于有关标准。在学分结构方面也有相关要求，要结合国家有关部门颁发的标准与规定执行。

（3）教师职称评聘。2011 年 8 月 31 日召开的国务院常务会议决定扩大中小学教师职称制度改革试点。这意味着全国将有越来越多的中小学教师可以参评与教授级别一样的正高级职称。中小学教师职称一般设置以下各等级：

正高级教师、高级教师、一级教师、二级教师和三级教师（见图 2-1-1）。

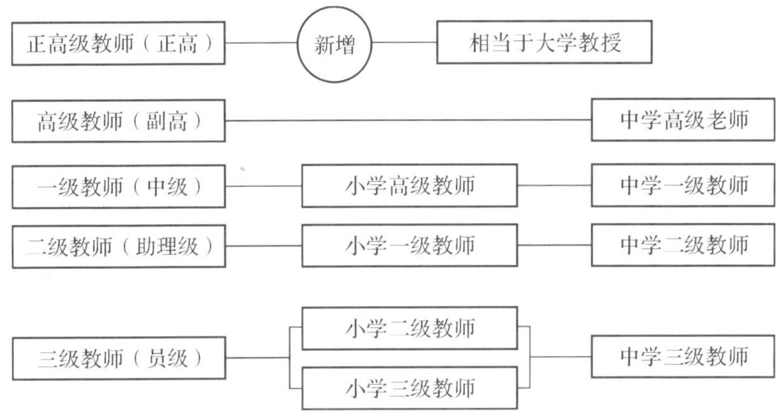

图 2-1-1　中小学教师职称系列改革前后变化图

正高级教师：具有崇高的职业理想和坚定的职业信念；长期工作在教育教学第一线，为促进青少年学生的健康成长发挥指导者和引导者的作用，在班主任、辅导员等工作中表现优秀，教书育人成果突出；同时一般应具有大学本科以上学历，并有 5 年以上的高级教师岗位任教经验。

高级教师：具有博士学位，并在一级教师岗位任教 2 年以上；或具有硕士学位或学士学位，并任教 5 年以上中小学一级教师；或具有大专学历，任教 5 年以上中小学一级教师。原则上，城镇中小学教师应具有一年以上薄弱学校或农村学校教学经验。

一级教师：具有博士学位；或具有硕士学位并任教 2 年以上中小学二级教师；或具有本科学历，并任教 4 年以上中小学二级教师；或具有大专毕业学历，在小学和初中任教 4 年以上二级教师；或从中等师范学校毕业并在小学或中学阶段任教 5 年以上。

二级教师：具有硕士学位；或具有学士学位，一年试用期满，考核通过；或具有大专学历，在中小学三级教师岗位任教 2 年以上；或具有中等师范学校毕业学历，并在小学任教 3 年以上。

三级教师：需要能基本掌握教育学生的原则和方法，做到正确的教育和引导学生，同时要求具备基本的教育学、心理学和教学方法知识体系，要求具备大学专科毕业学历，并在小学、初中教育教学岗位见习 1 年期满并考核合格；或者具备中等师范学校毕业学历，并在小学教育教学岗位见习 1 年期满并考核合格。

（4）教师培训体制和机制创新。近年来，随着我国不断推进教师教育改革，教师培训质量和水平得到不断提高，教师教育体系更加完善，但也有不少问题：师资培训缺乏适应性和针对性、课程教学内容和教学方法不能满足实际需要、教育实践质量低下、师资力量薄弱。这也促使我国各地区在建立培训体制和机制创新方面进行了有效的探索和实践。

杭州市上城区通过多年来的积累，形成了“五阶段、五梯队、多维度”的培养机制，为教师的成长奠定了坚实的基础。实施了“新苗奖”“新秀奖”“能手奖”“风华奖”“红烛奖”五个奖项即“五阶段”评选，并针对获奖教师开展培训，架构了上城教师的成长的基础平台。在这些培养机制的背景下，突出了以教育家型教师为“顶端”、省特级教师为“尖端”、区特级教师为“高端”、区学科带头人为“中坚”、“五阶段”获奖教师为“基础”的“五级人才梯队”。根据教师的专业背景、发展方向，增加“星级班主任”的评定与孵化，为班主任的专业成长提供通道。

北京市海淀区为不同发展阶段的新教师、区级骨干教师和带头人、市级骨干教师和学科带头人、特级教师、基础教育硕士等建立了全面的专业成长路径。在培训模式方面，建立了“区级培训、联合培训、校本培训”三级联动的深度培训模式。为解决学科发展中遇到的问题，为解决课程改革和教育教学中的重点和难点，建立由专家、研究人员和一线教师组成的研究共同体，形成区域教师共同体培训文化。另外，完成智慧教师教育平台，包括“自主式、开放式、菜单式”的客户端和移动端建设，线上和线下混合培训模式的探索，营造出“时时可学、处处可学、随时随地可学”智慧学习模式的氛围。运用“众筹”工作坊式培训，提高培训的参与性、实践性和连续性。

上海浦东新区精准定位不同类型培训课程功能，根据教师专业水平开展分级、分类、差异化精准培训，形成服务见习教师、青年教师、成熟教师、优秀教师和专家教师的全覆盖专业支撑体系。细化职称评价，完善具有浦东特色的评价机制，建立“多层次、高素质、注重绩效”的骨干教师“选拔、培养、晋升、评价”机制。

广东省佛山市按照统筹规划、错位发展、分级推进、上下联动的原则，统筹全市教师专业发展平台建设，建设示范培训基地、培训队伍和高质量培训课程，整合优化教师培训资源，建构教师专业发展体系。创新顶岗置换研修机制，通过高校师范生实习置换在岗中小学教师脱产培训。创新学分制教师继续教育激励机制，推广“菜单式、自主式、开放式”教师自主培养模式。全市主要实施高层次人才培养，区、学校主要实施骨干人才和教师的全员培训。到 2020 年，全市重点培养 10 个项目：领军人才、优秀人才“定制化”培养；名师、名校长、名班教师“沉浸式”培训；教育型校长领导力的“复杂”培训；青年教师后续培训；高层次人才教育、科研和学术能力提升培养；高层次人才信息技术能力与教育教学能力深度融合培养；职业教育双师型人才与领军团队“产学研”协同培养；学前教育合格教师培训；特教教师培训班“种子”培训；“教育创客”、学生发展导师、心理咨询师等专项培训。

(5)《新时代基础教育强师计划》启动。2022 年 4 月，教育部等八部门联合启动《新时代基础教育强师计划》。通过吸纳优秀青年任教，将立志教书育人的优秀青年培养成能担当重任的优秀教师，为在职教师提供源源不断的精神鼓励和专业成长支持。计划到 2035 年，适应教育现代化和建成教育强国要求，深化建构开放、协同、联动的高水平的教师教育体系，健全教师专业发展机制，在教师人才培养上，探索形成招生、培养、就业、发展一体化道路。教育质量和教师数量保证动态满足基础教育发展需求。师资队伍区域分布、学段分布、学历层次、学员结构、年龄结构更趋向合理。教师素质提高，教学水平提高，尊师重教蔚然成风。推动本科和教育硕士研究生阶段整体设计、分段考核、连续培养的一体化卓越中学教师培养模式改革，推进高素质复合型硕士层次高中教师培养试点。推进部属师范大学公费师范生攻读教育硕士工作，加强履约管理。继续实施农村学校教育硕士师资培养计划。扩大教育硕士、教育博士招生计划。适应基础教育改革发展，遵循教师成长规律，改革师范院校课程教学内容，改进教学方法手段，强化教育实践环节，提高师范生培养质量。实施新周期名师名校长领航计划，培养造就一批引领教育改革发展、辐射带动区域教师素质能力提升的教育家。搭建教师培训与学历教育衔接的“立交桥”。支持在职教师学习深造，提升学历。

二、教师发展的转化渠道

转化学习理论由杰克·麦基罗（Jack Mezirow）教授在 20 世纪 70 年代后期提出，他认为，教师专业的发展是建立在自身建设的基础上，经验的积累来自教师之间的相互交流和学习，而不是材料和书籍。教师通过不断总结经验，最终形成自己的教学理念和基本特点，建立思维参考模型。转化学习理论可以帮助教师转变思维方式，形成包容、开放、批判、思辨的新思维参考模式，更好地发挥自身的作用。教师在转化学习的过程中必然会经历：陷入迷惘困境；进行带有恐惧、气愤、内疚或羞耻感的自我检验；对假设进行批判性评估；认识到自己的不满及转化过程可以和他人分享与剖析；为新的角色、关系和行动探索供选方案；规划行动方针；为实施计划获取知识与技能；临时尝试新的角色；在新角色与关系中建立能力与自信；在新观点的支撑下重新融入生活。

表 2-1-1　转化性学习理论模型

阶段	步骤
1. 迷惘困境	（1）迷惘困境
2. 批判性反思	（2）带着恐惧、愤怒、内疚和羞愧感进行自我审视
	（3）对假设进行批判性评价
3. 反思性交流	（4）意识到个体的不满和转化过程是共享的
	（5）在实践中探索新角色、行动、关系

续表

阶段	步骤
4. 行动	(6) 计划行动路线
	(7) 获取执行个人计划的知识与技能
	(8) 尝试新角色、行动、关系
	(9) 在探索性活动中建立能力和自信
	(10) 带着新信念进入实践

1. 转化学习的特点

(1) 深度性。转化学习是一种深度定性学习，不同于一般的基于知识的学习。转化学习理论不光着眼于知识内容的增加，更要求对知识的转化吸收。转化学习理论中，不断参考原先的知识认知，在逐步深化认知的道路中将固有且顽固的惯性思维和已有认知持续转化。学习者对客观事物、对基础理论的基本认识，是其潜移默化的思想路线和行动准则，对学习者来说，这将直观地左右他对客观世界各事物的看法。潜移默化的思想路线则是学习者理性看待万物运转规律的认识。事实上，人们认知系统的变化将直接导致信念系统的转变。信念表面上不会直接影响学习者的知识吸收，但会在更深层次中间接地影响学习者的实际操作，从而使得学习者的认知观念发生转变。可以看出，转化学习是一种促进个人知识、观点和信仰体系深刻变革的方式。

(2) 经验性。学习者对学习或者练习感到困惑是转化学习理论中所说的关键事件。关键事件能使学习者产生一系列的情感体验，如恐惧、害怕和羞耻等。这些负面情绪的出现，迫使学习者对自身学习情况进行反思和检视。与此同时，关键事件与急性事件的发生还对学习者内在的认知系统提出了挑战，使学习者在面对新认知时呈现出难以启齿的窘态，进而形成强大的学习动力，并为实现学习上的转化打下基础。

(3) 反思性。反思行为在整个转化学习中处于关键地位，它主要由批判性反思与交际性反思两部分组成。批判性反思有利于将学习转化为自我解放，而交际性反思则能促进学习者从内在思维惯性与权威符号中跳脱出来，迈向独立。

转化学习理论视角下的转化学习始于学习者对学习产生的危机感或其他情绪，进而批判性地反思学习过程和知识体系。在自我反思的行动路线中，针对各种在转化学习中遇到的困难进行反思和自我提升。经历该阶段后，认知系统发生了变化。不过，仅依靠批判性反思存在着很多不足，作为一个学习者，同时与其他学习者保持对话和沟通，持续反思和自我提升，才能达到转化学习的最终目的。

2. 基于转化学习理论促进教师专业发展

（1）确立学习主体地位。转化学习理论主张教师在教育过程中作为学生的学习伙伴，能够积极融入学习过程，在学习过程中发挥主导作用，给予学生足够的信任和引导。对于自我思考，我们应该尊重学生自身的人格特征，禁止将个人价值观或思想观念强加给学生，摒弃落后的教育模式。首先，从教师群体的角度来看，在教师培训活动中，教师都应该被视为学习的主体、健康的个体和具有强烈上进意愿的人。其次，从教师个体的角度来看，教师应积极融入教师群体，秉持“活到老，学到老”的原则。终身学习的理念要求实现不断的自我完善和发展，坚持学习者自主、独立、积极、自我批评和自我判断的思维方式，提高自身的学习质量，从而积极融入和进入专业学习。再次，随着信息和网络技术的飞速发展，知识的高效生产和创新应运而生，促进了学习方法的多样化和个性化发展，教师在教育和知识领域的主导地位迅速发生了变化。教师已经实现了从被动的教育教学知识传播者向主动的学习参与者的转变。

（2）关注教师多维度生长。传统教师专业发展通常满足于高效率与功利主义，而忽略教师本身的主体性与个性，并受专业化制约。所以，教育教学实践出现了只讲“专业”，不讲“教师”的情况。转化学习理论认为，从教师成长历程来看，应该把教师看作是健康成长的个体，认为教师成长历程就是具体的、丰富的人类成长历程。教师生活方式及其知识与文化底蕴等因素影响着教师实际教学实践与教育理念。相对于其他学习理论，其强调学习者主体地位，更注重学习者生活及经验。为此，应及时掌握教师全面发展状况，主动激发教师参与学习热情，充分发挥教师认知、情感和行为等多方面的正向作用。

（3）实现“三性”融合。“三性”指理性、感性和悟性，它们共同影响人们的行为表达。理性是心理成熟的表现，它以自我建构的认知概念和逻辑认知的情感模式为基础；感性侧重于个人情感的表达，往往表现出情感的一面；悟性主要是指对外界事物的认识和理解能力，也反映了自己更高的精神境界。教师专业发展是在一定的教育教学政策指导下，实施一定的规划，依靠理性认识，不断创新，增强专业素质，实现教师专业发展过程中的高效率，运用专业发展观、教育教学政策、课程改革新趋势等创新理念。因此，教师作为教育教学的实践者和促进者，不能仅仅依靠自己的情感或理解来决定教育教学活动的发展，同时要强调理性基础。教师的专业发展是理性、感性和悟性的完美结合和互补的结果。它不仅需要理性作为基础，还需要内在情感的熏陶、精神的整合、外在情感的激励、文化的熏陶、实践中的学习、认识的创新和理解能力的提高。教师的理解能力对改进教学方式起着决定性的作用，新的教育教学理念能否有机地融入教师自身的专业知识结构和教学实践，能否打破单纯的知识储备和输出媒介的传统教育模式的束缚，都取决于此。

（4）促进深度学习。转化学习提倡改变传统的教师学习方式，向更新教师认知结构过渡，秉承深入发展的思想，更注重价值、情感、人际关系等文化因素在教师学习中的特殊作用，扩展学习内容。组织一些有助于教师走出实践及思维认知困境的学习活动，充分发挥反思性思维及反思性实践的关键作用，促进教师学习过程的自我发展、自我提升及自我释放，以促进学生、学校及社会的进一步成长。随着转化学习理论研究的不断深入及其在教育教学理论上的不断发展，其对教育实践模式的完整性有了更高的要求。转化学习既需要我们从理论层面认识人的完整性，又强调教育教学体系和教育实践具体措施的完善性，开拓人的思维和认知模式，以进一步满足现代教育背景及社会生活的需要。为达到这一目的，我们必须对大量转化学习案例进行归纳总结，从而形成规律性建构模型。但是我们也要意识到经验只可借鉴而不能完全复制。下列方案有助于转化学习向纵深发展：一是因材施教。根据学习者本身存在的特殊问题来确定转化学习推进计划，从而张扬学习者的个性。二是以一个理论指导为主，其他行之有效的途径和手段为辅。三是整合贯通一切理论模式，这类方案一般在班级教学模式中广泛使用。

（5）注重反思性思维。反思性思维作为转化学习的助推器，分为内容反思、过程反思和批判性反思三个方面，其中批判性反思的培养是推动转化学习发展的根本动力。批判性反思往往出现在一个人遇到某些困难或生活发生重大变化时，他会对自己的经验、行为或现有的认知结构质疑和反思，比如“我为什么这样做？”“为什么我这么认为，这些想法是如何产生的？”从而对自己固有的做事方法、思维观念和“三观”标准作出一定的改变。基于这一理论，教师应始终对自己的教学实践和教师的专业发展进行批判性反思。美国学者斯蒂芬 · D. 布鲁克菲尔德 (Stephen D. Brookfield) 提出批判性反思的本质在于教师对自我教育教学过程的反复思考和深入学习。具有批判性思维的教师应该不断地对自己的教学提出问题，并进一步探索和研究能解决问题的教学方法，在此过程中对学习者形成更清晰、清醒的认识。批判性反思有利于教师形成积极的生活状态、心理状态，提高专业素质，深刻认识自己。链接 2-1-1 是浙江大学教授刘力关于《教师发展的研究建议》讲课提纲视频（扫描二维码即可观看）。

链接 2-1-1《教师发展的研究建议》

第二节
赋能教师专业发展的双驱引擎

⊙

成长，即人在生理上逐渐成熟，心智也随之成熟起来，看待问题逐渐形成自己的独特见解。教师成长通常指教师在专业素养、内在专业结构等方面不断变化、完善的过程。21 世纪是一个飞速发展的时代，教师不但要成长，更要加快成长的步伐，才能跟上时代的节奏。教师的专业成长少不了同伴互助、专家引领，更离不开自身潜力的发掘，以自己为资源，实现自我赋能，成长的速度或许会更快。

一、赋能教师专业发展的外驱力

教师专业发展的外驱力是指学校、政府、社会等非教师本身对专业发展产生的驱动力。如，与教师专业发展相关的政策、法规、制度等。当教师专业发展的内驱力和外驱力指向相同的方向，两种力量拧成一股绳，那么教师的成长就会更有力、更有效。

1. 教师专业发展外驱力的国际经验

（1）新加坡——为每个教师提供平台。在新加坡，教育部每年都会为每位教师拨赞助学费，每位教师每年可接受 100 小时的培训。国家为每位教师提供培训的机会与平台，教师则根据自身需求，向学校提出培训申请，校方根据实际情况予以批准后便可参加培训。教师能自由选择培训的科目、时间。教师的培训未达到规定时长，也不会受到惩罚。在这 100 小时的训练中，兴趣发展占 40%，专业培训占 60%。专业培训是按学科从自我提升、教学法、测试方法、如何制定校本课程四个方面设置；个人兴趣培训课程以菜单方式呈现，多达 1000 余种，教师根据自身需求自主选择。课程首先来源于学校教师，然后到科主任，最后到课程培训中心。培训中心根据学校存在的问题设置本学年的课程。每年的培训时间为两周——假期的第一周、最后一周；聘请校群中的特级教师或者是有专长的普通在职教师为主讲教师，也可聘请国外专家、国立教育学院的老师为主讲教师。教师培训机构由教育部、教师联络培训中心、校群三个部门组成，各自负责的范围、培训重点也不一样。教育部课程发展署是教育部下属的一个单位，培训的首要任务是设计和发展多媒体指导教材，指导教师更合理、有效地使用教材从而提升教学质量；同时提出计划和开展研究，以探求新的教学方法、教学技术。教师联络培训中心是新加坡教师培训机构，下属教师联络中心、教师培训发展中心，专门负责对在职教师进行教学培训。校群对教师的培训，主要是组织特级教师对教师进行一些针对性的指导，问题的设置更贴近教育教学、教师发展需求，例如，如何培养学生的合作能力与交往能力，讨论考试和教学的关系。

（2）德国——培训严进严出。20 世纪 80 年代以来，德国中小学教师的教育培养、培训基本实现了高等教育学院和综合性大学的一体化培养目标。从目前的发展趋势来看，高等教育学院作为独立的教育机构，在逐渐减少，甚至消亡，教师培养、培训以综合性大学为主。而德国严进严出的教师培养、培训方法极大程度地保障了每一位教师的素质处于高水准。北威尔教师培训法规定：中等教育第一阶段教师的培训，教育科学要占课程设置的 25%，学科教学和执教学科课程占 75%；中等教育第二阶段教师的培训中，教育科学课程要占 20%，学科教学和执教学科课程提升 5 个百分点，共占 80%。波鸿鲁尔大学开设了 40 门学科课程和 7 门关于本国教育政策等的大课。洪堡大学开设了 60 门学科教学课程和教育科学课程，从而提升教师的理论水平和教育教学水平。教师教育培训的资格选拔更为严格，必须经过 13 年的学习后才能拿到完全中学的毕业证书，才有资格申请上综合性大学教育系：首先接受 4 年的基础学校教育，再通过选拔，被录取后进入两年制促进阶段学校学习，在不被淘汰的前提下，通过两年的学习，才能成为正式的完全中学学生，最后通过 7 年的学习，在通过完全中学的毕业考试后，才能拿到毕业证书，有资格申请就读综合性大学教育系。

（3）英国——设立教师继续教育基地。在英国，教师在职培训机构模式是比较典型的“教师中心”模式，主要包括民间非营利性教师委员会，如各种教师专业团体、协会，教师培训中心等。教师中心有的设在师资培训机构；有的设置在中小学内，由校长兼任主任。英国地方教育行政机构不断增设教师中心，目前，每个郡基本上至少都有一个设备齐全的教师中心，自主开展教师共同进修活动，开设短期的在职教师进修课程以及从事本地区的各科教师的进修工作。综合实力排名第一的英国里丁大学教育学院的小学教师培训工作在英国久负盛名，这所学院负责小学数学教师培训的专职讲师凯瑟琳博士说，英国小学教师的职后培训取决于学校，因为在职教师平时的课时很多，是进行全科教学的，所以部分教师参加继续教育培训的机会相对较少，通常情况下一周有一次学校的员工培训，一年有 5 天“校内职业培训日”。有的学校的培训内容并非持续职业发展（CPD）业务培训，而是布置一些事务性工作。这些教师可能一年中只有 2 天能接受真真切切的有关专业素养的培训。当然，当地教育主管部门会主办一些培训项目，比如为期 3 天的艺术课程，校长可以选派相关的老师参加培训。大学也会主办一些培训项目，如“数学专长教师培训项目”，培训时间通常为复活节假期中的两天和平时的周六，感兴趣的老师只能利用休息时间参加。

2. 教师专业发展外驱力的上城探索

各级各地的教育政策不仅能解决教师队伍建设中的现实问题，更能为教师成长和发展提供有力的支撑，创造良好环境，所以它是助推教师专业发展的核心外驱力，很大程度上决定着教师专业发展的方向和目标，并以此来牵引教师发展。

上城区以理念为先导，积极创造条件，大胆尝试，从制度设计、具体操作等层面入手，努力打造适合教师专业发展的生态环境。上城区教育局先后出台了《上城区教育局关于进一步加强教育人才工作的决定》《上城区校本培训管理指导意见》《上城区基层学校师资培训评估办法》《上城区特级教师评选管理暂行办法》等一系列政策性文件，更加明确了区、校两级在教师培养中的核心作用，对教师的专业成长提出了更为明确、全面的要求，加深、加快了教育人才特别是骨干教师的培养力度。教师是学校的首要资源，实现教师资源均衡发展是促进教育均衡的有力保障；加强区内教师的合理流动，实施教师定期交流制度，能有效改变各校师资不平衡的现状。为此，上城区拟定了《上城区教师交流暂行办法》，实行骨干教师流动机制，进一步完善教师全员聘用、校际支教、跨校交流等管理办法，促使教师改变教育理念，从而引发教育行为的改变，实现由“学校人”向“系统人”的转变，进一步优化教师队伍。

此外，以不同层次的评比活动为支架，结合教师成长的五个不同阶段，实施五阶段获奖教师专业成长助力计划，为教师的专业发展拓宽路径。同时，鼓励学校积极开展不同阶段骨干教师的评选活动，逐步形成不同层次的教师专业引领队伍。为了使更多的优秀教师脱颖而出，区域还为特别卓越的教师设立了“上城区特级教师”评选，这不仅是对优秀教师的支持与肯定，也为推荐省特级教师储备力量与资源。上城区教育发展基金会设立了“丰叶奖”和“白杨奖”，每年拨出专项经费用于鼓励、资助教师参加脱产研修活动、开展教育科研活动，使教师能在有效平台的支撑下利用好优质资源，充分发挥自身的特长，尽早成长为在区内外有一定影响力的名师。链接 2-2-1 是上城区教育发展基金会颁奖视频（扫描二维码即可观看）。

链接 2-2-1 上城区教育发展基金会颁奖视频

《上城区教育人才“梧桐”计划实施办法》将四级人才梯队与杭州市高层次人才分类有机结合，创新实施“五阶段、五梯队”高层次人才培育计划，全面打造教师“多维生长台”。日趋完善的教师成长平台，为教师成长注入了内生动力。《上城区教育人才“梧桐”计划实施办法》为建设一支数量充足、师德高尚、业务精湛、结构合理、品质卓越的高素质专业化教育人才队提供了制度保障，进一步激励区域优秀教育人才干事创业积极性，提升了教育人才队伍的整体素质。案例 2-2-1 是对该实施办法的节选。

案例 2-2-1 上城区教育人才“梧桐”计划实施办法（节选）

为进一步优化上城区教育人才培育模式，加大对高层次教育人才的培育、引进及奖励力度，提升教育人才队伍整体素质，打造教育人才高地，助力上城教育优质、均衡、可持续发展，特制订本办法。

一、人才对象

根据《杭州市高层次人才分类目录（2019 年修订版）》，上城区高层次教育人才共分 A、B、C、D 四类。

二、实施目标

进一步培育及吸引教育人才。完善人才培育及奖励机制，做好人才服务保障，培育和吸引优秀教育人才安心、潜心、静心在上城工作。

进一步提升教师专业化水平。培育激励高层次教育人才，发挥其辐射引领作用；不断优化教师成长路径，建立一支在全省、全国有较大影响力的名师队伍，带动提升全区教师队伍整体素质。

进一步加强干部队伍建设。完善教育系统干部梯队建设，发挥名校集团化总校长的引领带动作用，打造一支在全省、全国有较大影响力的名校长队伍，推进区域学校优质均衡发展。

三、项目实施分类

1. 升级实施五阶段、五梯队人才培养计划将原有的上城教育四级人才梯队与高层次人才分类有机结合，升级成为“五阶段、五梯队”人才培养计划，其中省特级教师为C类人才，区特级教师和三星级班主任相当于D类人才。进一步规范设立层级目标，提高人才津贴奖励额度，完善考核评估机制，努力让上城的每一位教师都能找到自己的“生长点”。

2. 强化上城名校集团化管理人才培育

推进上城教育名校集团化办学，充分发挥名校和名校长在教育办学、教师队伍建设、校长领导力提升等方面的辐射引领作用，计划到2022年，全区建成不少于5个名校集团，由集团总校长领衔设立名校长工作坊，带动各集团分校校长共同开展管理工作，培养年轻骨干管理人才，更好地发挥集团化办学优势。

3. 实施上城教育“智库”建设计划

建立上城教育“智库”，以长三角地区“智库”为主体，拓展柔性引进全国乃至全球各地顶尖教育专家、名校长、名教育家团队等，每年定期到上城开展思路谋划、管理诊断和专题研究等活动，为上城教育发展谋篇布局。

（杭州市上城区教育局）

上城区把助力教师成长作为区域教育发展的一大行动目标，确定了四条行动策略（见图2-2-1），力图通过这些策略的实施，达成区域助力教师成长的目标。

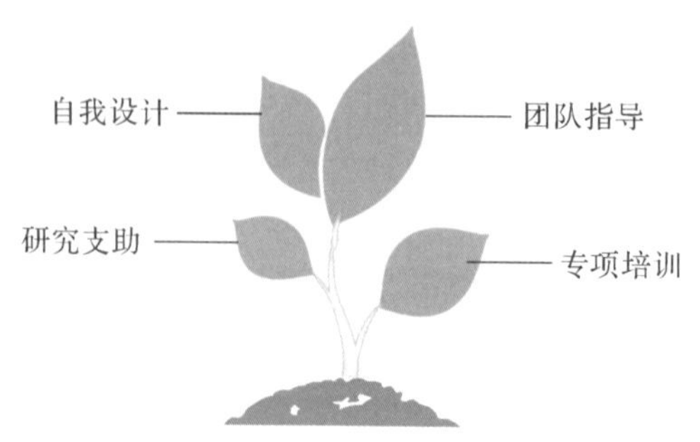

图2-2-1 助力教师成长行动策略

（1）自我设计。教师的专业成长，最重要的动力来源于自身。从这个意义上说，唤醒教师成长的内驱力，让教师自我觉醒，是对教师成长的最大助力。而自我设计正是让教师通过对自身的理性审视，明确发展的目标。

（2）团队指导。星多天空亮，人多智慧广，一个人的成长离不开团队的帮助。上城区把团队指导作为一条重要的行动策略，通过建立导师团队，为教师提供"一对一""一对多""多对多"等各种形式的指导，使教师在专业发展之路上得到更多的支持与帮助。

（3）研究支助。当教师开始了对教育、教学的研究，也就意味着教师从成长的不自觉进入了自觉，而此时，研究支助就是对他们的助力策略。通过课题立项的支助、研究经费的支助、学术成果出版的支助等，帮助教师从"教书匠"成长为学者型教师。

（4）专项培训。教师在不同的成长阶段，需求是不一样的，同时教师的个性、爱好不一样，成长的需求也会有所不一样。所以，助力教师成长，不但要满足教师的共性需求，更要满足教师的个性需求。专项培训就是针对教师的个性需求实施的行动策略。通过特色课程的开设、教师游学、脱产研修等各种方式，为教师提供符合需求的助力。

二、赋能教师专业发展的内驱力

教师的专业发展需要教育行政部门和学校共同创造条件，但最重要的是，教师自身要有强烈的成长意识，即教师专业发展的关键是"内驱力"。教师专业发展的过程要从外在力量的塑造提升转变为内在力量的建构生长，需要充分发挥教师专业发展中内驱力的作用。图 2-2-2 是赋能教师专业发展内驱力模型。

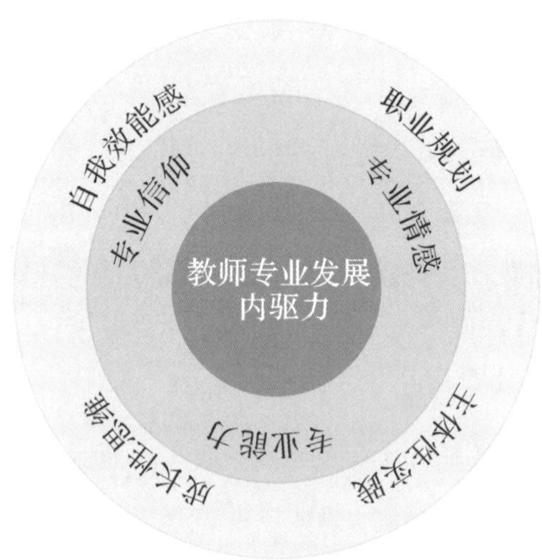

图 2-2-2 赋能教师专业发展内驱力模型

教师专业发展一般要经历三个阶段，在不同阶段支持其发展的要素各不相同。第一阶段以专业情感为支持，第二阶段以专业能力为支持，第三阶段以专业信仰为支持。通俗来说就是“前五年靠教师热情，第六至十五年靠教师经验，十五年之后靠教师信仰”。教师专业发展以爱、热情和责任为前提，慢慢地在专业能力上得到提升，进而建立专业信仰，最后逐渐完善自我发展的途径。如果教师将自身发展的愿望提升到精神层面，即建立专业信仰，那么教师专业能力的成长就不是被动的，而是在“内驱力”作用下的主动成长。教师在生活与工作中遇到的一切事物，都会成为教师成长的素材与力量。这时教师专业发展就成为唤醒教师内心的能量，变成教师自我成长的必然选择。

1. 做好职业规划

教师每隔一段时间一定要为自己设定大目标和小目标。目标，是教师发展的方向和动力。这就像跑马拉松一样，运动员通过设立一个又一个的小目标，激发自身动力。对于教师来说也是一样，教师在进行职业规划时，不仅要制定长远的大目标，还要像马拉松运动员那样设立一个又一个小目标，摘跳一跳就能够到的“桃子”，教师专业能力才能不断发展。

教师成长规划要以教师内在的发展需求为根本，通过树立职业理想，自主反思、规划和实践来实现发展目标。因此，教师的个人成长规划要包含个人现状分析、阶段发展目标、具体落实措施以及阶段成功标志等内容。具体来讲，首先教师要以学校制订的教师成长总体规划为出发点，树立职业理想，进行自我反思，深入细致地分析自我现状；然后进行目标定位，并对当前目标进行阶段性设计；最后根据目标制订出可操作性强的具体措施。

第一，教师职业理想的树立一定不是来自外界的影响，应该来自在教学实践中对教育的体悟，在实践中树立的职业理想才能更加长久、稳固。因此，教师需要不断地去感悟、思考、总结教育行为和结果背后蕴含的教育观念，在不断的反思中思考：什么是教育？我应该成为怎样的教师？我在教育中最擅长的是什么……

第二，教师要学会自我反思。教师专业发展是在不断地缩短理想与现实的差距中实现的，从理论走向实践很重要的途径就是反思，教师要对自我发展的现状进行客观分析，再据此制订正确、合适的阶段发展规划。因此，学校要在教师制订个人发展规划之前，督促教师进行深刻的自我反思，让教师清楚地认识到目前自身发展的优势和劣势，以及影响个人发展的其他因素；教师进行自我反思后，要能够据此找到自己专业发展的优势，明确长远发展的方向，再根据学校的总体规划，确立合适的个人发展目标。

第三，教师要确立恰当的发展目标。发展目标是指教师期盼达成进而付出努力去实现的成果。就像“马拉松”和“摘桃子”理论，对于个人发展目标，教师要分阶段设定，逐步实现，这样教师才能有信心、稳扎稳打地完成自己的规划，真正做到以规划促成长。同时，发展目标是在教学实践过程中不断修正的。

2. 回归主体性实践

现今，教师培训发展已经从补偿性、适应性阶段逐渐走向选择性、个性化阶段，实现了从被动参与到主动选择的改变。在新的培训制度下，教师能根据自己的需求主动选择相应的培训项目。然而，主动选择并不意味着一定能获得发展。如果培训内容和之前相比没有很大改变，教师会发现不论选择什么项目，对自己的发展都没有实质性的帮助，那么这类培训就是无效的，或者说是有负面效果的。不仅无法激发教师的内驱力，还削弱了教师学习的积极性。虽然新的培训政策保障了教师的选择权，但理念的改变和项目质量的提升才是重中之重。落实到实践中，才是促进教师专业发展的关键。

3. 培育成长型思维

如何提升教师专业成长？这既是教师自身应该着力思考的问题，也是学校管理者无法回避的难题。不论是教师还是学校管理者，都要将动力问题作为破解教师专业成长问题的首要切入点。而其中的关键就在于培育教师成长型思维。成长型思维是以智力的可塑性为核心理念的思维模式，培育成长型思维指从思维模式上深化教师对职业、对成长、对个人能力的认识和理解。那么，如何培育教师的成长型思维呢？首先，扎实做好个人研修是培育成长型思维的前提，包括文献查阅、专著阅读、网络学习、请教交流、撰写读书笔记等。其次，获得专家引领是培育成长型思维的关键。专家是特定领域的杰出研究人员，通过与专家的交流、讨论，教师既可以习得特定领域的新知识和新技能，也可以受到专家丰富的成长型思维经验的熏陶和感染，获得专家在形成成长型思维的过程中最直接、最深刻的体会和心得。再次，同伴互助是培育成长型思维不可或缺的环节。在专业提升的道路上，一个人可以走得很快，但难以走得很远。教师专业提升需要抱团，需要组队，需要依靠同伴协作的力量，需要互相鼓励和促进。具备成长型思维的教师，能够客观全面认识自我，既看到自己的优势，也看到自己的不足。发现自己的优势是提升专业自信的基石，找到自己的不足，则是明确专业提升的增长点。通过师徒结对帮扶活动等途径，或取长补短，或扬长避短；或互通有无，或择善而从，促成共同成长与进步。

4. 增强自我效能感

自我效能感形成的最关键的影响因素，是教师过去的经验。成功的经验可以极大地增强教师的自我效能感，因此，要增强教师的自我效能感，就要为教师加强教育教学成功经验的学习。其中，“第一课”的反馈十分重要，学校要全力关注新教师各方面的“第一课”，如学科课程、班会辅导、家校沟通等，给予他们必要的帮助和指导，以获得成功的第一次经验。

自我效能感还会受到成败归因方式的影响。比如，如果教师将成功归因于外部，就无法取得良好的自我效能感。因此，对成功的评价和认知也是获得自我效能感的关键影响因素。学校要帮助教师建构积极的归因形式，提高教师对教育活动、行为和效果之间联系的分析水平，学会客观地看待所有问题，使教师的自我效能感不断增强。

此外，创建发展性教师评价制度可以促进教师自我效能感的形成。发展性教师评价制度是一种理念，它是促进教师专业发展的重要条件与方式。在进行评价的时候坚持民主和平等的原则，充分关注到这个阶段教师在各个方面的进步与成长，关注教师在教育教学、科研、为学校做贡献等多个层面的过程和结果，让教师参与到评价制度中来，感觉到自己被重视，更能使教师的自我效能感增强，获得成就感。

教师作为成人个体，具有独立性、自主性、经验性，具有较强的个人意识和社会责任感，因此教师教育应充分尊重教师的成人身份，确立教师在学习和专业发展中的主体地位，避免单向灌输式的、间断性的、环境单一的教师教育，让教师从传统的教师教育中解放出来。关注教师个体诉求和需要，指导教师发展自我导向学习的能力，丰富教师学习环境，促进多维度沟通交流和提升，调动校本层面和教师群体内部的有利资源，以多元的方式帮助教师认识自我、发现自我、提升自我，从教师伦理道德、知识、技能、实践经验等层面促进教师专业发展。

参考文献

[1] 宋广文，刘凤娟 . 转化学习理论与实践的意义探讨 [J] . 全球教育展望，2014，43 (01)：23-32.

[2] 唐莉蓉 . 美国成人转化学习理论发展研究 [D] . 重庆：西南大学，2015.

[3] 杰克·麦基罗，爱德华·W. 泰勒. 成人教育实践中的转换性学习——来自社区、工作现场和高等教育的顿悟 [M]. 陈静，冯志鹏，译 . 北京：北京师范大学出版社，2016.

[4] 张义瑶，杨婷. 转化学习理论视野下的教师发展 [J]. 继续教育研究，2017 (07)：101-103.

[5] 李霞. 美国中小学教师质量提升研究——以教师提升计划（TAP）为例 [D]. 济南：山东师范大学，2016.

[6] 高海明. 新德英教师培训摭拾 [J]. 教育，2014 (13)：33.

[7] 熊伟荣. 回归主体性实践：激发教师成长的内驱力 [J]. 中小学教师培训，2014 (11)：15-17.

[8] 严富雄. 成长型思维：教师专业成长的内驱力 [J]. 福建教育，2021 (19)：58.

[9] 熊潇潇. 论教师专业发展的内驱力 [J]. 黑龙江教育学院学报，2018，37 (02)：22-24.

第三章
激发教师持续发展的内生动力

浙江省“学分制”新政的实施，从政策的顶层设计来看，实现了教师培训从被动参与到主动选择的过程。然而，主动选择并不意味着主动发展，若没有激发教师发展的内驱力，还是没有改变拿学分的被动状态。上城区关注教师持续发展的内驱力，倡导教师个性化、人本化、全景式的自主发展模式，创生学习者中心的研修范式，提升教师反思、参与、对话建构和内化知识的能力，树立科学的培训理念和提供高质量的培训项目，为教师打造多元的专业发展平台。本章从激发教师持续发展内驱力的理念转型、内容设置、方式变革等方面，概述了区域在教师培训工作中对激发内驱力的积极探索。

第一节
从培训到研修的理念转型

⊙

有这样一则故事：清末民初时期，一位经营餐馆的老板用心研发新菜品——烤鸭，鸭皮烤得色香味俱佳，但鸭肉却烤不熟。为了解决这个难题，老板想了许多办法，却收效不大。后来，经一位高人指点，问题得到彻底解决，即上烤炉之前，往鸭子体内灌一些水，这样外烤里煮，鸭肉就熟了。

这则故事启发我们，解决问题的关键在于思维需触及核心。

近十年来，国家通过增加财政经费投入、制定各种法规和政策，有力地保障和促进了教师培训的发展。作为促进教师专业发展的重要平台，教师培训不仅需要适应教师的迫切需求，解决教师的现实问题，更应该满足教师的发展渴望，激励教师的教育热情。因此，重新思考教师培训的理念成为有效开展教师培训的重要任务。

香港中文大学尹弘飚教授从权利对话的视角对教师培训低效的原因进行分析，认为培训低效是由于培训主体往往是高校教师或教研人员，对教师而言或是高高在上，或是缺乏方向引领，教师感觉到与权威人士之间有距离感。他提出要善于发现一线教师群体中所蕴含的变革能量，帮助他们成长为“专家教师”，这样才能缩短培训主体与培训对象的距离，进而提升培训效果。大连教育学院王冬凌教授提出要探索教师培训工作的运行规律，实施高效的教师培训模式，应坚持“以人为本”的培训价值观，要以促进学员可持续发展为目标取向。

深入挖掘当下教师培训效果低下的原因，其中接受培训的教师是否是学习者、是否愿意学习是非常重要的影响因素。教师是主体性发展的人，是学习者。只有调动起教师的自主性，他们才能成为有意识的教育工作者，才能主动地反思、检视自身的教育教学实践，并不断地要求自我提升，实现自身的专业发展。

如何促使他们发生从“要我训”到“我要训”的转变，核心在于怎样激发教师参与培训的内驱力。十年的课程改革历程足以证明，从被动培训到主动研修是教师实现专业成长的必由之路。上城区积极探索，转变理念，将每一位教师视作专业工作者，尊重其专业智慧和经验，激发教师持续发展的内驱力，使专业提升成为每一个教师的自觉意识和主动追求。

一、坚持学习者中心立场

在工作实践中，人们常使用“教师培训”这个词语。事实上，从教师终身学习和教师专业发展的视角来看，用“教师学习”更为妥帖。“教师学习”的主体是一线教师，教师学习的时间和空间场域更为宽广，不一定局限在参加培训的有限时间和空间里。因此，教师培训要提升质量，首先应该实现培训理念的转轨——从“教师培训”转向“教师学习”，树立以学习者为中心的理念。

一直以来，教师专业发展是以工具理性为基础的，在工具理性价值指导下的教师常常被视为工业流程中的人。教师专业发展方式遵循的逻辑是科学主义—技术理性—技术专家，期望通过建立权威、客观的教育科学规律，以及与之相适应的教育规律、操作技术和规范来实现教师的专业化。可是，工具理性往往容易忽略教师作为主体的内在根本需要，这是教师专业发展低效的根源所在。

从学习心理学来看，当学习主体对学习产生浓厚的兴趣，愿学、乐学时，就会产生饱满的学习情绪，激发顽强的学习精神，实现自主学习，从而取得良好的学习效果。当教师是学习者时，就意味着教师有学习的意愿与不断提升的需求，而这种意愿与需求就是教师专业发展的不竭动力。相反，如果教师缺乏学习的意愿，被动地接受培训，学习动力必然不足，学习效果必然达不到培训的预期。可见，只有保证教师的学习主体地位，教师的专业发展才会有源源不断的动力。

从教师职业的特殊性来看，教师的职责是传道、授业、解惑。随着信息技术的发展，教师更需要不断学习，更新观念，以履行好这一职责。这也就意味着教师是一个需要终身学习的职业。21 世纪以来，随着学习领导理论的发展，将教师定位为学习领导者成为教育改革的方向，也是国际上推动教师专业发展的方向。教师必然是一名学习者，有效的教师专业发展应将教师视为学习者，尊重教师作为学习者的自主权。因此，教师同时成为领导者和学习者，在引领自身学习的同时引领学生的发展。

上城区充分重视教师作为学习者的立场，激发其参与培训的内驱力，以提升教师的教育教学能力和综合素养。为了教师的发展，为区域教育整体内涵提升的初衷，让“教师学习”保持活力，上城区与时俱进，围绕以学习者为中心的理念，以新设计、新项目和新工具为路径，实现了从经验到范式的升级，从经验中心走向多元互动、实践应用，不断探索新的培训模式与机制，以适应愈加开放、复杂的教育格局。

案例 3-1-1 提问讨论 · 平行发言 · 彼此点赞 · 全员参与

杭州市采荷第二小学为培养青年教师独立备课、设计教学的能力，举行了“基于思维发展 · 聚焦生本备课”的研修活动。活动前学校通过 UMU 互动学习平台针对以下五个问题对老师们进行了前期想法征集：①如何进行单元备课？②如何确定课时目标？③如何解读文本（教材）？④如何设计“大环节”（让课程设计有深度、厚度）？⑤如何设计练习？

现场数十位语文、数学学科的青年教师代表针对以上5个问题进行了案例分析，并针对一个或者多个话题在UMU互动学习平台上踊跃发言，通过点赞呈现最热话题，通过动态词云总结话题范围，让每一个人都有机会发言并了解全场参会者的观点和想法。

（杭州市采荷第二小学）

本案例以前置问题为引领，充分发挥教师的学习主动性，让他们结合自身经历有选择地进行主题研修，特别是现场的观点碰撞，极大地激发了学员的学习积极性，提升了研修实效。

“以学员为中心”的教师培训理念最大限度地激发学员的内在学习动机，培训者通过创设合适的学习活动，营造学习氛围，让学员从被动学习变成主动学习。在学习动机理论背景下，在课堂上运用激发学习动机的具体方式方法，提供切实可行的教学策略和途径。“以学习者为中心”的教师培训理念最大限度地利用学员已有知识和经验，培训者讲授的内容即学员学习的资源，真正的学习发生在学员结合学习资源，运用已有知识和经验反思、讨论、调整和重构，形成新知识，内化为新经验的学习过程中。行为转变，学习发生。学员只有全身心地投入学习活动的整个过程中，才能真正理解培训者传递的知识，形成对所遇问题的解决思路和方案。

美国莎朗·L.波曼（Sharon L. Bowman）提出一种以学员主导课堂的大脑友好型教学方法——4C法。培训者在设计课程学习活动时，始终有一个围绕知识点的逻辑框架。莎朗·L.波曼把这个逻辑框架主线总结为“联系（connection）—概念（concept）—应用（concrete practice）—总结（conclusion）”。培训者围绕每个主要知识点，设计四个环节的学习活动，提倡培训者与学员位置互换，让学员主导培训课堂，按照4C法的步骤逐步开展学习活动，聚焦于真正的培训教学课堂。其中，“联系”不仅仅是暖场，也是整个学习活动的开端，是学习活动已然开始的信号。在这一环节，培训者要关注到学员彼此之间的联系、学员与学习活动主题的联系、学员与个人目标以及与学习成果的联系。“概念”是指在学员已有的知识和经验的基础上，放弃传统的讲授方式，运用互动式学习模式，在学习活动中预期需要达到的新的知识阶层。“应用”是指学员在“概念”环节中达到了新知识阶层后，在允许犯错的包容环境中，以试错的精神在学习活动中反复练习和运用，最终达到熟练应用并能解决实践生活中所遇问题的目的。“总结”是指对学习活动的前三个环节进行回顾和评价，也以学员主导总结活动为主，培训者提纲挈领地指明学员需改进的方向。

二、立足教师专业性定位

“教师培训究竟是一种工具，还是一门学科？这是思考和研究教师培训问题的关键。”教师培训之所以饱受学界所谓“自上而下”的诟病，与我们对教师培训的定位有关。长期以来，教师培训政策式、任务式、工具式的特征明显，特别是涉及教育体制或教育内容的改革，成为教师培训的现实前提。

在教师专业发展日趋深入的今天，教师教育制度化、常态化的发展已经为教师培训研究提供了政策支持和学术保障，教师培训理应从教育的配角向教育的主角转变，教师培训不再是教育改革的“衍生物”。有学者写道，教师培训的本质是让教师将自己在基础教育中获得的经验与实践反思，与其他教师进行经验交流，以便内化教育理论，在表达与交流中提升思维创新力，最终实现教师专业发展。因此，教师培训工作本身必须专业化，即具有教师培训的专业知识、专业能力、专业资格、专业组织、专业伦理等，且成为专业从业者构成的实践活动过程。

上城区教师培训的专业性追求主要体现在两个方面：一方面，立足和指向教师系统、持续、健康的专业成长。上城区为让每一位教师在职业生涯的每一个阶段，都拥有属于自己的奋斗目标，并逐渐让这样的目标体系引导教师在专业成长中逐步悦纳自我，追求卓越，让他们在事业成功的同时感受职业幸福，建构了“五阶段、五梯队、多维度”的教育人才多维生长台，让每位教师都可以在这个平台上找到自己的“生长点”。另一方面，进行规律化、学术化层面的专业化探索。强调以研究引领培训，让教师培训走向深度，积极创设区级教师教育课题立项、成果评审，在相关考核评估中加大科研比重，让区域每一所学校的校本研修都有课题引领，用研究促进研修。上城区教育学院在深入研究教研和培训工作的历史和现实的前提下，认真调研区域学校和教师的需求，对教研和培训进行整合，实现“研中有训、训中有研”，形成促进教师发展和提升教学质量的合力；实现科研、师训、教研、智慧应用等学院部门的有效融合，建构学习者中心的研修范式；实现研修主体由研究员中心回到学习者中心、研修内容由研教走向研学、研修方式从讲授式走向参与式和体验式、研修场所从报告厅回到教育教学应用的情境。

案例 3-1-2　上城区“五阶段”获奖教师专业成长助力计划

一、指导思想

坚持以教师发展为本的原则，根据教师专业成长的不同阶段，分层规划，分类指导，促进教师爱岗敬业和教师精神的提升，从不同的侧重点多途径鼓励教师积极钻研教学业务，提高教师理论水平，更新教师教育理念，提高教师实践能力，促进教师专业成长。

二、资助对象

中小学、幼儿园教师中“新苗奖”“新秀奖”“能手奖”“风华奖”“红烛奖”获得者。

三、目标任务

拓展教师学习交流、实践展示的多维空间，不断完善教师终身学习体系；探索促进教师专业自主发展的培养模式和管理模式，不断完善各阶段教师专业发展评价体系；区域性建构合理的教育教学骨干教师梯队，充分发挥骨干教师的辐射、带动作用。

四、策略措施

(1) 实施“导师团队指导”策略。在区域层面成立由教师学科教学专家、研究员、名师和学科带头人等组成的专家队伍,充分发挥专家精神导师、业务行家的引领作用,对学校校本研修、教师课堂教学等开展团体性或个体性指导。学校或教师则以教育教学研究问题为任务驱动,与导师团队的专家建立多种形式(松散型或紧密型、“一对一”或“一对多”等)的问题解决共同体,在解决问题中促进教师的发展。

(2) 实施“继续教育绿色通道”策略。有的放矢,依据不同阶段获奖教师的自身特点,结合培养目标,提供符合各阶段教师发展特征的个性化的专项培训项目。特长辐射,根据获奖教师的特长与潜能,搭建面向不同阶段教师的各层面的研修平台,将教师自身的先进经验在全区范围内推广。游学启智,通过外出考察、访问等游学历程,寻找问题,分析原因,思考方法,探索规律,寻求符合教师自身发展规律的策略。

(3) 实施“课题研究资助”策略。鼓励获奖教师将教育教学中遇到的问题转化为研究的课题,解决实际问题,改进实际工作,优化教育教学效果,促进教师教学反思与行动研究能力的提高。凡资助对象申报的课题在上城区立项的资助800元,结题奖励800元;在杭州市立项的资助1200元,结题奖励1200元;在浙江省立项的资助1600元,结题奖励1600元。为提高课题研究的实效性,将根据课题研究内容分小组开展交流互助活动。为此,上城区立项资助经费主要用于课题互助组研究活动。

(4) 实施“项目成果支助”策略。对获奖教师出版教育教学成果、开发校本课程进行专项资助与奖励。由获奖教师自主申报,上城区教育学院教育科学研究中心组织专家对成果进行评估与推广。

(5) 实施“校本研修互助”策略。学校制订相应的校本教师专业发展助力计划,通过专家引领、同伴互助、对话交流、研读反思、课案会诊、课题研究、专题辩论、风采展示、校际联动等研修形式,促进教师专业素质的提升。

(杭州市上城区教育局)

可以看出，这一计划实质上是根据教师教龄的长短而建构的、促进教师专业成长的教师培训体系，计划立足于教师在不同发展阶段的专业需求，按“五层级”进行能力与知识的体系架构，通过助力计划促进教师发展的内生动力。对 1—2 年教龄的教师进行适应性培训，目标在于站好讲台，主要实施“导师团队指导”策略，修好“学科专业”关。对 3—5 年教龄的教师进行发展性培训，目标在于研究能力，主要实施“课题研究支助”策略，修好“研究专业”关。对 6—10 年教龄的教师进行主题性培训，目标在于发展定位，实施“继续教育绿色通道”策略，修好“发展专业”关。对 11—16 年教龄的教师进行自主性培训，目标在于凝练成果，主要实施“项目成果支助”策略，修好“成果专业”关。对 16 年及以上教龄的教师进行自由性培训，目标在于情怀激发，实施“校本研修互助”策略，修好“终身专业”关。计划分层又可破层，分策略又可综合施策，从而建构起一个完整、内生、健康的教师培训体系。

三、构筑共同的价值取向

价值认同就是指在价值冲突调适过程中，价值感知主体完成自我意识的觉醒，并通过寻找各方利益互补的契合点，实现冲突各方的价值协同。吉林大学薛洁教授在其《偏好与价值：国家建构中的整体目标与个性兼容问题》一文中指出，从价值偏好层面来看，面对多样、主观的个人偏好，社会生活要解决的是人类非理性偏好，价值认同是以价值认知为基础、价值感知为体验，通过识别、叠加、聚合理性的价值判断，使价值偏好各异的主体获得平等的满足感。价值认同在本质上是个人认同、群体认同、社会认同的辩证统一，遵循“经验—情感—理性”的生活逻辑和发展理路，是人们基于对个人生命和社会发展及其相互关系的体认和理解，建构而成的有关“我是谁”“我们是谁”的身份角色归属，以及由此产生的价值意识、价值追求和价值实践。

聊城大学教师郭峰、李娟在《智慧教育视野下教师文化场域的现状与重构》一文中说道：“教师文化是教师群体共同形成的，处在特地时空环境下的场域中。在这个场域中，教师与同伴教师交流、合作，从而获得教师专业的发展。”21 世纪最具生命力的组织是学习型组织，组建研修共同体，培养团队协同行为的研修文化，成为未来教师培训关注的目标。“共同体”是人类社会学范畴的概念，强调人与人之间的紧密联系，共同的精神意识，以及对彼此的归属感和认同感。从教师专业发展的角度看，学习共同体理论应倡导教师置身于各种学习共同体中，通过参与合作性的实践来增加自己的教学知识和实践智慧。

在研修过程中，打造具有价值认同的共同体，立足其本质及生成规律，着眼当前的价值观教育实际， 推进新时代中国特色社会主义核心价值观“融入转化”，将“自上而下”与“自下而上”、“外推”与“内生”相结合，形成团队合力，提升研修实效与品质。可以说，教师研修的过程其实更像是一次“文化修炼”的过程。基于此，对个体而言，研修文化在于形成积极的价值取向和自觉的行为习惯；对群体而言，研修文化在于形成共同的价值取向和协同的团队行为。因此，成功的教师研修要注重教师主体意识的培养，强化反思学习，构筑共同的价值取向引导团队成员超越自我，学会合作学习。

四、深化虚拟的个性研修

北京师范大学顾明远教授曾说：“‘人工智能 + 教育’正在使教育发生重大的、可以说是革命性的变革。但是教育的本质不会变，教育是传承文化、创造知识、培训人才的本质不会变，立德树人的根本目的不会变。”同样，教师培训的初心和根本宗旨不会变。对此，基于“互联网 +”背景下的教师专业发展，应通过合作、积累丰富虚拟空间共同体建设，建构知识体系的深度合作机制，用问题铺设教师思考的台阶，创设虚拟的教育教学情境，改变虚拟空间零散、孤立、碎片的事实，预设虚拟情境中的挑战性议题，共同体成员为此开展深度对话与讨论，相互补充、彼此启迪，使议题在虚拟情境中不断拓展，个体思维不断连接群体智慧，促进学思结合、学以致用的深度学习。

要培育一批新时代“四有好老师”，不仅取决于其大学阶段的学习成果，更取决于其全成长周期中的实践、培训、感悟、提升。经过十几年教师专业发展培训，教师对自主发展、个性成长的需求日益增强。截至 2022 年，上城区共有 16000 多名教师，要满足所有教师的培训需求是不现实的，特别是平台项目受工学矛盾、师资力量等条件的制约，要达成“个性化、人本化、全景式”研修需借助“互联网 +”的资源，上城区教育学院智慧教育研究中心，以“之江汇”数字平台为基础，以开设“百个特级教师网络工作室”“百个星级班主任工作室”“百个名校长工作室”为路径，建构上城区虚拟空间的个性化学习平台，促进教师研修的资源建设，破解大区域中的培训难题。

第二节
从设置到定制：提升持续学习力的上城名片

⊙

教师的成长不应该是学校发展的“被动的接收器”。只有当成长变成教师个人自觉的学习需要，变成教师积极主动参与的自愿行动，教师成长才是一件有意义的事。提升教师持续学习力，激发其内在动力，应该以尊重教师的内在需求为逻辑起点，激发每一位教师的专业成长欲望。培训如何点燃教师的学习激情，助力每一位教师成为终身学习者？应设计满足不同成长阶段教师需求的培训课程，让培训从设置走向定制，最终使教师成长从自发转变为自觉。

一、培训从设置走向定制

教师培训需要建立清晰的权利观、学习观和系统观。教师培训构成的最基本的要素为培训者、学习者和培训课程。在整个培训活动的实施中，培训者是否具有主导性，是否起到决定性的作用，是区分设置式培训与定制式培训的重要依据。

设置式培训是以行政机关对教师培养的终极目标为导向，由培训机构设置培训课程，实施教师培训，即相对被动式培训。而定制式培训，从价值理念上说就是创建以学习者为中心的培训环境，让学员参与培训方案的制订，解决遇到的真实问题，为培训课程设计提供改进的建议，将“要我培训”变成“我要培训”。

表 3-2-1 列出了设置式培训与定制式培训中学习者的主要角色区别。

表 3-2-1　设置式培训与定制式培训中学习者的主要角色区别

设置式培训学习者角色	定制式培训学习者角色
在课堂听课	自学 / 小组合作 / 参与式
做听课笔记	评估自己与他人的学习
完成老师指定的作业	评估自己的学习 / 评估他人的学习
参加考试或测验	公开展示学习成果 / 解决真实问题

一般认为，教师在培训中扮演的学习者角色会迁移到他的教学中，因此，应调动教师在培训中角色的主动性，以反哺到其自身的教学活动中。

表 3-2-2 列出了设置式培训与定制式培训中学习者的主要责任区别。

表 3-2-2　设置式培训与定制式培训中学习者的主要责任区别

设置式培训学习者责任	定制式培训学习者责任
独立完成学习课程选择	对自己的培训规划 / 对课程给出需求意见
课堂上有问题问老师	对课程的设置给出意见
独自完成培训任务	与同伴反馈学习的建设性意见并评估自己的学习
培养学习习惯	花更多时间进行拓展性学习
自己规划时间	交流真实的学习活动和在学习活动中需进一步解决的问题

创设“以学习者为中心”的教学环境，让学员重新定义其扮演的角色和需承担的责任，变“要你学”为“我要学”，争取运用学习过程中的反馈来提高

学员的学习表现，令其对自我学习规划做出回应。

二、定制式培训的上城实践

定制式培训首先要尊重培训中的“我”，发挥“我”的主观能动性，能从内心唤醒“我”对教师职业的情感意识与情感自觉，从而迁移到教学过程中，体会到教师这个角色的价值及责任。真正理解教师的成长建立在人的成长基础之上，认识到人是一个完整的生命体，并以此类推至学生，那么教师的培训就有了价值和意义。

1. 自我规划，让教师成为学习的主体

上城区学校发展性评价采用三年发展规划，在制订学校三年发展规划的同时，不同发展阶段的教师结合学校的三年发展规划，用 SWOT 分析法撰写个人三年发展规划，将个人的成长主动与学校的发展对接。上城的教师专业发展有完整的架构——五阶段五梯队、星级班主任、名师工作坊、特级教师工作站、名校长工作坊……还有上城教育基金会资助的各种项目，如金穗计划、“丰叶奖”研修计划、海外课程引进项目等。基于上城教师专业发展架构，结合个人专业发展定位，每位上城教师都能找到属于自己的培训成长平台。

以三期培养的“未来名师名校长”工程为例，在培训开始前对各位学习者进行个别访谈，每位学习者制订个人专业发展三年规划，规划包括个人基本信息、专业状况（包括综合荣誉、教学业务、课题研究、论文发表等）、发展目标（包括专业精神、教学主张、教学业务、课程开发、课题主持等）、SWOT 分析和行动方案。与导师交流后，学习者再对个人的三年发展规划进行修正。

案例 3-2-1 个人专业发展三年规划节选（2017—2019）

（未来名师培养人选用）

三、发展目标
(2017—2019 年, 基于教学主张的实践, 你期望在不同领域达到的具体目标。下表各项为选填内容, 结合自身实际情况, 不必每个选项都填)

专业精神	班主任	A. 区优秀班主任　B. 市优秀班主任　C. 省春蚕奖　D. 其他:
	自选活动	“第九世界”外出支教 例如：贵州
教学业务	教学主张	我的教学主张是: “微语学文” (该主张提出的基础, 如发表过的论文、实施过的公开课等) 1.《班级微信公众号走进小学语文习作教学的探索》 2.《微课作文在习作教学中的运用策略研究》 3.《五彩池》微信二维码、微课；毕业微课程群建设 (围绕教学主张拟开发的公开课) 1. 微作文系列教学 2. 微评论　微童话 3. 微阅读
课程开发	是否有课程开发任务	A. 是√　B. 否　C. 不确定（打钩）
	如“是”, 一共几门课程	A.1 门　B.2 门 √　C.3 门　D.4 门及以上（打钩）
	如“是”, 拟开发课程的初步名称为	1. 四季 · 节气语文拓展性课程 2. 语文习作微课程群
科研工作	主持课题（围绕教学主张凝练）	(选填其中一个, 并注明拟申报或已立项的课题名称或领域, 以便匹配理论导师) A. 区级（1 项）　B. 市级（1 项） C. 省级（项）　D. 部级（项） 课题名称或研究领域: A. 已立项　B. 拟申报 √（打钩）

续表

科研工作	发表论文（围绕教学主张提炼）	（选填其中一个，并注明拟撰写论文名称或领域，以便匹配理论导师） A.1 篇　B.2 篇　C.3 篇 √　D.4 篇及以上（打钩） 论文初步选题：1. 二维码在语文课堂上教学中的运用 2. 微信公众号激活语文学习线上线下学习新模式 3. 毕业季 · 微课程建设的实践与思考 4. 部编版教材的使用 选择其中几点去实践探究
	专题讲座	（选填其中一个，并注明拟开发的专题讲座名称或领域，以便匹配理论导师） A.1 个　B.2 个 √　C.3 个　D.4 个及以上（打钩） 讲座拟定名称：1. 信息技术促进语文课堂教学的变革 2. 四季 · 节气语文拓展性课程的实践研究

四、因素分析

内部因素	优势	（主要从个性特征、已有成绩、学习条件、家庭情况等因素展开分析，并逐条罗列） 个人积极向上，在这三年内从大队辅导员提升为学校副校长、市教坛新秀；目前硕士在读，参加区特级教师工作室的学习；专业发展状况良好。个性方面比较踏实，肯干；口才方面还要再加强，不够自信
	劣势	（主要从个性特征、已有成绩、学习条件、家庭情况等因素展开分析，并逐条罗列） 整体而言，自身最大的困扰就是工作方面各条线较多，会被一些杂七杂八的事情打乱节奏，自己的方向不够明晰，研究的点不够清楚。在教学研究方面，深入性、系统性、钻研度都还比较欠缺。还是一个需要别人在后面催促的人
外部因素	机遇	（主要从个性特征、已有成绩、学习条件、家庭情况等因素展开分析，并逐条罗列） 学校给予我很大的支持，既是校内骨干，也是学校的校级干部，整体而言机遇很好，学校、区里都在给自己搭建平台，应该说是发展的黄金时间，关键还是要走出舒适区，不断去超越自己、发展自己
	阻碍	（主要从个性特征、已有成绩、学习条件、家庭情况等因素展开分析，并逐条罗列） 1. 区内人才辈出，自己在公开课、论文发表数量等方面都还不够 2. 课题研究方面，初学历为英语学科大专，与现在所从事的语文教学工作还有一定的差距 3. 职称是副校长，但也需要在专业上再提升才会树立良好的威信

五、行动方案

自我研修策略	学历提升	A. 硕士研究生 √ B. 博士研究生 C. 访问研修 D. 未计划
	专业阅读	列出必读专业理论书籍 3—6 种： 1.《教育哲学导论》（石中英著） 2.《学校见闻录：学习共同体的实践》（佐藤学著，钟启泉译） 3.《生活体验研究——人文科学视野中的教育学》（马克斯 · 范梅南著） 4.《教学机智——教育智慧的意蕴》（马克斯 · 范梅南著） 5.《儿童心理学手册》（华东师范大学出版社） 6.《小学语文儿童文学教学法》（二十一世纪出版社）

续表

<table>
<tr><td rowspan="5">自我研修策略</td><td>理论研修</td><td>(请结合本人的专业优势或劣势, 围绕教学主张提炼, 列出 1—2 个理论研修主题, 可模糊表述)
1. 语文或学校课程建设方面
2. 教育学、教育方法论方面</td></tr>
<tr><td>实践研修</td><td>(请结合本人的教学实践优势或劣势, 围绕业务能力提升, 列出 1—2 个实践研修主题途径, 可模糊表述)
向省特级教师学习如何做语文研究</td></tr>
<tr><td>支教送教</td><td>A. 送教下乡 3 次　B. 薄弱地区或学校支教 1 个月
C. 其他:</td></tr>
<tr><td rowspan="2">其他途径</td><td>区内成立名师工作坊, 进行支教学习</td></tr>
<tr><td></td></tr>
<tr><td rowspan="5">外在需求陈述</td><td>理论指导</td><td>(列出希望跟随的理论导师的研究专长或领域两项)
1. 任为新 (汉语言文学教育)
2. 刘徽 (课程与教学论、课程改革)</td></tr>
<tr><td>实践指导</td><td>(列出希望跟随展开跟岗实践的特级教师 2 人, 区内外皆可)
1. 刘荣华 2. 窦桂梅</td></tr>
<tr><td>主管部门与单位支持</td><td>希望教育局给本人支教的机会, 或通过区内开设名师工作坊的形式, 一边支教, 一边教研, 同时带动所支教学校的语文教科研工作</td></tr>
<tr><td rowspan="2">海外研修</td><td>研修目标国家: 英国 (填一个)</td></tr>
<tr><td>希望研修的主题: 英国基础教育现状与教学经验分享</td></tr>
</table>

(杭州市上城区教育学院)

"未来名师名校长"工程 20 位学员在成为学员时完成的第一项内容是完成个人成长需求的自我设计, 培训班负责人在此基础上, 对所有学员的个人规划作出分析, 这成为定制培训方案的关键依据。

2. 团队分析, 让不同发展阶段的教师团队得到个性化定制式培训支持

区域助力教师成长是指从一个区域的范围内, 对教师的成长进行总体规划, 使处在不同发展阶段的教师能够获得更多的支持。

上城区助力教师专业发展建构了顶层设计组织体系, 建立了由上城区教育局职能科室、上城区教育学院及各中小学、幼儿园组成的组织体系, 形成了部

门之间协同推进教育人才培养的良好的运作机制。上城区教育局出台相关政策，就助力教师成长计划的实施提出指导性意见，制订各助力项目的实施办法，在人力、物力、财力上给予保障，并全面负责协调工作；上城区教育学院具体负责助力计划的策略实施与指导，根据教师专业发展不同阶段的不同需求，按需提供助力；上城区各中小学、幼儿园则结合学校三年发展规划，制订相应的促进教师专业发展的校本专项规划，辅导教师进行自我分析与定位，完成教师个人专业发展三年计划，同时负责“校本研修互助”策略的实施。这样一种组织架构和分工，进一步健全了以区、校两级为主的教师专业发展助力服务体系。

案例 3-2-2 上城区未来名师培养人选（20 人）专业发展情况分析表

大类	小类	小计	合计	平均	分析结论
教龄（年）	5 年以内	1	249	12.5	按照休伯曼的教师职业生命周期论，平均教龄 12.5 年属于“实验和重估期”（7—25 年）；该阶段是教师职业生涯的转变期：一方面，教师开始对自己及学校的工作产生力求改革的愿望，不断地对职业和自我进行挑战；另一方面，单调乏味的教学轮回使教师对职业产生了倦怠感和动摇感，开始对教师工作重新进行评估。这个教龄段是教师职业生涯的黄金时期，充满了上升和突破的可能性，教师要积极通过改变来克服单调感和倦怠感；学校也要给予教师充分的关心、尊重和激励，以帮助教师排除抵抗外界的干扰和诱惑
	6—10 年	3			
	11—15 年	13			
	16 年以上	3			
学历	硕士	4	—	—	学历结构总体已超过教师法规定的水平，达到了浙江作为现代化教育强省的学历提升要求。其中幼儿园和小学段学员有 3 人为硕士或硕士在读，值得肯定；中学段 8 人中，有 5 人为硕士或硕士在读，有 3 人为本科，此 3 人未达到学历提升要求，建议在 3 年中考取在职教育硕士
	硕士在读	4			
	本科	12			
职称	初级	3	—	—	职称结构与教龄结构基本匹配，以中级职称为主，但也进入了晋升副高的关键时期。未来 3 年，应有至少一半的人获得副高级职称，同时初级职称人员应全部晋升
	中级	17			
	副高级	0			
荣誉（项）	区级	93	153	7.65	所获荣誉人均达 7.65 项，并以区级荣誉为主，说明均是本区最优秀、得到高度认可的教师。未来 3 年，应看淡区级荣誉，着力争取市级和省级荣誉的，区教育局和学校应予以倾斜
	市级	44			
	省级	14			
	全国性	2			

续表

大类	小类	小计	合计	平均	分析结论
公开课 / 展示课（节）	区级	45	143	7.15	公开课 / 展示课人均达 7.15 节，而且市级、省级和全国性的数量远远超过区级，说明学员在学科教学上已初步形成特长，在省内具备一定的影响力。未来 3 年，区教研系统应进一步为学员提供在市级、省级和全国性舞台上展示的机会；学员本人应进一步扬长补短，特别是教学薄弱领域要通过本项目的名师跟岗环节得到弥补
	市级	44			
	省级	33			
	全国性	21			
科研课题（项）	区级	6	20	1	课题人均 1 项，有 8 人无任何课题研究记录。这一领域非常薄弱，亟须加强。未来 3 年，将通过理论导师的精准指导和单位的积极支持，确保每人主持 1 项区级课题，一半的人主持 1 项市级课题
	市级	8			
	省级	3			
	全国性	3			
论文发表（篇）	区级	5	34	1.7	论文发表人均仅 1.7 篇，且有 9 人无任何论文发表。与前述科研课题的情况呈正相关，同样非常薄弱，亟须加强。未来 3 年，将通过理论导师的精准指导，力争每人公开发表 2 篇论文
	市级	2			
	省级	18			
	全国性	9			
论文获奖（篇）	区级	38	83	4.15	论文获奖人均 4.15 篇，但区级获奖占 46%，获奖级别不高。未来 3 年，要通过课题研究和论文的精心撰写，力争每人至少有 1 篇论文获得市级或省级荣誉
	市级	28			
	省级	12			
	全国性	5			
著作出版（本）	参编	9	11	0.55	著作 11 本，人均 0.55 本，且有 13 人无任何参编著作出版，这方面非常薄弱。未来 3 年，争取人人要有参编著作出版，其中特别优秀的学员争取担任主编或出版专著合计达 3 本
	主编	1			
	专著	1			

（杭州市上城区教育学院）

3. 制订方案，使“私人订制”成为可能

在传统的教师培训模式中，培训方根据自身对教师培训和参训教师培训需求的了解，设计培训内容和方法。在这种传统的培训模式下，参训教师是培训服务的被动接受者。与此同时，由于技术、资金等方面的限制，培训方很难满足参训教师的个人需求。但在定制式培训背景下的教师培训模式中，参与教师可以直接向培训方提出自己的个性化需求，并参与培训课程的开发。培训机构根 据参训教师对课程、课堂等的要求，提供个性化的培训课程，为参训教师的

自我规划和培训机构的课程设计建立一个快速、实用的互动平台，并通过参训团队 进行进一步数据分析，设计培训方案，使得教师培训“私人订制”成为可能。 这种互动性也代表了未来教师培训的发展方向和趋势。

教师培训应依据每个人的自我规划制订出个人及团队的培训目标，并进行个别访谈，修改个人关键指标，对个人发展规划作进一步修正与完善。在此基础上，上城区定制第一批“未来名师名校长”培养工作方案（见案例 3-2-3）。

案例 3-2-3 上城区第一批“未来名师名校长”培养工作方案

一、指导思想

遵循中青年拔尖人才成长规律，创新培养模式，整合高校、国内外教育资源，加大投入力度，扎根本土实践，提升教育管理综合素养。通过三年时间培养一批在全省有一定知名度，引领示范上城教育改革的领头人，全面推进我区教育改革和发展，为打造具有国际水准的高品质中心城区提供坚强的人才保障和智力支持。

二、总体目标

致力于培养一批 40 岁以内的理念新锐、敢于探索，走向全省乃至全国的名师名校长群体，为我区省市名师名校长培养人选搭建成长平台。

三、培养对象

经公开选拔后确定的未来名师培养对象 20 名、未来名校长培养对象 10 名。

四、培养周期

2017—2019 年

五、研修内容

主题		时间
规划引领	双向选择理论、实践双导师；个人成长规划论证会	2017 年 2—3 月
工作坊式研修	确定课题开展主题研究；针对自己所长选择加入区内或省内名师名校长工作坊研修	2017 年 4—12 月
高校研修	杭州师范大学主题研修班课程学习，提升教育教学及学校管理理论素养	2018 年 2—8 月 （结合杭州市名校长培训进行）
名师校长影子培训	杭州师范大学主题培训，采用双向选择方式，跟随省内名师校长实行影子培训，提升教育教学及管理实践智慧	2018 年 9—12 月
教育教学、学校管理实践研究	立足课堂教学，提出教学主张，开展教育教学研究； 立足校内管理，以管理课题引领，提升学校管理实务研究	2019 年 3—7 月
教育家沙龙	杭州师范大学主题研修班课程学习，聘请省内外名师名校长，定期以沙龙的方式近距离交流	2019 年 7—10 月
成果梳理 1	梳理个人研修成果，准备结集出版	2019 年 1—10 月
境外访学	拓宽视野，开展不少于两周的国际交流与学习	2019 年 12 月
成果梳理 2	梳理个人研修成果，完成书稿撰写，准备结集出版	2019 年 5—8 月
教育思想集萃	研修成果正式结集出版；结合每位学员的个人空间建设，在线在场全方位立体展示	2019 年 9—10 月

六、培养管理

（一）组织保障

在区教育人才建设领导小组统一领导下组织开展上城区“未来名师名校长”培养工作，由分管领导任组长，领导小组下设办公室，办公室设在区教育学院教师发展研究中心，负责日常具体工作。

（二）经费保障

由上城区教育发展基金会安排未来名师培养专项经费 15 万—20 万元 / 人，主要用于开展高校研修、对话名家、境外访学、成果出版等课程模块的研修活动。

（三）制度保障

培养对象所在学校要为他们创造良好的工作环境，在协调工作、学习时间等方面给予大力支持。区教育局将聘请省内外名师、高校专家和专职教育科研人员，为培养对象的专业成长提供理论支持和实践引领。

完善关联考核机制，结合区域名师校长教师考核、学校人才培养实绩考核，培养周期内，组织实施针对学员、学员所在学校及区名校长工作坊负责人的目标考核。

完善学员考核机制，结合学员自身发展规划目标，区教育行政部门与培养机构将组织进行学年考核和期终考核，经综合考评合格者，进入下一年培养程序，并最终颁发结业证书。

（杭州市上城区教育学院）

上城区“未来名师名校长”培养工程以遵循个人的需求为基础，让有相同学习愿景的人建构学习共同体，在深度解读共同体学习目标的基础上，设计适合的培训课程，呈现定制式培训方案，让培训内容符合每一位学员的需求。

4. 课程设计，使培训更具有适恰性

随着教育的进步和发展，参训教师不再满足于单纯的教育学、心理学和教学方法的课程培训，他们需要更具有特色化、趣味化、个性化的培训课程，网络教师培训正好满足了参训教师的此种需求。参训教师可以借助互联网参与培训，聆听专家的教导，并与之互动。

通过悉心培养、严格把关引领教师的个性化发展。区域设立以省特级教师命名的工作室 50 个，区域名师工作坊 100 个，名校长工作室 10 个。在为期三年的名师工作室（坊）的运行期内，名师名校长能够教授的知识和经验相对有限，因此，区域每个工作室（坊）在成立后，均采用课题研究的方式进行引导，在培养成员的过程中，因材施教，为成员搭建广阔的学习平台。导师将长期积累的理论知识、工作经验与每位成员分享，即是对其教学理念的传承；在与青

年教师思想碰撞的同时，也为其今后的教学工作创造了新的思路，在这样的过程中实现教学相长。与此同时，名师始终关注成员的成长过程，重视成员创造的隐性价值，严格、公正地评判每一位成员的成果。名师通过严格把关，因材施教，反馈成员自身存在的问题，并针对问题给出指导意见，促进成员的专业成才，促进工作室团队质量的提升。

区域多维度培训服务于不同专长的教师，引导他们向更优发展，为每一位教师创建内容适合的培训课程，形成更高水平的“人才链”，促进区域内每一位教师的专业发展。

5. 成果物化，多维度展现研训效度

从制订个人发展规划、满足不同需求的课程设置到培训成果的个性化展示，定制式培训是一套整体协作推进的研训系统工程。以第一批“未来名师名校长”培养工程的结业成果汇编为例，会发现每一位学员都是培训结业暨成果汇报活动方案的主角。

链接 3-2-1 砥砺前行，我们这样走来——上城区第一批“未来名师名校长”培养工程研修活动

上城教育以卓有成效的培养模式，打造了卓尔不凡的教育摇篮，成就了一批又一批名师名校长。截至 2022 年，上城区拥有省、市教坛新秀 925 人；省特级教师 82 人；五梯队人才共计 4825 人。链接 3-2-1 是“砥砺前行，我们这样走来——上城区第一批‘未来名师名校长’培养工程研修活动”的视频（扫描二维码即可观看）。

第三节
从倾听到沉浸：提升持续学习力的方式变革

⦿

随着教育改革形势的发展，对教师专业能力提升的需求与日俱增，培训应重视教师的体验、反思，强调培训中的获得感，从倾听转向沉浸，从倾听专家讲授的单一的培训方式，转变为培训者多感官的沉浸式学习体验，通过学习情境中渐进式的学习任务、多元化的共享资源、身临其境的学习环境，激发教师对培训的好奇和认同。

一、从被动到主动：教师培训方式变革的必然与应然

中共中央、国务院印发的《中国教育现代化2035》提出了推进中国教育现代化八大基本理念，提出“更加注重全面发展，更加注重面向人人，更加注重终身学习”。在推进中国教育现代化的进程中，充分而全面发展的人是首要因素，也是个体与社会发展的必然要求。随着对专业能力提升的需求与日俱增，教师对培训质量的提升、培训形式的变革、培训资源的丰富等也提出

了要求。2021 年初，上城区面向全区做过一项关于教师培训需求的调研，有 212 位中小学、幼儿园教师通过“问卷星”参加了本次调研。调研结果如图 3-3-1 所示，教师普遍认为以下问题在培训中表现得较为突出：工学矛盾突出（76.19%）、培训模式单一（26.42%）、培训资源匮乏（28.57%）、缺少激励机制（26.19%）。从数据分析来看，除了“工学矛盾”存在客观上无法调和的因素外，其他三项都与培训方式有较为密切的关系，这也对培训者提出了新的思考和要求。从调研结果看，教师作为培训主体，对培训方式表达了自己的期待和呼吁。他们认为传统的以“专家为中心”的讲授式的教学方式，大大减少甚至遏制了他们对培训持有的好奇心和热情，希望培训能赋予他们更多自主性、主动性和参与性，打破学习者和培训者之间的壁垒，形成知识的传授和学习的互通机制；他们认为教师的学习热情需要用一种他们能接受的方式被激励、唤醒、点燃；他们希望建构“以学习者为中心”的培训方式，培训者能深入了解他们的需要，倾听他们的内心，而不是将知识与经验填鸭式地传授给他们。面向 21 世纪未来教育的教师群体，期待用一种自己喜欢的方式投入学习，从而真正促进自身在专业知识上的成长！

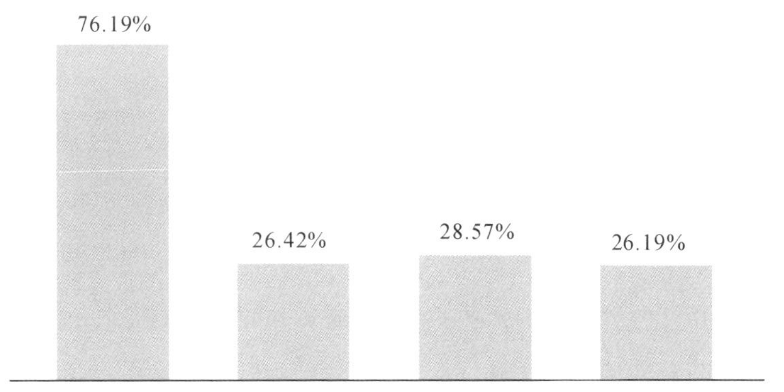

图 3-3-1　教师培训反馈的主要问题

改变教师专业成长方式就要从根本上改变教师的学习方式，改变教师的培训方式。第一，从专家的讲授变为教师与专家合作共创从而达到理论与实践相结合的研训方式。第二，要研究教师的成长规律和特点，根据不同年龄、不同层次、不同学科的教师特点，设计研发与之相适应的培训方式；重在探寻教师的内在成长需求，从单一地倾听变为多感官、沉浸式地体验、反思、提炼，努力创设让教师能在学中思、在思中练、在练中悟的阶梯式上升的学习模式，重视教师在培训中的获得感。第三，将教师作为课程的有机组成部分，发挥教师身上的课程资源优势，加以开发利用，有机地整合到培训学习中，充分激发教师主动性和积极参与意识；创设促进教师全身心学习的环境，从环境的布置、人员的安排、班级组织、舆论氛围的营造等方面下功夫，积极调动教师全身心地投入到学习研训中去。

二、从专家中心到教师中心：沉浸式学习理论的溯源与觉知

传统的“以专家为中心”的培训模式，在培训方式上呈机械灌输式，专家往往习惯于运用以往的知识经验，容易忽略教师的成长背景和真实需求；大多以传授式、讲授式为主，形式比较单一，课堂气氛往往比较沉闷，缺少师生互动、生生互动，教师培训容易变成专家的一言堂，学习效果会大打折扣。

20 世纪 70 年代中后期沉浸理论的提出以及在教育领域的实践运用，对传统研训方式的变革有了积极而富有意义的启发和推动。沉浸理论 (flow theory) 也称心流理论，是由美国加利福尼亚克莱蒙特研究大学的著名积极心理学家米哈里 · 契克森米哈赖（Mihaly Csikszentmihalyi）教授于 1975 年首次提出的。他解释当人们在进行某些日常活动时为何会完全投入情境当中，集中注意力，并且过滤所有不相关的知觉，进入一种沉浸的状态。1988 年，米哈里 · 契克森米哈赖教授进一步阐述，人依照心理驱动力去做自己想做的事，他的观点在学术界引起了很大反响。

其后，陆续有学者进行相关的沉浸行为研究，并修正其定义以期更加符合沉浸状态的描述。美国心理学家威廉 · 立德威尔（William Lidwell）首次提出“沉浸”一词，他指出，沉浸就是让人专注在当前的目标情境下感到愉悦和满足，是人们“在内在动机驱使下从事具有挑战性和可控性的需要大量技能的活动时，

体验到的一种主观状态”；沉浸体验的核心特征在于“发自内心地喜欢所从事的活动，注意力集中在活动上，有忘我感、时间知觉扭曲感”以及“个人技能与活动难度相匹配，目标明确，行为自动化”等。威廉·利德威尔的阐述在学术界得到高度认可。后人大都沿用他的概念：“沉浸，指的是视觉、听觉、感觉的全神贯注，同时，激发身体的情绪，把自己置入到相应的场景中去，去体验多个器官的感觉。”

在理论溯源方面，沉浸理论主要来自建构主义理论和成人学习理论。建构主义理论的学习设计必须符合以下三个要素：一是以学习者为中心，学习者获得主动权。二是重视认知建构过程。基于学习者认知水平、原有认知结构，设计学习过程。三是在情境中学习，学习活动的设计应与学习任务挂钩，应设计与真实物理环境相似、复杂程度相近的有援学习环境。成人学习理论专家马尔科姆·诺尔斯（Malcolm S. Knowles）提出，成人学习具有强烈的自我意识、独立意识和自我驱动意愿，同时具有较强的自尊意识，学习目的性强，重视应用。

随着新一轮课程改革的全面推进，沉浸理论及其实践逐渐运用在师生教与学的过程中，越来越多的教师积极探索沉浸式学习，感受其与传统学习方式的异同，寻求利用沉浸理论提高自身教学水平的途径。比如，教师探讨如何通过激发内驱力，进一步激发学生的学习兴趣与学习动机，进而提高教学成效。同时也为从事教师培训工作的组织者引导教师的学习方式从理念到行为的改变，起到了不可或缺的指导作用。教师的培训方式必将发生巨大的改变。沉浸式学习的主要特点在于：基于教师原有的认知结构和认知水平，重视教师的主观体验，更重视从教师的内在需求出发，以参训者为中心，强调互动，让教师看见在完成具体任务的过程中所展示的行为，以及基于行为和结果所呈现的认知要素。表 3-3-1 列出了倾听取向的培训模式与沉浸取向的培训模式的不同。

表 3-3-1　倾听取向的培训模式与沉浸取向的培训模式的不同

序号	类　别	倾听式培训	沉浸式培训
1	课程	专家中心	教师中心
2	授课主体	专家讲授	教师和专家共创
3	授课形式	侧重听	听、思、悟、学多种感官调动
4	互动形式	专家—教师	专家—教师；教师—教师
5	学习经验	主要来源于专家	教师主观体验，原有的知识和认知水平
6	主题来源	专家分享	教师需求
7	学习方式	被动吸收	主动探索
8	经验来源	专家已有的知识结构	生成的知识体系
9	学习影响	当下	可持续发展

在传统的“以专家为中心”的讲授式培训中，教师主要关注的是如何完成学习任务，获得胜利或者实现目标。这种教学法以“杯与壶”的学习理论为基础，听课者就像空杯子等着授课者的“壶”（知识之源），学习者处于信息接收模式，对接收到的信息进行分析、记忆、思考，是典型的左脑思维，情绪大部分时间处于低波动状态。沉浸式培训基于这样一种学习方式——教师的关注点并不局限于授课专家提供的学习内容或并不需要时刻跟上学习进度，而是要调动自己全部的注意力与思考力，关注当下正在处理的任务，在完成任务的过程中，与周围持续发生高频互动，驱动真实的情绪和行为反应，如焦虑、惊喜、急躁、兴奋等。

三、从认知到践行：沉浸式研训在上城的样例初探

保持教师研训高位发展的上城区教师培训，数十年来坚持实践创新，在研训理念、培训模式上都居于全国领先地位。近年来，在沉浸式培训上有了一定的实践探索，激发了教师的内在需求，更好地呼应了教师专业发展。

1. 激发教师学习的内生动力

沉浸式学习理论提倡让学习者有自己掌控学习的感觉，从学习的主题、内

容、形式、评价角度，赋予学习者更多的选择权，让学习者形成自发、自然的互动。而在这个过程中，要激发教师的参训意识，让他们愿意来参加学习成长，培训组织者就必须从根本上解决问题，树立原点思维，激发教师的内生动力。内生动力是人们认识世界、勇于实践、实现自我发展的精神追求和不断获取知识、探求真理、创业创新的自觉意志和行为。内生动力足，则学习是轻松的、快乐的、自觉的，学习效果事半功倍；内生动力不足，则学习是沉重的、痛苦的、被动的，学习效果大打折扣。构成内生动力的要素主要包括认同感、归属感、责任感和荣誉感。因此，作为培训者，首先要唤起教师对培训的认同感、归属感、责任感和荣誉感，培训要着眼于建构充满温暖、洋溢人文情感的氛围，在教师具备存在感和归属感的系统框架下进行。只有当培训者“心中有人、眼中有人”的时候，培训才会有真正激发教师主体性和潜能的可能。建构良好的班集体则是有效的手段和载体，可通过班集体的建设，凝聚人心，营造氛围。培训开班之前，必须做好两件事：一是摸底，划定范围。开班前，培训者需要了解培训人群分布，摸清培训人群，厘清需求，通过登录教师平台，掌握信息，为撰写项目书、确定主题掌握第一手资料。二是情感造势，建立关系。通过微信、电话进行情感联络。了解参训教师需求，开展点对点联系，精准定位；针对符合研修条件的人群，及时了解需求，实行点对点告知，未曾见面先有声，以声传情聚温暖。

案例 3-3-1　精准定位判研情　五步章法聚愿景

开班之前，培训教师可以通过“一看”“二研”“三告”“四核”“五聚”五个环节，营造一个温馨友爱的学习生活氛围，让班级成为大家关心、关注的集体，得到参训教师的认同和接纳，从而促发内生动力的萌芽。一看数据，组班老师可以登录省教师培训管理平台了解适训人数、参训者学校分布、教师培训近况等信息，明晰参训者的大致范围，厘清需求，为精准确定主题、完善项目书奠定基础。二研训情，摸排训情，仔细研磨，准备资料，撰写培训方案。三告资讯，组班完成后，通过 OA、微信、电话、钉钉等媒介，广而告之，及时提供讯息。对有特殊需求的参训教师，要实行点对点联系。四核信息，如发现有适训教师没有申报，第一时间沟通，了解意向，及时做好备述。五聚愿景，举办开班典礼，分享观点，书写班级公约，树立共同愿景。赢得认同感是开展培训的第一要素，也是激发内生动力的第一步。每一份问候都伴随着对参训教师的关心，可能是组织者的第一个电话、第一条短信，从情感出发，建立联系，贯穿培训始终，形成共识，共建班级共同体，夯实学习型组织基础。

（王珍　杭州市上城区教育学院）

班级组建后，组班教师首要考虑的是学员的归属感从哪里来。归属感是内生动力的第二个重要因素，它是个体与所属群体间的一种内在联系。在每一天的培训中都要有人际互动和交往，这种交互包括组织者与参训教师、专家与参训教师、参训者之间、专家与组织者等，要让这些交往富有意义和价值，进而增进人际关系黏性，提升教师对班级的归属感，发挥每个人的能动性，形成人人有事干、事事有人干的培训组织管理机制，因此，建立班级共同体和学习型组织是培育参训教师归属感的有效抓手。

在开展班级管理的形式创新上，上城区尝试三级班务管理机制的实践探索。一级是班主任与班委的班务合作商议制度，由双方共同商议谋划相关班务活动开展。班主任负责课程、专家邀请、组织建制、班务规划等事宜；班委负责确定班级管理职责、搜集和反馈意见建议，促成班主任与学员之间的双向沟通。二级是由小组长与组员形成的值周管理机制，具体落实小组的日常研修，以小组为单位开展作业递交、活动参与、班务管理等事务，及时与班委取得沟通，促进小组文化形成。三级是学员自主参与班级管理与活动机制。学员有自荐和推荐班委、组长人选，自主申报参与班级研讨和展示活动等权益，比如参与观点报告、亮剑发言、主持活动、承办项目、分享感悟等，充分表达观点和主张，体现责任意识。三级班务管理机制具体实施流程：由班主任和班委组成的一级层面管理组织讨论决定后，落实到以小组长为核心的二级管理层面，再由小组承担学习研修任务，通过自荐和推荐形式，落实分解到每位组员身上。

三级班务管理机制，一方面着眼于做好班级管理层面的统筹，另一方面关注到每一个个体，形成横向到边、纵向到底、彼此交互的班务管理机制，多元互动，点面结合，并赋予这些互动意义和价值，提升每一位教师在参训中的存在感，助推学习的可持续发展。除了三级班务管理机制外，各项管理制度应逐步细化，比如班务议事制、小组轮值制、项目合作制等，从而推进各项班级管理工作正常运转，形成人人参与的氛围，增强多向、多维的人际互动，增强参训教师对班级的归属感。

班级组织管理各种角色设置和任务单，帮助学员总结和分享培训心得。为了更好地促进教师对培训的深度了解和参与，增加每个单位时间教师的参与度，组班教师重新对培训时间和功能进行划分，每半天分割成“3-3-3”三个单位时间，即学员观点分享（30 分钟）、专家讲座（3 小时），学员心得体会（3 分钟）；以学员观点分享 30 分钟为例，由学员自主申报，自主选题，自主决定展示的形式，可以是观点分享，也可以是主题讲演，可以是学校文化特色，也可以是个人专业研究，形式不拘，形态多样，给予学员最大的自主性和选择，提供促进学员个人成长与学校发展相融合的平台。人员安排上，形成“1-2-1”，即每半天安排 1 位学员进行观点报告，作为当天培训的导入，激发学员的培训热情，聚焦学员的注意力，提高参与度和关注度；2 位学员分享学习心得，培训结束后，以自荐或抽签的形式，选出学员进行心得分享，既作为当天培训的思考总结，又促进了学员培训的深度参与和思考；1 位学员主持，全场由学员主持和把握，学员观点分享“两限两不限”，“两限”即限形式 (文本 +PPT) 、限时间 (12—15 分钟) ，“两不限”即主题不限、展示形式不限。“两限两不限”充分体现“以学员为主体”的研训原则，学员分享学习感受设置为“1-1-1”，即 1 分钟提炼专家讲座内容， 1 分钟提炼自身观点， 1 分钟谈行动落实。通过 3 个“1”的时间区块链的设置和优化，提高学员的研训能力，加强思辨能力，提升专业发展水平，同时，也为参训教师提供展示学校风貌、联络彼此情感、增强归属感、促进学习力、展现育人智慧的契机和抓手。

2. 架构基于“问题解决”取向的课程设计

课程是培训的生命线，也是提升培训质量的核心要素。2022 年 9 月，上城区教育学院面向全区 202 所中小学、幼儿园开展教师培训问卷调研，问卷设计其中一模块主要指向对校（园）本研修过程中的问题与困惑进行多项选择，如表 3-3-2 所示：

表 3-3-2 校（园）本研修过程困惑与问题选择情况

	主要问题与困惑	比例
1	专业引领力不足，课程内容陈旧	52%
2	主动学习的内驱力不足，影响学习的积极性与主动性	47%
3	培训的后期跟进与评价缺少	45%
4	持续、深入、有梯度的培训少	43%
5	分层培训流于形式，不同的学科应该有不同培训分层方法	41%
6	工学矛盾严重，外出培训需自己换课难度大	38%
7	多轮五年培训内容重复无新意，有些干部重复培训多	29%

表中选项反馈暴露了一些问题，部分教师认为培训课程较为陈旧、课程设计缺少新意、形式较为单一等问题，直接影响教师培训参与的积极性与主动性。

问卷还对培训全过程要素的满意度也做了调查，结果如图 3-3-2 所示：

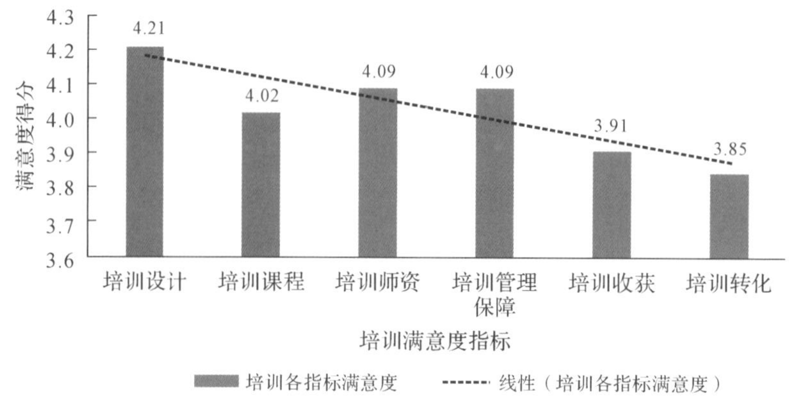

图 3-3-2 培训全过程要素满意度调查

从图 3-3-2 中可以看出，培训前的培训设计、培训课程与培训中的培训师资、培训管理保障等四个指标满意度较高，培训后的收获与转化这两项的满意度明显低于前面四项，某种维度可以说明培训效能转化为工作实效方面还有待进一步加强。

基于上述这些问题的分析研判和研究，结合沉浸式学习理念和实践，我们积极推进基于“问题解决”取向的课程设计。

一是课程资源平台化。只有充分的可选课程资源，才能设计出有针对性的项目课程。作为全国知名的教育强区，可充分利用好区内资源，为培训助力。在培训课程的设计上，加强课程的时效性，专家选择的多元性，增加实践走访课程的设计，进一步体现教师的主体意识和自主性，通过对问题的分析研判、重点聚焦对问题解决的路径和对策的讨论探究，并在第一时间付诸于实践与改进，从而完成从“问题”到“解决”的闭环。

二是学科知识体系化。在设置培训课程内容时，应当构建系统化的知识体系，丰富培训内容，注重知识之间的“衔接”，做到培训内容以专业发展为主体，以解决教育真问题为核心，探索方法及策略，以学校教育教学中的实践问题为突破口，形成以理论知识、实践指导、经验分享层层递进的培训内容体系，同时还要基于不同的实际情况去重塑培训内容，满足专业发展的需求。

三是绩效评价过程化。以参训教师的认知和实践基础为逻辑起点，以满足教师发展需求，激发教师学习的内驱力为主线，以评价对象发展过程中的变化为主要特征的价值判断。从政策、制度、激励等方面强化对培训转化的资源配置保障，建立以培训转化为导向的绩效评估体系，解决目前培训不考核或培训结果不运用或运用不充分的问题。通过对培训转化的测量评价，给予适当积极或消极反馈，将培训实效与绩效考核关联起来，实现培训全过程全链条机制。

2020 年，上城区组织了学校管理干部提升文化领导力 90 学时培训班。表 3-3-3 是上城区 2020 年小学校长 90 课时培训课表。

表 3-3-3　上城区 2020 年小学校长 90 课时培训课表

课程模块	序 列	课程安排	主讲（持）人
学校文化理解及感知	N0.1	校园文化深度思考与问题破解	项红专
	N0.2	学校组织管理文化与教师自我心理建设	骆 宏
	N0.3	教师队伍的精细化管理	俞国娣
	N0.4	基于儿童立场的课程观	马 骉
	N0.5	全周期生命教育——特殊教育需要儿童诊断与干预	方妍彤
	N0.6	技术赋能教育：从优化到创新	莫世荣
	N0.7	儿童游戏化学习的课程架构	王 芳
文化实践考察与体验	N0.1	学生滋养的心门之路——社团课程建设校园师生幸福力打造	黄升昊
	N0.2	幸福地创造幸福 —杭州市天杭教育集团校园文化考察	邱曙光
	N0.4	打造校园非遗之梦：校园文化特色示范与品牌建设	陈群云
	N0.4	千年梦寻——良渚遗址文化考察	王 珍
	N0.5	阿里巴巴云计算现代化大数据发展历史参观考察	余 涌
文化巡礼——卓越校长寻访	N0.1	资料搜集与讨论，拟定寻访提纲等	各小组进行
	N0.2	实地寻访，跟岗实践；文案记录	各小组进行
	N0.3	撰写寻访报告，根据寻访校长意见和建议，做修改	全体学员；寻访校长
	N0.4	修改并形成正文，上交	全体学员；班主任

2021 年，上城区组织的学校管理干部提升文化领导力 90 学时培训班，在主题的确定和课程的设计研发上，就牢牢抓住了教师的需求，通过前期调研和走访，上城区了解到教师对学校文化建设主题课程的强烈需求，观照教师专业

发展标准，综合研判区域培训现状与趋势等核心要素，从而形成了契合参训教师实际需求又符合区情、校情的课程主线。围绕提升“学校文化领导力”主题进行课程设计，从教师精神文化塑造、环境文化创设、人际交往建设以及儿童学习空间文化的打造等维度来架构课程，形成课程群。这个过程分为三个步骤进行，与参训教师合作完成。其一是架构课程，利用已有的资源设置课程：（1）提炼主题要素，在确定“文化领导力”主题后，探索形成文化领导力：涵盖教师文化建设、环境文化建设、师生交往问题。（2）架构实施路径。一是从理论层面实现认知理解——专家讲座 + 学员观点报告。二是体验深化，开展实践领域的体验深化，进行主题式的“入校（园）观摩 + 自主样态”的文化体验——线下的文化走访 + 云端的文化分享。三是反思体悟，从参训教师的自我反思中推进。在培训过程中，教师的各类活动成果，比如学习心得、学术论坛、案例研究等都是不可多得的课程资源，凸显主体性学习，紧密围绕教师作为学习主体的角色，呈现教师在全过程的深度参与和互动。只有真正有参与感的培训，或者真正可以迁移至教学应用的培训才有价值。链接 3-3-1 是 2021 上城区“十四五”高级园长提升校园文化领导力 90 学时研修班结业典礼暨“文化育人”园长微论坛的视频（扫描二维码即可观看）。

链接 3-3-1 2021 上城区“十四五”高级园长提升校园文化领导力 90 学时研修班结业典礼暨“文化育人”园长微论坛

培训专家团队的选择应多元化，优势互补。课程专家一般要考量四股培训力量的互补融合，即高校专家、培训机构课程开发者、一线教师、进修学校教研者与培训者。学习每个模块前，组班教师要进行模块内容导学，以成果为导向，明确小组学习任务、个人成果，尽可能地以任务驱动的形式使参训教师成为自我学习反思的核心力量。2020 年 9 月—2021 年 5 月，上城区组织 50 余位优秀的青年骨干教师，开展“走向卓越——名师名校长寻访”活动，借助区域优质资源开发课程，立足教师原有的知识经验，引导他们总结提炼，以增长新知。

案例 3-3-2 走向卓越——名师名校长寻访

上城区拥有数量众多的优秀的名师名校长，他们丰富的专业和管理经验就是难得的课程资源，基于此，开展“走向卓越——名师名校长寻访”活动，学员们通过事先学习了解，搜索资讯，第一时间联系区域内有较高知名度和影响力的名师名校长，确立寻访主题，拟定寻访提纲，定制寻访路线，实施寻访计划。在寻访中，广大青年骨干教师深入校园，通过实地跟岗与书面沟通相结合的方式，聚焦教育管理中的热点、难点、重点等问题，近距离与名师名校长开展“一对一”面对面交流，聆听名师名校长优秀教育艺术和管理经验，萃取育人智慧，探寻美好教育真髓。寻访活动开展一年，青年骨干教师先后走访了 14 位上城中小学名师名校长，还将寻访中的所见所思、所感所悟形成 5 万余字的寻访报告，通过上城区教育学院公众号宣传推广，进一步提炼名校长优秀管理经验，锤炼青年骨干教师的教育艺术管理能力，帮助他们从优秀走向卓越！

（王珍　杭州市上城区教育学院）

“名师名校长”寻访活动盘活了区域丰富资源，培训教师还细化了学习过程，形成了寻访课程的主线和脉络，为进一步丰富和完善这类课程提供了很好的依据和范本。

14 位上城校长接受走访，通过寻访，骨干教师们收获满满，纷纷写下感言和心得体会，而贯穿于寻访过程中的资料搜索、跟岗交流、聆听反思、报告成文等，就是教师们的一次难得的自我学习和成长的经历！寻访活动将学习的场域从教室搬移到室外，学习的空间增大了，学习的资源丰富了，学习的形式灵活了，课程从单纯的知识灌输变成学员全程设计和投入，从单一的倾听式变为全过程、全方位的整合参与，极大地调动了参训教师的积极性，提升了他们的参与热情和投入度。而课程方案的梳理和完善，为未来学员开展此类活动提供了很好的参考和依据。

除了区本课程资源的开发利用外，还应注重挖掘参训教师即学员的资源。一方面，沉浸理论认为，学习者并不是空着脑袋进入学习情境中的，在日常生活和以往的学习中，教师已经形成了有关的知识经验，他们对任何事情都有自己的看法，即使有些问题从来没有接触过，还是会基于以往的经验，依靠自己的认知能力，形成对问题的解释，提出自己的观点和建议；另一方面，参训教师对课程的需求往往会超出组织方提供的培训范围，因此，可以利用参训教师自身的资源来弥补他们选择的不足，丰富参训教师之间的资源交互，使之成为课程的有机组成部分，这也不失为一种很好的资源优化和拓展手段。

参训教师资源主要借助个人研修、同伴互学、主题导学等一系列研修活动生成，通过观点报告、主题论述、专题讨论和互学共研等路径和载体呈现。具体来说，每一位参训教师都是一个资源库，他们的知识、经验和能力是课程资源的重要来源；在动态生成的学习场域中，参训教师之间的相互影响也会成为彼此进步的重要推力，如观点报告、入校观摩等课程内容都是由参训教师挖掘，同时通过二度加工形成的。

总之，建构“以学习者为中心”的培训方式，就要突出参训教师的主体意识，用丰富多样的方式调动教师的积极性，引发其深度参与和思考。建构主义理论认为，教学不能无视学习者的已有知识经验，不能简单地从外部对学习者实施知识的“填灌”。由此延伸，培训者也应该重视学习者对各种现象的理解，倾听他们的想法，思考他们这些想法的由来，引导学习者调整或丰富自己的认知。

3. 凸显教师主体的情境创设

培训方式是课程实施与学员关联的衔接，选择学员喜欢的培训方式，突出学员的主体意识，建构“以学习者为中心”的培训方式，必然激发学员的积极性。一方面，培训方式应依据沉浸理论重视学习情境的塑造，建构动态复杂的真实场景，让学习者在情境中学习。另一方面，根据成人培训注重信任与尊重的课堂氛围等特点，培训者要给予学习者一定的肯定与认同，才会让他们更加有信心。由于近年来新冠疫情的影响，线上培训因不受空间限制，培训形式更为丰富，注重为学习者营造一种多感官参与、真实感体验且自然交互的学习环境而受到欢迎和推崇。在这种学习环境中，学习者可以进行多维度、多层次、多感官的复杂交互，主要体现为以下三种方式的实践探索：一是推动全境式培训。营造全时空、多维度、深层次的学习场域，注重学员体验，根据教师实际情况，利用微信、QQ、钉钉等互动媒介，开设“亮剑 10 分钟”“今天我主持”“30 分钟学习圈”等栏目，为教师深度参与和智慧共创提供学习平台。二是夯实混合式培训。通过“线上线下”结合的混合式培训方式，基于手机、电脑等移动终端形成培训新业态，将学习由单一的线下培训拓展到网络空间，提高教师在信息化时代的学习力。三是探索组合式培训。基于不同层次的培训班，合理优化资源，分工合作，打好培训组合拳，实现二度学习，提升培训实效。比如，同一时段组织“骨干教师”培训班和“新教师”培训班，两个班的学员可以在一些公共课领域进行跨班组合学习，“骨干教师”培训班学员负责观点分享和讲座总结，“新教师”培训班学员负责主持和专家介绍；围绕培训感悟，进行专题讨论，互学共研。研修结束后的问卷显示，“骨干教师”培训班和“新教师”培训班对于这样的组合方式的满意度均为 100%；其中认为“很好”的人员分别达到 92.86% 和 92.11%。

实践和研究表明：教师学习的重点在于学习者的主体参与，单向传递价值的培训效果不可持续，面向未来教师学习力的可持续发展的培训不应仅仅依靠权威专家的能力，更应挖掘教师自身的潜能，把学习主动权还给教师，分享他们的教育智慧和教育经验，重视学习情境的塑造，给教师更多的选择权，让教师有自己掌控学习的感觉，从而形成自发、自然的互动。培训者要做的是激活教师动力、唤醒他们的积极情绪，帮助他们产生内在的愉悦体验，开展基于问题解决的学习和探索，促进学习可持续发展！

参考文献

[1] 朱益明. 教师培训的教育学研究 [D]. 上海：华东师范大学，2004.

[2] 平嘉琳，郭平，李巍. 教师培训的价值追求与方法论意义 [J]. 中国成人教育，2020（05）：72–75.

[3] 郭峰，李娟. 智慧教育视野下教师文化场域的现状与重构 [J]. 中国电化教育，2020（04）：125–130.

[4] 魏新岗. "为了教师生命"——《反思与实践：教师文化特质研究》书评 [J]. 教育理论与实践，2013，33（05）：63–64.

[5] 李绍才. 区域助力教师成长的上城模式 [M]. 杭州：浙江教育出版社，2014.

[6] 泰利·道尔. 如何培养终身学习者：创建以学习者为中心的教学环境 [M]. 周建新，译. 广州：华南理工大学出版社，2014.

[7] 杜志强. "互联网 +" 背景下个性化教师培训 [M]. 北京：中国社会科学出版社，2022.

[8] 王会亭. 基于具身认知的教师培训研究 [M]. 北京：中国社会科学出版社，2018.

[9] 汪宇. 沉浸式学习 [M]. 上海：上海交通大学出版社，2020.

第四章
“让生手变能手”持续学习进阶

教师的专业发展符合生命周期理论，大致可分为入门、第一次成长、“高原”停滞、第二次成长和夕阳退出等五个阶段。为实现教师专业的可持续发展，上城教育在寻找生手型教师的“增长点”、拉高能手型教师的“极限点”、重启专家型教师的“破局点”等方面做出卓有成效的努力，本章从助力“五阶段、五梯队、多维度”教育人才多维生长台的组织机制、投入机制、评价机制，体现上城分层分类、多维助力特色的精准培训课程建设及由此践行的“全景式个性化”区域研修样本三个维度，全面阐述区域助力教师持续学习进阶之路，并最终使持续学习成为教师的专业自觉。

第一节 “五阶段、五梯队、多维度”教师成长通道铺设

⊙

在区域助力教师持续学习进阶的探索中，首先要努力建构职责清晰、运行有效的管理机制，为上城教师铺设一条贯穿其职业生涯的成长通道。建立健全协同高效的行政、业务、学术管理组织机制；加大投入，以政府为主导，多方统筹，实现人、财、物的多维支持；目标引领，建立全员、全程、全效的教师教育评估体系。上城区设计并运行了长效管理机制——由组织机制、投入机制、评价机制构成的“五阶段、五梯队、多维度”教育人才多维生长台，助力教师成长。

一、组织机制

组织机制，是指组织管理系统的结构关系和运行方式，是决定管理功效的核心内容。上城助力教师持续学习进阶的组织机制包括行政管理机制、业务管理机制和学术指导机制，形成了较为完整的组织机制架构，从区域层面为教师持续学习进阶助力工作的实施与推进提供强有力的组织保障。

1. 协同有效的行政管理体系建构

从区域层面上看，区教育局无疑是助力教师成长的领导部门，教育局在教师培养中的职责包括：负责全区教师工作，实施教师资格制度；组织指导各级、各类学校的教师培训、专业技术人员职务评聘等工作；统筹规划并指导教育系统人才队伍建设。近年来，上城区教育局先后出台了一系列文件加强教师队伍建设。2021 年 4 月，杭州市进行行政区划优化调整，原上城和原江干两个教育强区强强联合。为进一步完善上城教育“五阶段、五梯队、多维度”人才体系，为教师搭建更好的专业发展平台，培养一支师德高尚、业务精湛、结构合理、充满活力的高素质、专业化教师队伍，促进上城区教育事业优质均衡发展，新上城区教育局在 2022 年上半年先后出台文件:《关于开展首届上城区学科带头人评选推荐工作》《关于组织开展首届上城区特级教师评选工作的通知》《关于做好第十三批浙江省特级教师评选推荐工作的通知》等，开展不同梯队教师评选工作，为教师成长搭台铺路。

为更好地搭建“五阶段、五梯队、多维度”教育人才多维生长台，上城区教育局设立了跨部门的组织协同机构——非常设机构，如教育人才建设领导小组、师（干）训工作小组、教育发展基金会项目申领工作小组、上城区中小学 (幼儿园) 教师专业发展培训专家委员会、上城区教育局国际化工作小组等，并规定了这些组织机构的职责。这些组织机构成员由教育局各科室负责人，上城区教育学院、上城区青少年活动中心等导助机构负责人，各中小学、幼儿园的校长、特级教师等组成，汇聚各部门、各类专业人才的智慧，统筹协调，促进教师教育工作更好地开展。

2. 研训一体的业务管理机构建构

杭州市上城区教育学院是一所集学科研究、师资培训、教育科研、信息资源、教学评价于一体的多功能教师培训机构，也是上城区教师专业进阶的业务管理机构。2021 年，原上城区教育学院与原江干区教育发展研究院合并，成立上城区教育学院。

上城区教育学院按分类设岗、整合职能、集中管理的原则，目前设立基础教育研究中心、教师发展研究中心、教育科学研究中心、信息技术资源中心。

学院每三年组织一次研究员的岗位竞聘工作，对研究员的工作实绩进行评估考核，这一举措激发了研究员的内生动力，打造了一支在省、市乃至全国有较高知名度的研究员队伍，截至 2022 年 6 月，拥有省特级教师 11 人，省、市教坛新秀 40 人，省、市优秀教师、优秀教育工作者 19 人，市、区名师、学科带头人 34 人，区特级教师 7 人。

以两院合并为契机，学院进一步加快体制机制创新，主动链接专业智库、特优教师、校长、骨干教师，形成高品质助力的运行机制，在坚持“五阶段、五梯队、多维度”培养机制的同时，按照 1+N^{+} 模式重构研训模式，以三级联动的深度教研机制、分层分类的教师培训课程体系建设为重点，通过项目研究机制、诊断改进机制和共建共享机制，努力打造教师教育新品牌，为“五阶段、五梯队、多维度”教师教育做出贡献。

3. 独立运行的学术管理团队建构

学术管理组织机制是指以促进教师专业发展为目的，由各学科、各专业的专家学者代表组成，对教师专业成长具有、审议、评定、管理等功能的组织。

日常行政管理事务的处理具有日常性、规范性，因而可以采用指示、指令、指挥的方式，学术团队的事务具有学术性、专业性、非常规性，成员进行的是相对独立的智力活动，他们在商议、评议、讨论问题时会自由地伸展思维的触角，各抒己见。审议决定时，一人一票，贯彻民主原则，这是学术管理组织的学术性、可靠性和公正性的基本保证。

（1）专家审议、评定、管理团队。上城区特级教师、上城区学科带头人、上城区五阶段获奖教师及区一星级、二星级、三星级班主任等名优教师选拔、认定工作在区教育人才建设工作领导小组的统一领导下开展，下设工作小组和专家评审委员会。工作小组具体负责选拔、认定等组织、协调工作，专家评审委员会负责选拔、认定对象的专业考评，专家评审委员会成员由高校专家、学科教学专家等组成。

（2）上城教育智库。一般而言，智库是指专门从事开发性研究的咨询研究机构。它将专家学者聚集起来，运用他们的智慧和才能，为社会、经济、教育等领域的发展提供优化方案，是现代领导管理体制中一个不可缺少的重要组成部分。

2019 年 11 月，上城教育智库成立至今，顾泠元、尹后庆、张绪培、成尚荣、李政涛、刘力、施光明、张民选、袁振国、林正范等十位来自全国各地的教育界大咖受聘成为上城教育首届智库专家。智库汇智，智库启智，智库生智，上城教育智库将作为上城区教育改革发展的推进者，教育决策的建言者，教师队伍的引领者，为上城教师持续学习进阶提供智力支持。

二、投入机制

投入机制的建设包括人力投入、物力投入和财力投入。其中，人力投入方面，主要通过实施教育人才培育工程，为助力教师持续学习进阶提供支持；物力投入方面，重在改善教师的工作、学习、生活条件；财力投入方面，通过建立政府主导的公共财政为主、社会资本多元投入的教师培养经费的双通道，保证有充足的经费支持教师的专业成长。

1. 实施教育人才培育工程

区域助力教师的成长，首先要尊重教师的个性特点，从教师的个性化需求出发，整合区域内的各种优质资源，实施教育人才定制化培育工程。

（1）“五阶段、五梯队、多维度”教育人才多维生长台。教师要面向未来，必须具备持续的学习力、成长力。“五阶段、五梯队、多维度”教育人才多维生长台，着力培养新生代学科带头人和基础教育领军人物，针对不同年龄阶段的教师，分别设计不同的培养助力方案，让每一阶段的教师都能找到新的生长点。

设立新苗奖、新秀奖、能手奖、风华奖、红烛奖，为各教龄段教师提供展示平台，激发他们前进的动力。根据教龄长短划分的五阶段获奖教师助力计划，是名师成长的基础平台，平台实现区域全覆盖，且动态更新，富有活力。

在五阶段基础上，上城区继续向上建构区学科带头人、区特级教师、省特级教师等平台。从五阶段获奖教师中选拔区学科带头人，从区学科带头人中选拔区特级教师，在区特级教师的基础上，按照省市文件规定选拔浙江省特级教师培养人选。同时关注育人者队伍建设，专门设立了针对班主任队伍成长的另一通道，区一星级班主任、二星级班主任、三星级班主任分别对应相应人才梯队，形成以 B 类人才为“顶端”，C 类人才（含省特级教师）为“尖端”，D 类人才、区特级教师、三星级班主任为“高端”，区学科带头人、二星级班主任为“中坚”，五阶段获奖教师、一星级班主任为“基础”的五级人才梯队。

（2）区域内校长教师交流机制。上城区通过建构科学、规范、有序的义务教育学校教师校长交流机制，不断促进教师资源合理配置，完善校长教师培养机制，增强教师队伍活力。

为深入贯彻落实《中共中央 国务院关于全面深化新时代教师队伍建设改革的意见》等文件精神，结合两区融合后的实际，上城区教育局制定《关于进一步加强中小学校长教师交流工作实施意见》，文件指出区域内校长教师交流类型包括选拔型交流、培养型交流、指导型交流、推荐型交流、服务型交流等。

上城区“三缺两新一普”学校的“三缺”即编制满员学校向空缺学校，岗位设置中、高级专业技术职务满岗学校向空缺学校，名优骨干教师、成熟型教师相对集中学校向缺少学校；“两新”即老学校向新学校，老城区向九堡、彭埠、笕桥、丁桥等新城区流动；“一普”即区域内认定的普通学校。

培养型交流要求新任正校级干部原则上应有在“三缺两新一普”学校或在 2 所及以上学校工作的经历。中小学教师参加省市各级各类评优评先项目时，原则上须具有 2 所及以上学校的工作经历，且每所学校工作时间不得低于 3 年。新入选二星级班主任、学科带头人及以上梯队名优教师和市级以上教坛新秀等骨干教师，需承诺流动到“三缺两新一普”学校服务 3 年。上城区建立了交流教师培养培训资源库，追踪交流教师的后续发展；扩大“三缺两新一普”学校“五阶段、五梯队、多维度”名优教师、教坛新秀等骨干教师的培养规模；在各级各类评优评先和省市骨干教师培训中，向“三缺两新一普”学校倾斜。

推行区域内校长教师交流制度化、常态化，是实现义务教育资源均衡配置、促进教师专业成长的重要举措。但在调研中发现，要把这件好事办好并非易事，面临着教师交流意愿不够强、对新任职学校难适应、配套措施难以保障等阻力。因此，在推进该项工作时，应妥善处理校长、教师合理利益诉求；优化制度设计，让教师尽快适应新环境；避免出现政府大包大揽、搞一刀切，注重流通配置的合理性。

（3）名师工作坊教师培养机制。上城区建立名师工作坊教师培养机制，以学校发展需求或问题解决为导向，以项目驱动的方式运作，在全区范围内选聘优秀的特级教师等名优教师担任工作坊领衔人，由领衔人组建由跨学校教师组成的项目团队，根据项目计划，以三年为一个周期共同完成项目研究任务。鼓励名校的名优教师到普通学校设立名师工作坊，优化骨干教师校际结构，整体提升教师队伍素质。上城区教育局相继出台《杭州市上城区名师工作坊实施办法》《杭州市上城区班主任工作室实施意见（试行）》，不断完善上城区的名师工作坊培养机制。

上城区教育局的名师工作坊都设置在普通学校，以普通学校发展中的问题或需求为导向，面向全区公开招募名师，以特有的异校运作机制、学校需求导向机制以及项目团队运作机制，取得了很好的实践效果，不仅充分发挥了名师的示范、引领、辐射作用，更为促进区域教育均衡、整体提升教师队伍做出了巨大贡献。正如省特级教师钟玲所说：我从曾经的一名工作坊学员成长为工作坊的领衔人，其中感悟最深的是，在工作室学习打破了学校和地域的限制，让努力进取的普通学校的普通老师都能享受到师出名门、资源共享的幸福权益。

截至 2022 年 6 月，上城区教育局已实现七届共 34 个名师工作坊的申领，已完成五届共 30 个名师工作坊的终结性评估。“十四五”期间，上城将高品质建设百个特级教师工作站、百个学科名师工作坊、百个星级班主任工作室。

在上城，五级人才梯队“环环相扣、承上启下”，各个层级都有名师开设工作坊。如特级教师工作站的学员，可能是区学科带头人，而区学科带头人又成了名师工作坊的导师。“每个层级的老师，也许要同时承担两个角色：一是上一层的学习者，二是下一级的导师。名师的自我学习属性和辐射属性，得到了最好的释放。”在育人者队伍建设上，班主任工作室运行机制参照名师工作坊，建构一星级到三星级班主任的层层递进的成长通道，通过传帮带等形式，建起一支高水平的班主任队伍。

2. 优化教师成长环境

以丰盈教师精神、提高生活品质为目标，上城区营造幸福和谐的教育人才成长环境，大力宣传优秀教育人才的先进事迹，树立典型，确立人人立志成才、人人都能成才的社会舆论导向。不断改善教育人才的生活、工作、学习条件，努力解决人才的后顾之忧，形成全区关心、支持教育人才发展的良好氛围。

上城教育“关爱教师十大行动”包括：“悦心湾”休憩场所创建行动，“尚食驿”安心餐点供给行动，“囍事多”教师婚庆服务行动，“享餐会”局长午餐交流行动，“心相约”校长书记谈话行动，“欢乐颂”幸福课程推广行动，“运动汇”身体素质提升行动，“传帮带”青年教师成长行动，“金字塔”骨干教师培养行动，“七色花”微心愿达成行动。如“尚食驿”安心餐点供给行动，聚焦教师食宿问题，积极筹措资金，盘活现有资源，多形式帮助教师解决住房困难，为外来新教师提供青年教师公寓，就近开放学校食堂，为有需要的教职工提供早、晚餐，通过手机 App 提供便利服务等。

案例 4-1-1 为教师开启微心愿征集通道

教师节前夕，上城区教育发展基金会为上城教师准备了惊喜，开展了上城教师“微心愿”征集活动，上城教师只需在“上城发布”发送自己的心愿，满满惊喜就会马上出发，在教师节期间实现。学生资助类、专业发展类、班级建设类、精神追求类、幸福交友类等五类微心愿都可圆梦。上城区教育局会组织“微心愿天使”来到教师身边，点亮通过审核的小小微心愿。其间还将精选出部分微心愿进行拍摄，在“上城发布”微信平台上进行展示，并组织公众评选，最终评出“上城教师十大微心愿”，并在教师节庆典活动上进行展示。

“智慧树”由智慧树残疾人服务社开设，在这里工作的是6位智障青少年。要成为咖啡师、烘焙师，他们的付出是普通人的千百倍，一道焦糖布丁，普通人只需学一两个课时，但他们却需长达一个月的反复学习和训练。杨绫子学校的任课教师何立挺见证了智障孩子的努力与成长，也知道他们对这份工作的虔诚与热爱，教师节期间，何老师向上城区教育局发送的微心愿就是：希望更多的人来智慧树品尝孩子们制作的蛋糕和咖啡，关注智障青少年职业发展。何老师的微心愿被选中并进行了拍摄，让更多的人能了解、关心智慧树，关心这一特殊群体的成长。

（上城教育）

3. 确保专项经费投入

“五阶段、五梯队、多维度”教师成长通道铺设重要的一环是保障教师培养的经费投入，上城区以计划和市场相结合的原则进行教师教育的经费配置，以保证教师培养的经费需求。

（1）政府主导，以公共财政为支撑的教师教育经费投入机制。提高政府财政投入力度，建立以公共财政为支撑的经费保障机制是政府主导教师教育的主要体现。区教育局按每年不少于教职工工资总额3%的比例安排专项资金，用于中小学教师的培训；中小学校按不少于学校年度日常公用经费总额10%的比例提取资金，作为教师培训经费。

教师培训经费应专项用于教师专业发展培训，不得挪作他用。区教育学院和各中小学建立健全了培训经费的管理和使用制度，严格按规定管理和使用培训经费，确保教师专业发展培训工作顺利推进。

为规范经费管理，区教育局进一步完善审计公告制度，加大对公用经费、培训专项经费管理和使用情况的审计监督力度，及时公告审计结果。

上城区强化教师收入保障机制，稳步提高教师育人奖标准。以保基础、保实效、保先进为原则，稳步提高教师收入待遇，吸引优秀人才长期从教、终身从教。

上城区教育局专门设立奖励性经费，分为基础奖励和一次性评优评先奖励两部分，建立了一整套完善的考核评价制度，以完成奖励性经费的发放工作，发挥奖励性经费对教师成长的促进作用。

（2）多方统筹，建立教师教育多元投入机制。为了让教师培养的经费更充足，上城区解放思想、大胆实践，在政府的政策支持下，社会资本多元投入。

杭州市上城区教育发展基金会是面向公众募捐的公募基金会。该基金会正式成立于 2005 年 9 月，是具有公募资质的“5A 级社会组织”，基金会原始金额为人民币 1000 万元，至 2020 年已经陆续扩容增至 3000 万元，致力于培养优秀教师、学生，表彰成绩显著的教育工作者，开展教育科研活动，坚持在“聚财、汇智、促善、育人”上发声发力，以资助（奖励）项目的形式，助力上城教育向高质量发展。基金会的收入来源为组织募捐的收入、自然人法人和其他组织自愿捐赠利息、其他合法收入等。

基金会推出的教师类奖项及项目有：教师杰出贡献“君子兰”奖，教师突出贡献“米兰”奖，名校长工作坊负责人“四季兰”奖，荣誉班主任“红梅”奖，十佳教师“金桂”奖（十佳团队辅导员、十佳班主任、十佳特教、十佳后勤工作者），优秀教师、优秀教育工作者“银桂”奖，自主研修“丰叶”资助项目，教育科研“白杨”资助项目，教师志愿者培养“葵花”资助项目。

三、评价机制

评价机制包括顶层设计的标准引领、实施阶段的过程伴随、成果显现的终结评估等。上城教育评价工作常态化，评价内容多元化，重视对评价结果的运用，发挥科学评价对教师持续学习进阶的助力作用。

1. 标准引领，实现自我发展

教师培训是助力教师成长的基础。上城区相继出台《上城区中小学教师专业发展培训学分制管理办法实施细则》《杭州市上城区校（园）本研修项目申报与考核工作方案》《杭州市上城区校（园）本研修评优考核细则评分表》等全员培训相关规章制度。

校本研修是教师专业发展培训的重要组成部分，是现代学校制度建设的重要内容，是促进教师专业成长的重要手段。区教育局是校本研修监管的责任主体，区教育学院负责规划引领与业务指导，学校建立校本研修长效机制，促进教师自主成长，随时随地成长，使区域内每个学校都成为教师教育的阵地，每个岗位都成为各阶段教师成长的基点。

为加强校（园）本研修项目的指导、评价与管理，增强校（园）本研修项目的针对性与实效性，扎实推进区域校（园）本研修工作，根据《浙江省中小学教师专业发展校本研修工作指导意见》精神，上城区制订《杭州市上城区校（园）本研修评优考核细则评分表》，从机构设置和经费投入、活动开展和过程管理、研修成效和特色三个维度为学校的校本研修工作指明方向。

上城区对名优教师的考核十分全面，制订了《杭州市上城区名优教师考核办法》等，既规定了考核的原则、对象、标准、程序、方法等，也规定了考核的内容，包括思想素养、专业发展、工作实绩、学术辐射等多个方面。有数据层面的评价，也有描述性的评价。多维度的考核标准，给老师指明了方向，保证了区域助力教师成长工作的实效性。

上城区通过制订《学校三年发展规划制定办法规程》等对学校、校长的教师教育工作情况进行考核，引导学校努力做好助力教师成长这项工作。

2. 伴随成长，强化过程性评价

“过程”是相对于“结果”而言的，具有导向性、发展性、反馈性、开放性、多元性五个基本特征，符合成人学习规律的要求，上城区以制度为保障，努力创设各级各类各种平台，让教师互相学习，相伴成长，彼此成就。

“五阶段、五梯队、多维度”平台的每一环都是包含评比、培养、评估等的系统工程。以区学科带头人培养工程为例，《上城区首批中小学、幼儿园学科带头人培养方案》中提到：学科带头人所在学校应当积极为区学科带头人专业发展提供时间、经费、场地等方面的便利条件，合理安排好区学科带头人各项工作，支持其参加各类学术交流、专业培训、外出考察、同伴互助等活动，区教育局将把此项工作纳入正校级干部行政执行力考核指标。案例 4-1-2 是上城区初中第二轮学科带头人赴广州参加“新时代课程建设创新研讨会”后的参训体会。

案例 4-1-2 上城区初中第二轮学科带头人参训体会

上城区初中第二轮学科带头人在赴广州参加“新时代课程建设创新研讨会”的五天里，参加了主题培训，拜访了课改名校，参观了中山大学和广东省博物馆，进行了小组交流和研讨，全方位感受了课改前沿的教育风貌。学员们学习热情高涨，对与同行交流、促进自我成长的感触尤其深刻。

杭州市惠兴中学曹敏柱老师认为：同行交流促进自我成长。此次研讨活动，结识了来自上城区各个学校各学科的老师，我们一起学习，一起讨论，互相交流。学员们学习热情高昂，发言积极，讨论热烈。随时都有智慧的碰撞和耐人深思的话题。这种跨学科的思维碰撞，引发大家深入思考。

杭州市杨绫子学校顾国风老师说，本以为这次五天的广州之行只是纯粹“打酱油”，却不想，和优秀的人同行，必然“三人行必有我师焉”，让我收获满满。本次研学，我们同吃同住，同进同出，同伴间充分交流，合作无间，既有理论学习，又有实践指引。学员们主动请缨，主持、交流、发言、小结，无时无刻不闪现出智慧的火花。本次研学乐趣多、故事多，收获多。

杭州市杭州中学罗学平老师说，虽时间很短，但收获甚多。五天的培训内容充实而又丰富，既有教育教学理论引领，又有大学殿堂实地考察；既有学者教授的追根溯源，又有一线教师的现身说法。这样的培训不囿于书本，不拘泥于形式，集思广益，碰撞思维，四海九州，博采众长，深得同伴老师们的欢迎。

（杭州市上城区教育学院）

互学互助，伴随成长，不管是准备充分的主持、畅所欲言的交流，还是精彩的发言、真切的共鸣、简洁精要的小结，智慧火花的碰撞让学习真正发生。"向大家学习，加强提炼；向实践学习，加强反思；向同伴学习，加强交流。"这样的研修培养是卓有成效的。

学员间的互学互助，互相激励，让培训的效果事半功倍，而导师是培养工程的先行者、谋划者、组织者、监督者、思想者，导师和学员一路携手，相伴成长，共同学习的过程中大家都在蜕变，学员们感受到导师的鼓励、同伴的激励，同时，导师们在学员的激励下形成倒逼机制，在引领中也获得成长。

3. 终结评价，发挥示范引领作用

教师教育评价在助力教师成长过程中发挥着越来越重要的作用，评价方式是多样化的，要坚持过程性评价和终结性评价相结合，终结性评价主要用于评价教师培养的效果和有效性，确定是否达到了预定的目标。

无论是对教师个体还是对学校发展，终结性评价工作都应坚持以下原则：一是周期循环，推进评价功能的螺旋式上升；二是对象全覆盖，实现评价管理的全面兼顾；三是细则再改革，提升评价指标的适切性；四是第三方介入，确

保评价过程的真实性；五是多层面应用，发挥评价结果的高效性。

上城区实施的学校三年发展规划推动了学校特色办学，已经成为助推上城区教育高质量发展的动力，在学校三年发展规划终结性评价指标中，教师发展占据重要地位。表 4-1-1 是上城区小学三年发展规划终结性评估指标（节选）。

表 4-1-1　上城区小学三年发展规划终结性评估指标（节选）

一级指标	二级指标	指标说明	评估标准
教师发展	发展平台	拥有更多自主发展的平台和机会，对学校的满意度不断提升	教师校内外交流和展示的机会不断增多，自主发展平台丰富
	业务能力	教学绩效普遍提升，教育行为和教学技能等得到明显改善，教科研成果不断丰富	规划期间教师专业提升明显，教师教学竞赛及科研获奖不断增多，名优教师比例不断提升
	团队协作	备课组、教研组、年级组各层级形成良好的团队合作关系，学习型组织特征明显	备课组、教研组、年级组各层级形成良好的团队合作关系，规划期间获得多项团体荣誉
	师生关系	学生观有了一定的改变，民主意识和沟通技能逐渐增强，师生关系更加融洽	师生地位平等，关系亲密，学生满意度高于 90%

上城区以始为终，以终为始，以评估促发展，及时总结、推广经验，为学校、教师、学生的可持续发展助力。

通过教师成长通道的铺设，上城区助力教师持续学习进阶的机制建设，逐渐形成了结构合理、职责分明的教师教育组织机制，激发区域教师成长新活力；加大了人力、物力和财力的投入，促进各层级教师的均衡发展；发挥了综合评价的导向作用，提升区域教师队伍的整体水平。“让生手变能手”持续学习进阶是一个复杂的系统工程，上城区通过具有分层分类、多维助力特色的精准培训课程建设及各项实践路径，将助力教师持续学习进阶的各项制度不断完善并落到实处，结出硕果。

第二节
"分层分类"区域五阶研训课程建构

⊙

教师的专业成长是逐步提升的过程。从目前的实践观察来看，一个立志成才的教师，在选定目标的情况下，必须进行至少十年的有效教育教学实践积累和教育专业技能锻炼，才能逐步接近目标。教师的成长是分阶段的，从刚走上工作岗位的新教师，到成长为合格教师，再到成长为优秀教师，需要经历很多磨炼。而要从一个优秀教师成长为个性鲜明、风格独特的专家型教师，又要付出更多努力。不同阶段的教师有着不同的发展需求，同一发展阶段的教师也有不尽相同的需求。满足教师各个发展阶段的不同需求是教师个性成长的基本诉求。因此，每一位教师在发展的每个阶段都需要得到有效助力。

一、"分层分类"区域五阶研训课程持续助力教师发展

上城区设计并运行了由组织机制、投入机制、评价机制构成的长效管理机制——"五阶段、五梯队、多维度"教育人才多维生长台助力教师成长，并遵

循教师专业成长规律，以精准施训为指导思想，建构了“分层分类”区域五阶研训课程（见图4-2-1），多维助力，全面覆盖教师成长的每一个阶段，使每一个阶段的教师都能在适合自己发展的课程的指引下，产生自主发展的动力，实现一个个小目标，逐步完成从“生手变能手”的持续学习进阶。

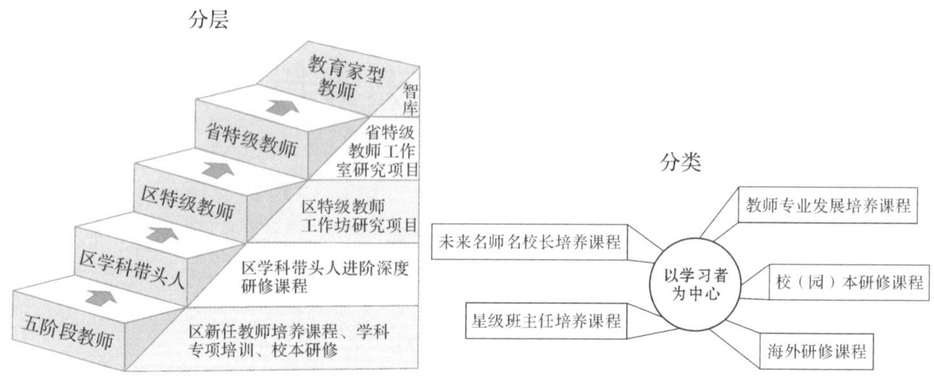

图4-2-1 “分层分类”区域五阶研训课程

分层。整个上城区教师研训课程体系为五梯队教师分层设置了相对应的研训课程，分五阶段教师、区学科带头人、区特级教师、省特级教师、教育家型教师课程五层。五阶段教师课程由区域团队及学校、幼儿园研发；区学科带头人课程由区域团队及高校联合研发；区特级教师及省特级教师则以建立特级教师工作站的形式，建构学习共同体，以研究为主体，以项目为驱动，建构新培训范式。课程的分层设置，满足了不同成长阶段教师的需求。

分类。上城区秉承人才多维度成长的理念，强调以学习者为中心，分类设置了未来名师名校长培养课程、星级班主任培养课程、教师专业发展培养课程、校（园）本研修课程及海外研修课程。课程的分类设置，体现了“建好两支队伍（校长、名优教师）、确保全员培训、突出特色培训”的思想。

“分层分类”区域五阶研训课程坚持以“遵循规律、精准施训”理念为主导，彻底改革过去教师培训“大一统”的组织方式，根据教师不同专业发展阶段的不同特点、不同问题、不同发展目标和要求，实施更有针对性的培训，使教师培训更加科学规范，指向性更加明确，从而引领各级各类人才在适合自己需求的学习实践中全面发展，实现人才大丰收，打造教育人才高产区。

二、"分层分类"区域五阶研训课程的核心取向

"分层分类"区域五阶研训课程的核心取向是以学习者为中心，以满足教师实践需求、有效支持教师学习，顺应当下时代要求。

1. 以帮助教师解决实际问题为主

根据成人学习理论，教师具有"实用主义"的学习特点，对那些在实践中立即可用、能够解决问题的学习内容更感兴趣。教师培训课程应找准教师在不同发展阶段的实践需求，帮助教师提升解决实际问题的能力。

2. 兼顾知识本身的结构与学习者的认知结构

各阶段的教师拥有一定的经验。他们把这些经验带入培训教室，希望有人能够认可这些经验，从这些经验中发现和学习更多的东西。培训需要激发并利用不同阶段的教师已有的经验帮助其建构新的经验，巧妙地处理好知识结构与学习者结构之间的关系。

3. 注重教师的参与、互动、体验与实践

只有经过自己大脑建构出来的知识，教师才更容易接受与相信。培训要通过营造支持性的氛围，适当引导，注意体验、活动、讨论等方法的运用，给教师充分思考、讨论、实践的机会。

4. 注重网络课程的开发与建设

在"互联网＋"时代，基于互联网、移动终端的碎片化学习已成为人们生活的一部分。教师培训课程应顺应时代发展要求，加强网络课程的开发与建设，支持教师泛在学习。

5. 注重团队学习与个性化指导

社会建构主义理论认为，学习即群体对意义进行协商与建构的过程。通过群体间的互动、分享与对话，意义得以建构，学习得以发生。教师培训课程应该为同伴学习、团队学习提供空间与支持，加强对教师个性需求的指导，这样才能更好地发挥支持、服务教师学习与发展的功能。

6. 兼顾教师学习的过程与结果

教师培训课程的学习评价可分为过程性评价和终结性评价两类。过程性评价注重学习者在学习过程中的参与、互动、体验与实践等，以前测、讨论发表观点、测试、阶段性作业等为主；终结性评价注重学习结果，以结业考试、问卷反馈等为主。两类评价各占一定权重。无论哪类评价，培训者均应提供具体的可操作的教师学习表现、学习过程、学习成效评价标准，使评价发挥先于教学、导引教学的作用。

教师专业发展具有阶段性、持续性、终身性。教师不论处于哪一个发展阶段，都需要紧跟时代发展与变革的步伐，适应社会对人才培养的要求，持续进阶成长。而要使教师在持续学习中获得专业幸福，教师研训课程就必须坚持以学习者为中心的核心取向，实现教师内生性可持续发展。

三、上城教师培训课程设计与实施的“六要素模型”

俗话说“外行看热闹，内行看门道”。培训课程应有自己的“看点”，有稳定的、独特的视角。在长期实践中，上城区不断总结、反思与探索，坚持学习者及其学习为中心的价值取向，在课程设计与实施的各个环节，凸显“六要素模型”（见图 4-2-2），使课程更好地为教师的持续学习助力。

图 4-2-2 “分层分类”五阶研训课程“六要素模型”

1. 依据需求要素，获取有效信息

需求是课程设计的起点。“分层分类”五阶研训课程对应不同的教师群体，因此，课程设计的起点不同，需求不同，要达到的目标也不同。作为培训的首要环节，准确的培训需求分析，为后面的课程开发、计划与组织、实施与评估工作建立了准确的目标与准则，从而达到以学习者为中心精准施训的目的。

需求分析，就是要找到教师现状与培训目标之间的差距，关注培训群体的问题点和期望点。

案例 4-2-1 新任教师培训课程的确立

新任教师，又被称为初任教师，从时间维度上来讲，通常是指从事教育教学工作一年，也有认为是三年以内的教师。新任教师阶段是教师专业生涯的起点，也是教师专业发展的关键点，此阶段下，教师在教育教学上处于“生手”的状态。新任教师能否顺利实现由学生到合格教师的角色转变，直接影响他们的职业倾向和职业持久性。新任教师的专业态度和发展情况还决定了他们未来会成为什么样的教师。

新任教师培训是新任教师成长的有力支持。“十三五”期间，上城区

从专业理念与师德、专业知识、专业能力三个维度，对新任教师群体进行调研，寻找“生手型”教师的“生长点”。具体实施时，主要使用访谈法对新任教师的专业理念和师德现状进行调研，采用问卷调查法完成对新任教师专业知识的调研，采取课堂观察法对新任教师专业能力现状进行调研。结合三个方面的调研结果，形成对新教师群体特征的全面把握，梳理出问题点和期望点。调研发现，新任教师在专业能力方面，初步具有了以学生为中心实施教学的意识和促进学生多方面发展的意识，但是在教育教学基本功方面有待进一步提高。上城区在新教师培训课程设计中，采用区校联动的“分合式”管理，在各校建立新教师训练营，加强岗位培训，同时强化基本功培训，设计新教师基本功大赛，全区各学段新教师同台竞技，以赛促训。新教师基本功大赛也为优秀的新教师创设了很好的平台，2017 届新教师潘宁宁就是在这个平台上崭露头角。第二年她再接再厉，参加杭州市第二十二届青年教师基本功大赛，获得市一等奖第二名的好成绩，2022 年 9 月已成为上城区中学校级后备干部，并正努力向区学科带头人进阶。她说，区新任教师培养，帮助她从“生手型教师”逐步提升转化，走上了专业发展的快车道，使她体会到了职业幸福感。

（根据上城区新教师培训资料整理）

2. 把握主题要素，聚焦核心问题

主题的确定实际上是基于对需求的整合，是对培训将要解决的主要问题所涉及的培训内容领域的聚焦，一般提炼为一句话，甚至可以在项目名称中通过一两个关键词就能体现出来。培训主题设计通常基于“三个前沿”和“三个是否”来判断，这六者构成甄别培训主题的“六个筛子”（见图 4-2-3)，即把握学术理论前沿、教育政策前沿、教育实践前沿，考虑是否符合教师成长规律，教师是否感兴趣，现有培训资源是否足够支持培训。“分层分类”区域五阶研训教师培训主题列表举例如表 4-2-1 所示。

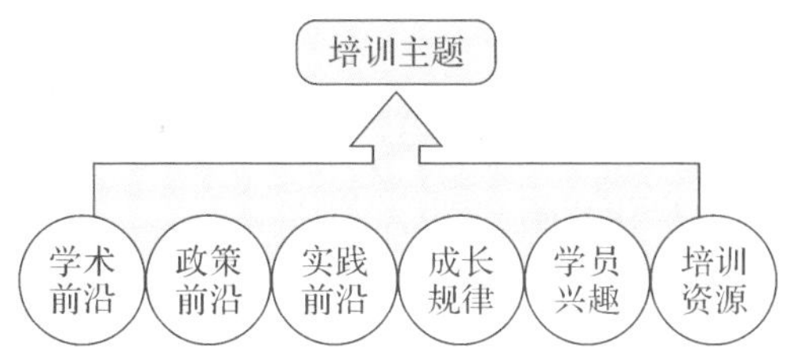

图 4-2-3 确定教师培训主题的“六个筛子”

表 4-2-1 “分层分类”区域五阶研训教师培训主题列表举例

课程类型	培训主题举例	培训对象建议	培训时间建议
新教师培训	理解区域教师精神	入职第一周	1 天
	如何备课	入职第一学期	7—10 天
	岗位胜任力	入职第一年	1 年
骨干教师培训	如何展开职业发展规划	“五阶段”教师	3—5 天
	提升课程力、执教力、研究力	区学科带头人	6 天
	提升教学领导力	区特级教师	6 天
校（园）本负责人培训	如何制订学校特色学习的行动计划	校（园）本负责人	1—2 天
	如何开发具有学校特色的校（园）本项目	校（园）本负责人	1—2 天

3. 基于内容要素，梳理课程逻辑

内容是培训课程设计中最具体、最需要系统化设计的要素。内容要素服务于培训主题和目标，是一系列必要的理论、经验和资源的集合。考虑内容要素时，通常需要关注微观、宏观两个层次。从微观层次看，要关注培训目标与课程核心问题、理论、策略、案例等的协调性和一致性。从宏观层次看，要关注课程的内容逻辑以及学习者的心理逻辑，如“发现不足、产生需求、提供支持、解决问题”就是典型的符合心理逻辑的课程安排。

在设计上城区初中学科带头人专业素养进阶深度研修成长课程时，根据调研，可发现这一阶段的教师需要提升教师的课程力、执教力、研究力。从提升

“三力”的培养目标出发，上城区设计“教改理念”“学科实务”“教学素养”三个模块进行深度研修，设计相应的培训内容，结合通识培训和专题研修，突出教学实践，环环相扣，层层递进，如图 4-2-4 所示：

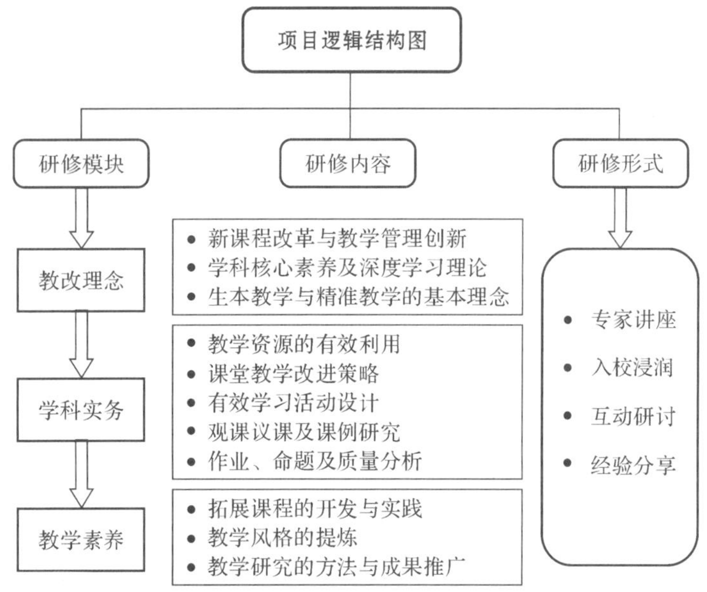

图 4-2-4　上城区初中学科带头人专业素养进阶深度研修成长课程项目逻辑结构图

从图 4-2-4 可以看出，培训项目有一条逻辑线：从理论到实践到素养提升。紧扣这条线索，根据教师学习心理，设计理论指导、案例研讨、研究、实践、作业命题分析等课程内容，最后通过互动研讨及经验分享进行反馈交流。这样，就把调研中发现的问题和需求，转化成了区学科带头人的培训课程。

4. 强调团队要素，全面助力成长

教师学习的过程，不仅是个体认知发展的过程，也是不断与同伴、专家等互动交流、理清思路、达成共识的过程。在区域助力教师成长的过程中，各阶段教师都是在一项项任务的驱动下，在同伴、专家的帮助下，汲取同伴头脑中的知识和智慧，通过解决问题、分享经验与分担具体任务逐渐成长起来的。同伴的对话可以以课例为载体，也可以以具体的教育教学问题为驱动，通过集体备

课、教学沙龙、案例研讨、实境观议等活动，不断地进行柔性碰撞，从而使教师的教学经验和资源得到分享和推广。

在首轮"上城区五阶段获奖教师专业成长助力计划"的实施过程中，通过专家和获奖教师之间的"双向选择"，全区共成立了70余个团队。导师对学员进行个性化指导的方式不限于单纯的技能指导，还着眼于促进教育教学方式、工作方式、思维方式和生活方式的改变。从生活到工作，从思想到思维，从教学到教研，进行全方位的指导和"全人"培养。在活动中，强调导师与学员、学员与学员、学员与学生之间真诚的心灵碰撞；强调读书、读人、读生活；强调大胆实践，静心读书，不断地自我反思。同时，以学习为主导，以研究为主体，以项目为驱动，通过共同开展项目研究，加强团队成员之间的学习与研讨氛围；通过教学对话、教育沙龙、专题研讨、个案分析等方式，充分发挥学员自主发展的积极性，帮助学员取得丰硕的成果，使导师在引领学员的过程中自身也得到发展。案例4-2-2是余琴导师团队"以团队促成长"的展现。

案例4-2-2 以团队促成长

两年前，第一次拿到学员名单时，余琴老师感觉到肩头的分量不轻：10名学员中有4名获得过"新秀奖"、6名获得过"能手奖"，有的来自省市实验学校，有的来自普通公办学校。"教龄不同、个性不同、特长不同，该从哪里入手呢？"有着丰富教学经验的她，做事一向认真，通过几次和学员面谈聊天后，她给每名学员布置了第一项作业——制定"个人发展规划"。

逐一翻阅每个人的"发展规划"后，余老师心中开始有"谱"了：陈松法善于思考，但是疏于及时记录和整理，建议开展课题研究，提高理论素养；郦云素质比较全面，多个领域均有不错的成绩，建议找准自己专业发展的主攻方向；钱晓佳肯学习，富有激情，建议细化采取的措施，比如听多少节课、完成多少份评课稿；王瑞燕组织协调能力强，在教科研方面要为自己定一个明确的目标，争取一学期阅读两本教育专著……

有了这样明晰的个人发展目标和共同成长的愿景之后，导师团队开始进入“高速运转”的轨道。第一次团队活动，余老师特地选择了杭州市高银巷小学，高银巷小学的所有语文教师都可以来听课，很多教师从中受益。课堂结束之后，学员们坐在一起互相点评，从板书到肢体语言，从课堂导入到每个提问，大家都一一发言讨论。“观察得很仔细”“这里需要继续追问学生”……余老师的点评精准到位。

郦云要参加省里的公开课，教案已经改到第五稿。除了余老师之外，其他伙伴也来为她出谋划策，“自学时间要再充分一点”“板书要更具条理性”……郦云一一认真记录。凝聚着大家智慧的课堂教学，最终获得了大奖。

这样的场景还有很多……两年来，10 名学员身上的“增量”有目共睹：刘海燕评上中学高级职称，鲁哲清获得了“能手奖”教学比武一等奖，舒绍爱关于识字的论文在《教学月刊》上发表了，王瑞燕讲授的《去年的树》获得全国新课程教学比赛一等奖，郦云获得省、市、区课堂教学评比一等奖……

（余琴导师团队案例）

在“五阶研训”课程实施过程中，余琴导师团队发挥了专业智慧，在培训过程中，充分体现了对学员的规划在先、个性发展，以及导师引领、伙伴互助的理念。正是由于强调了团队在培训中的作用，培训课程实施的效果才得以高质量实现。

5. 关注任务要素，发挥驱动作用

任务驱动在高质量培训中是非常必要的。任务，既包括贯穿整个培训的大任务，也包括每次培训中的具体任务。任务的基本功能是促使教师把所学整合起来，应用于任务问题的解决。因此，考虑任务要素时，最值得关注的是其驱动作用。

任务越贴近教师的工作实际，任务产品越能服务于教师的工作，同时任务与培训目标之间的关联越紧密，任务的驱动性越强。当然，任务不宜过多、过难，否则学员容易产生焦虑和反感情绪。因此，适宜的难度和负担也是考虑培训任务要素时需要关注的角度。

在课程实施中，对于区学科带头人，上城区设置了课题研究、课堂送教、成果汇展三个任务板块，试图拉高能手型教师的“极限点”；对于省特级教师这一类教育教学的高端人才，主要采用建立“省特级教师工作室”，通过带领学员项目研究的任务方式，在重启专家型教师的“破局点”等方面做出卓有成效的尝试。“分层分类”区域五阶研训教师培训任务举例如表 4-2-2 所示。

表 4-2-2 “分层分类”区域五阶研训教师培训任务举例

培训项目	任务	具体内容
区学科带头人培训	课题研究	承担 1 项区级及以上课题研究，认真撰写高质量的教学论文，至少 1 篇在区级及以上获奖、在市级及以上刊物公开发表或在市级以上大会交流
	课堂送教	每人每年参加 2 次由上城区教育局组织的送教到区内普通学校活动，与 1—2 名校内外青年教师（教龄 6 年以内）结对，每年提供观摩课和研讨课 2 节，为普通学校青年教师做课堂教学诊断，每年听课 10 节
	成果汇展	经过 2 年培养，完成全部教学计划，最后完成课题研究成果汇报展示、课堂教学成果汇报展示、学科带头人专业发展档案袋展示、结业答辩
省特级教师工作室	制度建设	根据设立的学校与学员的特点，制定工作室三年发展规划和学年工作计划；建立工作室学员培养档案，指导学员制订三年发展规划和学年发展计划。制订工作室建设制度和运行公约
	项目研究	根据区域教育教学研究项目指南或其他教育改革需要，选定工作站研究项目主题，制定研究项目方案，扎实开展项目研究。项目预期成果显著，有推广价值。指导工作室学员开展相关教育教学主题子项目的规划和研究
	活动组织	发挥自身辐射引领作用，定期组织召开工作室活动，根据需要可适当开展跨工作室的联合研讨：每学期组织研讨活动不少于 3 次，其中在特级教师工作室设立学校组织的研讨活动不少于 2 次

6. 关注评估要素，促进行为转化

教师培训效果的评估是培训过程中的重要环节。培训效果评估关系整个培训工作预期目标的达成。课程是否有效，应该以是否促进教师教育教学行为转化为重要标准。

实施“分层分类”五阶研训课程设计时，上城区非常重视评估的作用，从学员培训参与、学员反应、学员学习、学员对培训所学的应用、应用对学生的促进几个维度出发，明确每个维度的评价内容与要求，设计适当的评估工具，收集相关数据，从而对课程学习效果进行评估。

以星级班主任培训课程“基于问题解决的班主任班务组织与管理”为例，培训学习评估框架如下表所示。

表 4-2-3 “基于问题解决的班主任班务组织与管理”学习评估框架

维度	评价内容	合格水平的要求	评价目的
学员培训参与	1. 学员学习出勤率 2. 学员作业完成率	1. 出勤率达 85% 以上 2. 作业完成率达 85% 以上	1. 督促学员学习 2. 作为学员学习合格与否的判断标准
学员反应	学员对教师培训课程内容、实施、组织与管理等满意度	学员总体满意度达到良好以上	发现教师培训课程的优点与不足，以便更好地完善
学员学习	学员达成教师培训课程目标的程度	1. 学员在客观题测试中的正确率达 80% 及以上 2. 学员主观题或建构性作业达 70 分以上	评价学员的学习效果
应用对学生的促进	1. 学生的身体情感是否因教师应用培训所学而有所发展 2. 学生成绩是否因教师应用培训所学而得到提高	1. 对学生进行问卷调查与访谈，得到一定的肯定结论 2. 学生的测试水平有所提高	衡量所学对学生学习的影响程度

“分层分类”区域五阶研训课程关注不同阶段及不同类型教师的差异，注重个性设计、内涵发展，强化专业提升，提倡以学习者为中心，为教师持续发展提供不竭的动力。站在新时代的新起点，上城区砥砺前行，“分层分类”的区域教师研训创生指向持续学习力的双驱赋能教师发展新范式，为促进教师的终身学习，不断提升教师的能力素质而贡献上城智慧。

案例 4-2-3　一名科学老师的蜕变

上城，一个全国教育质量的高地，一个教育人才辈出的摇篮。我在上城教育"五阶段、五梯队、多维度"的培训中，越走越高，陆续成为区学科带头人、上城区特级教师。上城区教育学院更是为像我这样的教师实施了为期三年的"上城区未来名师培养"工程，用理论武装实践，为实现更高的教育理想做充分的准备。2017 年，我也积极响应上城区教育局"名师就在我身边"的办学理念，来到了普通学校，成立了"陈滔小学科学名师工作坊"，为更多年轻教师的成长助力，用实际行动践行上城美好教育理念。十多年的蜕变过程，离不开老师、朋友、领导的一路呵护，也离不开上城教育提供的平台。我出生在上城，学在上城，工作在上城，现在更是离不开上城了。

（陈滔　杭州市教育科学研究所附属小学）

让生手变能手，陈滔老师的成长，是大批上城教师快速成长的缩影。如何让各成长阶段的教师积蓄力量，不断成长，为全区教育注入源源不断的活力，上城交出了自己的答卷。当然，在培育上城美好教师的过程中，也要意识到任何课程都没有最好，只有更好。只有致力于课程体系的完善，形成充分满足不同层次、不同专业发展需求的特色课程，持续探索灵活多样的教师学习方式，不断激发教师的内生动力，才能为上城区美好教师面向美好未来的可持续专业发展赋予新的内涵。

第三节
“全景式个性化”提升持续学习力策略实践

⊙

随着“95 后”教师初入职场，不难发现，青年教师与老教师相比，他们的需求、困惑、理解力有着特定的时代属性，他们正在成长，为成为今后教师的主力军蓄力。

广大一线教师，如何在浙江高水平建设共同富裕示范区的大背景下推进教育改革发展，助力打造优质均衡、人民满意的“美好教育”引领区，成为上城教师培训策略创新的一个课题。同时，如何在拔尖教师的培养中注重个性化地量身定制，为教师的成长成才提供展示和服务的平台，成为教师培训策略实践的要素基点。

综而论之，基于教师视角，以教师为出发点，以教师个性为基本点，以教师综合素养为培养点的教师培养模式，一直是上城教育促进教学课程变革，提升教育教学水平的价值起点。在此基础上，上城教育寻求和建立个性化、多维度、全景式的上城教师培养模式，本节呈现的区域研修样本，体现出上城教育教师培养的高水平、科学化、专业化和规范化，让教师在立体空间中保持持续学习力，不断成长。

一、多维全景浸润：建构特色专业化的新教师课程

新教师是教育行业的新鲜血液，也是十分重要的后备力量。习近平总书记曾谈及，"人生的扣子从一开始就要扣好"，同理，新教师培养就相当于扣好"第一粒扣子"。于新教师而言，培训时间、事件、人物、内容都是建立自身专业体系的关键点，因此上城新教师需要在多维度、全景式培训的渗透浸润中逐步成长为一名优秀的教师。

1. 特色新教师培养模式

上城区教育学院持续探索创新新教师培训，形成了具有上城区域特色与影响力的"相约星期二"新教师培训课程品牌与教师培训模式。"相约星期二"以学习者为中心，形成问题导向、实践导向、行为导向的区域特色新教师培训模式。其以美好教育理念为指导，着眼专业化发展，增强培训实效，提升上城区新教师的"效能感、归属感、使命感"。在实施过程中，主要以分合、多维、成果化的形式来联动管理和建设课程，并加以改进。

（1）区域组班的"分合式"联动管理。上城区新教师培训人数多、区域广，学段、学科差异大，因此培训过程中分别采取"区域培训""校（园）本研修""中、小、幼分学段"等纵横多个层面的分合式联动管理来保障培训的精准运行。在培训需求确定、培训课程建设、培训过程管理和培训评价完善的培训路径上，力求让不同学段、不同学科、不同学校、不同起点、不同特色的新教师在全景式培训过程中获得切实、个性化的专业发展与成长助力。

（2）模块组合的"多维度"课程建设。上城区一直秉承"研训一体"理念，将教师需求作为培训最直接的依据。因此教师培训要求调研在前，培训在后，力求提供并完善更有针对性、个性化的培训助力课程，力求让培训内容贴近一线教育教学实际。在课程的建设上，上城区遵循教师发展规律，提供多维

助力，将区级培训与校级培训相结合，分五个课程模块组建新教师培训课程（见表 4-3-1），强调理论联系实际。

表 4-3-1　上城区新教师培训课程

课程模块	课程内容
模块一：教师生存状态与专业精神的培育	1. 教师的职业理想和职业幸福感
	2. 教师职业压力的缓解与疏导
	3. 教师教育教学语言的艺术
	4. 师生冲突的场景分析管理
	5. 不同场景的家校沟通实践
	6. 教师专业标准解读
	7. 教师自我认知能力的提升
模块二：教师专业知识与技能的拓展	1. 教师专业知识技能的提升与拓展
	2. 学科课程标准解读与案例分析
	3. 课堂教学目标的理解与制订
	4. 不同课型典型课例研讨
	5. 练习设计与命题研究
	6. 教育研究课题的选择、实施与撰写
	7. 说课的技巧与策略
模块三：学生学习与成长的研究	1. 特殊学生类型成因与干预策略
	2. 学生自主式学习课堂的研究与实践
	3. 学生个性化成长策略研究
	4. 学生良好学习习惯培养研究
	5. 学生自我认知能力培养的途径与方法
	6. 班级协同教育教学的策略研究
	7. 小班化教学中学生学习风格差异与学习指导
	8. 教师行为与学生心理研究
模块四：教师教育教学行为的改善	1. 课堂教学中的无效教学现象归因研究
	2. 新课程“教学疑难问题解决”专题研究
	3. 不同阶段教师教育教学行为改善策略研究
	4. 课堂教学导入、提问、评价、结语技能案例分析
	5. 名优教师个性化教学风格培养的实践研究
	6. 学科教师课堂教学技能的诊断技术
	7. 学科教学典型课例研究

续表

课程模块	课程内容
模块五：校本化教育教学组织与管理能力提升	1. 学校历史与现状了解
	2. 学校规章制度学习与解读
	3. 学校教师团队建设与文化认识
	4. 学校教科研活动的组织开展机制与活动
	5. 学科德育活动的设计与组织
	6. 学校特色活动的设计与组织
	7. 个人发展目标与行动计划制订

教师培训课程除了在模块上要进行多维设计，在培训过程中还要注意培训方式的多样化选择。“相约星期二”新教师培训模式注重新教师的活动体验，倡导浸润式培训，这也是上城教师培训的一大亮点。

（3）实践导向的“成果化”评价改进。每年新任教师在培训结业之时，除了拿到预期中的 180 学分培训结业证书外，还有机会获得“优秀学员”“优秀班干部”等荣誉称号。这些荣誉称号成为新任教师转正第一年参评上城“五阶段、五梯队、多维度”教育人才多维生长台“新苗奖”（1—3 年教龄教师）坚实的基础。

杭州市上城区教育学院院长、浙江省特级教师王莺评价“相约星期二”新教师培训模式：助力新教师“向下扎根，向上生长，向内丰盈，向外拓展”。链接 4-3-1 展示了“青春绽放 向美而生——上城区 2020 届新教师培训回顾”视频（扫描二维码即可观看）。

链接 4-3-1 青春绽放 向美而生——上城区 2020 届新教师培训回顾

2. 党建一课践行初心

习近平总书记指出，要把基层治理同基层党建结合起来。为响应习近平总书记号召，进一步做好新时代的学校建设，促进教育发展，上城区教育局对新教师的党建工作非常重视，提出以党建为抓手，提高新教师党员的党性观念、思想品行、能力素质，发挥新教师党员在新教师群体中的模范作用、在学校的先锋表率作用，扣好入职第一粒纽扣，使新教师迅速成长为上城教育事业的骨干力量。

新教师积极上进、阳光开朗，对工作充满憧憬，具有很强的可塑性。在新教师群体中开展党建活动，对增强党在青年中的影响力，引领青年教师成长，有着重要的精神价值和意义。

历经岁月磨砺依然清晰，矢志不渝，那便是初心。一直以来，上城这片教育大地上，孕育并涌现出一代代守望初心、践行初心的教育工作者。在 2019 年新教师入职这一神圣时刻，区教育局就特别邀请从 20 世纪 50 年代到 21 世纪 10 年代的七代党员教师代表上台，深情寄语，表达对新教师的期许和祝福。这些党员中，有早已荣休却依然心系上城教育的耄耋老人，有中流击水的教坛宿将，有教龄才两三天的教育新兵。他们薪火相传，生生不息，用最炽热的激情，在最美的年华里为上城教育铺就亮丽航道，让教育之梦踏浪飞翔。

党建第一课，为学校建设提供了方向保证、组织保证，以及动力保证。

3. 技能服务提质成长

在新教师培训的道路上，上城区聚焦新教师面临的实际问题和需求，提供多维、全景式培训，在关注教育教学关键技能的培育和提升的同时，还注重教师教育精神培育，提供展示平台，组织基本功比赛，提升新教师专业技能。其中，新教师基本功大赛分两个阶段，第一阶段为教学实践模块，新教师在导师的指导下从教学设计、课堂教学、作业设计等环节入手，在多轮磨课、思维碰撞中体验成功。第二阶段为智慧教学应用、案例分析与说课三大模块。

在新教师风华正茂、青春飞扬的时期，将“爱的体验 融合教育”的观点深植新教师内心。区内每年分批组织新教师到杭州市杨绫子学校、杭州市艮山路学校等参加爱心体验活动，深刻感悟“每一个孩子都是一颗闪亮的星星”，培育新教师正确看待个体差异、平等对待每一位学生的专业人文素养。

上城区的新教师培养践行自上而下、由内而外全包围的浸润式培养模式，提倡师带徒、鼓励学习模仿优秀课例，在一点一滴的教学实践中打下坚实的教育教学基础。在技能提升的同时，引导新教师正确看待每一位儿童，尊重生命，以志愿服务的方式，通过“爱”的力量，从“心”散发人类灵魂工程师的魅力。

二、个性持续成长：落实创新多维的校本研修

校本研修主要内容的确立，主要基于两点思考：一是找准教师专业研修的工具，二是建构教师研修操作的方式。新式多维化校本研修打破学科壁垒，打破时空界限，打破校级、地区视域，汇集教育智慧，在实施校本研修的过程中不断推陈出新，创新出适用于校本的特色模式，打造出具有影响力的研修品牌。

案例 4-3-1 校本特色模式范式

杭州市凤凰小学以“课例荟”为载体的教师研训成果斐然，学校成功举办4场全国性的学术研讨会，开展13场校园课例活动（线上、线下）。线上开展的课例活动关注量均达10万人次以上；线下每年吸引全国各地60多批次教育同行来校观摩、跟岗、交流。在建构课例研修系统的过程中，学校主要做了四维推进：一是形成“选题选课—磨课互助—上课展示—互动评课—课例报告—课例演讲”六步闭环机制；二是创建课例研训展示平台；三是创建量表工具“四为建构课堂评议表”；四是课例成果物化。

杭州市濮家幼儿园以“1+N 问题循环链”为载体，聚焦教师在教学活动开展中的困惑点，提升教师的“三力”：持续学习力、研点思考力、瓶颈突破力。“1+N 问题循环链”中，“1”是指线上和线下研训模式的互融，即“线上互动—实践探索—线下大组活动—实践思考—线上互动”这一循环。“N”是指在每一个环节中，不断萌发的新问题都存在“问题—实践—思考—问题”这一循环。

天杭教育集团深度研修三“全”模式，纵向形成三级共建全员思考研修链，横向形成学教循环全程探究动态链，纵横形成多维全面总结反思链。全员回顾分析，形成操作案例；全员交流总结，推广经验应用；全员深化

研究，带动课题深入；全员实践反思，提升科研水平。

（上城区教育学院教师发展研究中心）

以上校本研修案例生动展现了研修模式的创新、多维和可持续发展。

一是创新混融研修方式。在以“课例荟”为载体的教师研训活动中，体现出走向师生同行、同学、同实践的新视角，形成融教学实践、知识、人际关系、心智模式等诸多要素于一体的教师学习体系。同时，展现了研修教学行动模式的创新点，即基于专业工具诊断、大数据问卷设计、访谈记录、量表诊断分析、学生个案持续跟进、视频或课堂实录进行的案例分析等。

二是多维循环研修理念。在杭州市濮家幼儿园以“1+N 问题循环链”为载体的教师研训活动中，展现了活动前的资源库准备，活动中的头脑风暴、集思广益等互动式深度实践研修形式。在资源库的建设中，杭州市濮家幼儿园遵循“循环”的理念，鼓励教师在活动结束后，就新的感悟和思考不断地进行实践探索，并将实践中收集到的资源，及时上传到资源库，以便与其他教师产生多循环、多维度的碰撞。

教师专业成长的多维发展在全景式研修模式中不断拓展，获得螺旋式上升。基于以问题循环链为载体的研训模式的不断探索，展现了研修中凸显的特色载体和多元平台。

三是持续推进研学品质。天杭教育集团三“全”模式让数据成为提升教研品质的导航工具，以案例反哺教学，在学与教的不断转变中，树立研修意识，改变学教不平衡状态；从被动地学习到主动地参与，改变学习状态。“学”“习”处处可见，教师从“研”到“学”循环渐进，打造新型研修模式，塑造立体成长的教师形象。

链接 4-3-2 走向“主动学习者”——杭州市胜利实验学校教育集团校本研修集锦

校本研修，通过探索互融范式，促进研修模式创新化；通过多元平台互助，推进教师研学持续化；通过多元的研修方式，开展各层次、不同内容的研训小团体项目，真正实现做中思、思中研、研中做的持续化循环机制。链接 4-3-2 展示了走向“主动学习者"——杭州市胜利实验学校教育集团校本研修集锦视频（扫描二维码即可观看）。

三、吸纳融合重构：探索教育国际化的海外研修

随着教育全球化趋势的深入发展，上城区在"推动杭州城市国际化""建设独特韵味、别样精彩的世界名城"的大背景下，围绕上城教育工作重心，致力于培育"中国心·世界眼"的上城学子。在立足国际视野，积极开拓国际化道路，吸收先进教育理念的同时，也吸引了杭州首个国（境）外教师培训基地入驻上城。除此之外，上城区积极推行的"丰叶"资助计划让教师的研修变得个性又精准，营造了良好的教育人才成长生态。另外，上城区积极推进了教育人才海外（境外）培养工程，实现学前教育到初中段教育教师海外研训全覆盖。

教师自主研修"丰叶"奖面向上城区教育局所属单位全体在职教职工，激励上城区中小学、幼儿园教师在业务、科研等方面继续教育，提升相关专业素养。在"丰叶"奖的支持下，教师们吸收先进理念，融合本土研修特色，以自身力量携研学所得，积极建构新的研修路径。

案例 4-3-2　海外研修的吸纳、融合与重构

吸纳——研修团队赴海外学习。2019 年上城区中小学 21 世纪创新教育高研班赴英国研修团（25 人）和中小学教师人文与艺术素养提升高研班赴希腊研修团（25 人）在 10 月中下旬圆满完成海外研修。他们分别了解了英国与希腊的基础教育改革最新成果、动态的 21 世纪创新教育模式，从而更加积极地了解国际发展趋势，紧跟全球教育改革的潮流。2019 年，"丰叶"奖获得者、上城区首批未来名校长培养对象前往美国开展了为期一个月的"校长领导力"课程学习。海外学习归来的杭州市胜利小学教师

傅蝶给全区英语教师做了英语学习项目经验分享。

融合——国内外研讨学习。2017 年 3 月，加拿大高贵林市教育局来到上城开展教育教学访问交流活动。国际理解教育的理念在中外教育者的心中生根发芽。2019 年 7 月，杭州天地实验小学校长王雷英在美国奥兰多参加了一年一度的 2019 Leader in Me（领导力）全球校长峰会并做精彩演讲，有力地传播了中国自我领导力教育的声音。通过 LIM 盟校国际平台，上城区为加深中外文化交流，提高学校国际知名度奠定了基础。

2019 年 10 月，上城区中小学 21 世纪创新教育高研班参加剑桥大学 HOMERTON 学院组织的“21 世纪的学习与技能”国际教育峰会。杭州市杭州中学校长杨昕珠、杭州市紫阳小学校长庞科军在会上做主旨发言。杨昕珠校长深入阐述了杭州市杭州中学在培养学生 21 世纪学习核心素养方面的实践经验，庞科军校长则从历史辩证的角度提出 21 世纪的学习技能教育观点，让大家领悟到学习技能教育中的变与不变。

重构——研训课程本土化的实践研究。得益于海外研训持续、有效的开展，上城区师训课题“区域海外研训课程本土化的实践研究”已在杭州市立项。该课题在前期海外优质课程培训的基础上，进一步对比分析海外研训课程与区域现有研训课程在培训理念与模式等方面的异同，借鉴吸收并力争创新，对“种子教师”进一步进行培训，并与学科教研员联手进行本土化实践研究，研讨本土化的课程设计理念，优化学科课堂教学，促成学教变革，设计开发具有国际视野的本土化精品研训课程，辐射基层学校，形成轮动效应。

（上城区教育学院教师发展研究中心）

近几年，从一线教师、中层管理教师到校级干部，均有教师获得“丰叶”奖。教育国际化是实现教育现代化的重要途径，在“丰叶”奖的支持和鼓励下，赴海外学习的教育工作者正积极汲取国（境）外教育中的先进理念，以亲身实践推进教育国际化行动计划，深入开展国（境）外友好学校交流互访，为上城教育国际化补足短板、拉高标杆，助力上城教育内涵与品质发展。

上城区在大力推进"教师培训的国际化进程"中，一直鼓励双向交流，倡导文化自信。因此，上城区在上城区教育学院设立"海外教师培训中心"，让来访上城的国（境）外教师了解中国传统文化和上城教育。从"研修团队走出去吸收"到"双向研修融合学习"，上城区充分发挥培训基地功能，开展课程合作与研讨，让世界领略中国文化的魅力，感受中国课堂的活力，真正达成国际理解、文化共融，为教育国际化道路添砖加瓦。

2019 年 10 月下旬，英国哈洛学院数学研修团来到上城区，专题研讨中小学数学教育。来访的 7 位教师是来自英国三所技术教育学院的数学课课程专家深入学校开展数学课堂观摩、实地考察张天孝小学数学博物馆、进行中英数学团队研讨和师生对话等学习交流活动。培训结束时，英方教师取得了由上城区教育局国际交流与合作办公室和上城区教育学院教师发展研究中心联合颁发的结业证书。《浙江日报》做了题为"杭州上城基础教育名气大，英国老师组团来学习"的专题报道，阅读点击量超过 20 万。

四、滋养蜕变引领：未来名师名校长的教育摇篮

名师、名校长是上城区教育的宝贵人才资源，是上城区教育创新与发展的基石。在上城这片教育热土上，无数名师名校长成长于新师培养、校本研修、海外研学这条培养之路上，最终取得自身的教育成就。充分挖掘与使用这些高层次拔尖教育人才资源，实现面向每一个学生、每一位教师的"教育均衡与高质"，是上城区教育近年来努力探索与实践的一个新课题。

2017 年至 2020 年，上城区联合杭州师范大学经亨颐学院开展了为期三年的上城区第一批未来名师名校长培养工程，以"全景式"培养个性化的路径模式，为 30 名未来名师、名校长学员量身定制、设计培训方案，配备理论导师和实践导师，采取高校研修、跟岗实践、影子培训等培养方式进行针对性的指导和引领，让名师、名校长实现品质蜕变，使他们的专业水平得到不同程度的提升。

经过三年的勤奋耕耘，全体学员共获得市级以上综合荣誉18项，论著发表出版83项，课题立项39项，课程开发43项，送教引领255人次，竞赛获奖74人次，3名学员有个人专著出版，成为引领上城教育的领头雁，共享共建名师优质教育资源，在扎实推动共同富裕中彰显教育示范引领作用，实现上城教育的新高度与内涵发展。

案例4-3-3 教师成长路：从名师指路走向指路名师

张麟，浙江省教坛新秀、上城区首批“未来名师”培养对象、浙江省特级教师。张老师将20年的青春奉献于小学数学教育事业，数十年如一日静心教书、潜心学习，在教育教学的道路上不忘初心，勇敢前行。

2002年夏，张麟成为杭州市天长小学的一名数学教师，当时的特级教师杨薇华成了张麟的师父。在杨薇华和后续几位导师的持续指导栽培下，张麟深刻体会到一名教师必须具备孜孜不倦、敬业钻研的精神，先后获得了上城区教坛新秀荣誉称号，杭州市青年教师优质课评比一等奖、杭州市教改之星金奖等。2007年9月，张麟成为朱乐平名师工作站首批学员，在工作站参与编著出版2本教学研究专著，后又到新疆、北京等地做了50余次公开课或报告。从2007年到2014年，张麟先后获得浙江省教改之星金奖，杭州市教坛新秀、上城区学科带头人等荣誉称号。经过多年的磨砺，张麟在教学上也日渐形成了“基于学生、真实学习、注重思辨、注重内化”的风格。2014年8月，张麟成为上城区小学数学名师工作坊首位领衔人，与工作坊成员们一同研究、一起实践、共同进步，发挥名师的示范、引领、辐射作用。三年后，工作坊被评为上城区首届名师工作坊中唯一的优秀名师工作坊，张麟也成了首届名师工作坊优秀领衔人、浙江省特级教师，在教育路上成为别人的引路人。

在同样是上城区首批未来名师、浙江省特级教师的王林慧身上，我们也看到了从名师指路走向指路名师的卓越教师成长路径。2016年，王林慧加入余琴特级教师工作室，2017 年以骨干教师交流的方式从杭州市天长小学到杭州市回族穆兴小学建立自己的名师工作坊。王林慧既是特级教师工作室的学员，又是名师工作坊的领衔人。前头有特级教师引领，后头又引领年轻教师发展，她成为五级梯队培养的重要纽带。强大的团队力量，促进王林慧有序、快速成长，成为新一届省特级教师。

2017—2019 年，王林慧先后前往杭州师范大学、复旦大学、希腊大都会学院研学，作为上城代表与雅典市区分管教育的领导、雅典大都会学院师生一起分享上城教育传统文化特色课程，发出来自上城美好教育的声音。后又前往贵州黔东南自治州雷山支教，积极发动上城各校、社会各界开展"杭黔连心，爱心传递"的教育帮扶捐助行动。王林慧在成为名师的道路上一路成长，立足国际视野，传递爱的教育，跳出教育再看教育，精准帮扶，以专业引领促发展。

（上城区教育学院教师发展研究中心）

上城教育一直以"高水平打造优质均衡、人民满意的美好教育引领区"这一目标作为自己的价值引领，以"全景式、个性化"的教师培养模式提升教师持续学习力，以"教好每一名学生，成就每一位教师，办好每一所学校，幸福每一个家庭"为结果导向。

上城教师，顺应新时代的强劲呼唤，以理论联系实际，以学习丰富经验，依托本土与海外（境外）研修内外双驱动力，在纵横分合、内外兼顾、全景环绕培训的模式下，从生手进阶为能手，借助提升型、转化型双通道，向下扎根，向上生长。

参考文献

［1］汤丰林．教师培训：理性与实践的核心关注［M］．北京：北京师范大学出版社，2018.

［2］陈时见．教师教育一体化改革与体制创新［M］．重庆：西南师范大学出版社，2017.

［3］吴积军．校本研修与教师专业成长［M］．南京：江苏凤凰教育出版社，2015.

［4］项海刚．让教育更美好［M］．杭州：浙江教育出版社，2018.

［5］上城区教育局．上城区教育局“管办助评”组织机构人力资源管理制度汇编［G］.2016.

［6］余新．教师培训师专业修炼［M］．北京：教育科学出版社，2012.

［7］申军红，等．中小学新任教师培训指南［M］．北京：教育科学出版社，2018.

［8］李更生，吴卫东．教师培训师培训——理念与方法［M］．杭州：浙江大学出版社，2014.

［9］李绍才．区域助力教师成长的上城模式［M］．杭州：浙江教育出版社，2014.

［10］邱侃．创新校本研修模式 助推教师专业发展［J］．华人时刊·校长版，2022（04）：56−57.

［11］张克龙，苏香妹，金国宗．深度推进校本研修提质的行动策略［J］．现代中小学教育，2020, 36(8):73−77.

［12］陈瑾．新教师培养：从纵向培训走向全景式浸润［J］．北京教育（普教版），2017（06）：66−67.

［13］任家熠，麦莉．名师工作室：发展、问题与研修模式创新［J］．基础教育课程，2021（11）：52−58.

第五章
强化“转化型研修”做变革型教师

观念是行动的先导，教育思想观念决定着教育行为。自主性是教师专业发展的基础和关键，是将外在的影响转化为自身专业发展的动力，不同阶段教师的成长需求是不同的。上城区的教师教育正在从传统向现代转型，通过对上城区众多的新型教师研修课程进行归纳与梳理，提炼出转化型研修课程的研发与实施模型。本章节阐释转化型课程的设计理念，介绍情景实践、沉浸体验、项目学习等多个具身实践的转化型研修案例，共享转化型研修区域推进的实施成效。

第一节 转化型研修课程的设计

⦿

当前的教育改革正从“知识本位”转向“素养本位”，强调以学习者为中心。为响应课改要求，凸显时代性，上城区的区域教师培训从注重教师学科知识和教学技能向注重教师可持续学习力的培养转变，从深度性、经验性、反思性、实践性等方面入手，在区域层面设置分层分类、丰富多元的教师转化型研修课程体系。

一、区域教师转化型研修课程开设的背景

当前上城教师教育正面临区域融合后教师数量急剧变化，以及教育发展需求与教师发展功利化的两大矛盾。

1. 新上城教师教育受区域融合影响发生急剧变化

2021 年，杭州行政区域规划重大调整，融合原上城区与江干区，设立新的

上城区。新上城区在职在编教师人数由原上城区的 3000 余人增至 14000 余人。原上城区的五阶段教师成长体系与原江干区的 T 型研训体系等助力教师成长的机制、方式需要各取所长，进行继承、融合、发展。

2. 新上城教师教育亟待解决教育发展需求与教师发展功利倾向之间的矛盾

为实现培育有理想、有本领、有担当的时代新人的目标，《义务教育课程方案（2022 年版）》强调了“坚持全面发展，育人为本”“面向全体学生，因材施教”“聚焦核心素养，面向未来”“加强课程综合，注重关联”“变革育人方式，突出实践”的课程实施原则，需要一线教师突破原有的教育教学模式，顺应教育发展变革的要求。而一线教师普遍对专业发展有期待，对专业培训有迫切的要求，但是受工作压力等因素的影响，对培训的期待功利色彩较浓，希望更多地从培训中获得巧妙的教学技巧，以提升教学质量。这两者之间的矛盾在很大程度上影响了教师教育的质量和效果。

二、区域教师转化型研修课程开设的意义

为了适应教育变革的需求以及区域教师教育形势的变化，开设区域教师转化型研修课程是实现高质量教师教育的有效路径。

1. 助力教师成长方式的迭代升级

2018 年，《中共中央　国务院关于全面深化新时代教师队伍建设改革的意见》，就新时代教师队伍建设作出顶层设计，之后配套文件相继出台。2022 年 4 月，教育部等八部门印发《新时代基础教育强师计划》，强调“深化精准培训改革”“聚焦基础教育课程改革的理念、要求和教育教学方法变革”“优化培训内容、打造高水平课程资源”……

为响应教育改革“素养本位”“学习者为中心”的要求，顺应“以实践

为导向优化教师教育课程体系”的要求，新上城教师教育通过梳理研修内容，挖掘研修方法的深度，基于转化学习理论，创设有助于教师重构教育认知框架的转化型研修课程。转化型研修课程不再局限于学科本体知识、教育教学方法的积累，而是强调以教师原有的认知框架为基础，经过学习转化，建立新的认知框架，并付诸教育教学实践，为教师的可持续成长提供保障。

2. 突出教师学习主体身份的模式建构

教师转化型研修课程不是简单地否定教师对于专业发展功利性的追求，而是以教师在教育教学过程中的困境、迷惘为转化学习的起点，建构突出教师学习主体身份的模式，以教师的需要、已有的经验、个人偏好等，尤其是情感因素为基础，营造为教师提供信任和支持的人文、制度及物质环境，并在课程中赋予教师适度的权利，开展良好、开放、协作的教师团队建设，为其发展建设通道、释放空间、提供机会，以积极的策略，指向实践和教师自身解放。

上城引进的国外优质研训课程以学习者为中心，注重实践体验与形式多样。如英国“戏剧直通车”课程中，采用四阶三法，即教师们通过模仿融入、创作表演、课堂实践和课程设计四个阶段的培训，采用行为示范法、角色扮演法和现场研讨法等具有较高参与度的体验形式，全面激活学员教师的培训热情，实现百分百的培训参与度。

三、区域教师转化型研修课程的设计

转化型研修课程的设计基于转化学习理论，从教师的教育教学实践中触发的危机性事件出发，借助批判性反思和反思性交流，促进教师教育理念的重构，并在新的教学实践中应用。

1. 转化型研修课程的设计理念

转化型研修课程的设计理念来自杰克·麦基罗提出的转化学习理论。转化学习又称质变学习，它是一种转变具体观点及信念体系的深度学习。它“转变人们习以为常的认识参照体系，使其更具包容性、辨识性、开放性、情感应变力和反思性，以产生更加正确合理的信念和观点，指导实践”。转化学习不仅改变知识结构，还转变认识体系（由具体观点和思维习惯组成）。思维习惯是指人们在世界观、人生观、价值观层面的认识，对应日常所说的深层次“信念体系”，信念体系不直接指导实践，其通过外显为直接指导实践的具体观点内隐地、间接地发挥导向作用。

2. 转化型研修课程的设计依据

转化型研修课程的设计以转化学习“四阶段、十步骤”理论模型为基础。该理论模型认为，转化学习始于人在日常生活中遭遇的危机性事件，包括给人带来较大冲击的单一事件，或一系列逐步累积而不断受到强化的相关事件。危机性事件仅靠人现有的认知体系难以解决。在危机性事件出现后，人们往往会进行批判性反思，带着特定情感对困境本身进行审视，继而批判性地评价困境背后的认识体系，前者包含内容与过程的反思，后者则是对前提预设的反思。而仅有自身的批判性反思还不够，此时还需要积极地与他人分享，在交流的过程中意识到其他人有类似或不同经历，并在综合反思各种认识的基础上探索新的角色、行动、关系。最后，在批判性反思和交流中形成的认知框架还要通过实践的检验。为此，需要计划行动路线和获取相关知识及能力，并实际尝试新角色、新行动、新关系，进而对新的认知框架产生信心，最终用它指导实践。

3. 转化型研修课程的设计框架

依据转化学习理论模型，区域转化型研修课程分为四个阶段：感知体验—批判反思—重构框架—有效行动（见图 5-1-1）。

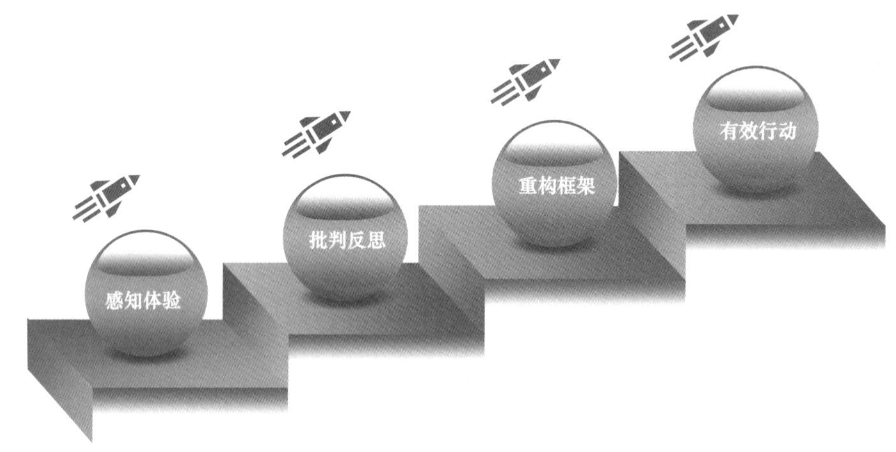

图 5-1-1　转化型研修课程的四个阶段

第一阶段：感知体验。根据自身实践体验，梳理、总结在教育教学的理念、方法等方面受到的认知、情感因素的冲击，激发学习的动机。

第二阶段：批判反思。对经验和问题重新解释或赋予其新的意义，与他人进行交流，为框架重构打下基础。

第三阶段：重构框架。重组认知框架，以更加包容的方式去了解、接纳、整合之前未意识到或不太赞同的教育理念、方法。

第四阶段：有效行动。重组后的认知框架还要在新的教育教学实践中经受检验，进而生成新的能力，走向实践的自由。

案例 5-1-1　“浙江—印州 STEM 课程平移项目”（2019）教师高级研修班课程设计

上城区连续四年承办“浙江—印州 STEM 课程平移项目”，邀请美国教师走进浙江中小学课堂，面向学生开展 STEM 教学，并组织教师深入课堂，学习美国教师课程组织与教学实施的经验。本次培训课程中增加了“教师工作坊”和“翻转教学”环节，进一步优化了实施形式和内容，提高了教师培训的参与度，针对性地提高教师教学指导和自行编写教案的能力。

[第一周研修任务]

全程观察外教执教的STEM课堂,观察、记录课堂过程,解析教学策略,将此作为进一步实践的课程资源;参加海印课堂和工作坊。

[第一周研修作业]

1. 个人课堂观察记录

记录学生活动中的关键事件;重点关注学生小组的学习行为与特点;分析教师采用的教学策略,包括在项目推进过程中,教师采用了哪些指导策略去支撑和推动学生推进项目学习的进程,策略的操作要领和注意事项,并思考如何应用和迁移到自己的教学项目中。

2. 小组课例报告

在个人课堂观察记录的基础上,以小组为单位归纳学生活动的关键实践、教师组织与指导的策略。

3. 个人体会

结合研修过程的体会、论文、实践设想,但须体现个人思考。

[第二周研修任务]

观察外教和中方翻转教学教师执教的STEM课堂,观察、记录课堂过程,解析教学策略;参与翻转教学与教学研讨;参与海印课堂和工作坊。

[第二周研修任务作业]

1. 个人课堂观察记录

在第一周的基础上记录并完善。

2. 小组课例报告

观察学员课堂,以小组为单位,归纳学生活动的关键实践、教师组织与指导的策略。

3. 翻转教学分析报告

以小组为单位,通过对外教与中方翻转教学教师教学的观察、分析、研讨,形成STEM教学的主要特点、难点,并提出教学建议。

4. 个人体会

结合研修过程的体会、论文、实践设想，但须体现个人思考。参与翻转教学的教师重点讲述参与翻转教学的体会、收获。

5. 学校跟进实验方案及小结

各研修小组在完成深度研修与学校跟进实验后，须于8月30日前递交学校项目学习实施方案，并于9月—10月开展跟进实验，10月30日递交跟进实验小结。项目学习实施方案包括项目名称、项目学习设计方案、教师团队、实施时间。学校跟进实验小结包括项目实施概况、项目实施效果、项目不足与改进、对以后实施项目的建议以及修改后的项目学习设计方案。

（杭州市上城区教育学院）

该课程的设计充分体现了转化型研修课程的四个阶段：

第一，该课程为参训老师提供了非常丰富的教学实践体验。针对初学者，课程提供了课堂观察视角和明晰的观察要点，同时要求开展教学策略解析，进一步认识、理解STEM教学过程的关键要点。针对有一定基础的参训老师，在外教和其他伙伴的支持下，实践了STEM教学，在知与行的转化过程中受到了认知、情感方面的冲击，强化了学习动机。如衢州市新华小学教师吾雅珍所言，“外教老师在课程一开始就复习了以前学过的关于力和运动的知识。在复习知识时，将前面所学的知识，再次以知识网络的形式出示在黑板上。Flora老师经常问学生三个问题：这些知识里面，哪些是你已经学过的，哪些是你今天或接下去要学的，哪些是你想学的。外教老师在开展知识教学时，一定会运用各种方式给学生呈现一个较为完整的知识系统。也许在某一个知识点的学习上，学生并没有那么清晰，但是对于知识点所发散出的知识体系，学生涉猎很广，这也是与我们的课堂非常不一样的地方”。

第二，该课程为参训老师提供了较为深刻的教学反思机会。从个人课堂观察记录、个人体会，小组课例报告、翻转教学分析报告，到学校跟进实验方案及小结，以个人、小组团队的形式反思研修期间观察、实践的 STEM 教学。如杭州市时代小学张忠华老师所言，“Karen 老师会用滚动式学习策略，通过复习上节课内容，加深理解科学概念。我今天的翻转课堂，也采用了这个策略，让学生反馈已学内容—教师补充或修正相关概念—教师拓展与此概念相关的内涵和外延。实施这个策略时，结合复习的内容，引入新知问题，使学生新知的建构呈螺旋上升式，帮助学生建立知识体系”。

第三，该课程有效地帮助参训老师重构了 STEM 教学的参考框架。如上城区小学科学教师张岚所言，“我对 STEM 教学理念在课堂中的实施，最显著的感受就是‘慢’而充实。起初观摩外教进行 STEM 课堂教学时，觉得他们的教学进度慢得出奇。在初步设计翻转教学流程的过程中，自己也觉得只要把教学流程放慢就可以了。但是在与外教交流和实际实施的过程中，我发现并非如此，他们的课堂是‘慢’而充实，虽然教学进度看似较为缓慢，但是每一步都有老师设计的策略和技巧，都是在帮助学生营造一个安全的学习环境，并且在这样的环境中，逐步形成自主学习的习惯和能力。他们关注的不仅仅是一节课的教学目标，更注重于依靠不同组块的学习去达成最终的项目目标。因此看似缓慢的进度，其实都是为了让学生充分地体验和感受，以获取更多的经验。当学生获得足够的真实经验后，他们理解知识的速度及深度都会提升，也更易建构知识点之间的有效连接，形成自己独有的知识体系。当他们遇到实际问题时，获取的知识也会更综合、更全面，解决问题的效能也会大大提升”。

第四，该课程有效促进了参训老师所在学校的 STEM 教育。如杭州市蒋筑英学校在张岚老师的主持策划下，实施了小学 STEM 项目学习评价的实践研究，建设了“未来科学 +”探究厅，建构了 STEM 项目学习“四维三层”评价模式，即基于评价前置的真实问题提出、基于评价驱动的项目资源准备、基于过程评价的合作阐述制作、基于成果评价的展示分享、基于评价延伸的拓展提升，并通过区域新型学习中心的辐射，让区域内上百名学生参与了 STEM 项目学习活动，促进了区域的学教方式变革。

四、区域转化型研修课程的开发

1. 转化型研修课程的平移

区域转化型研修课程，首先来源于国外优秀转化型研修课程的平移。为了让更多教师得到国际化、多元化、专业化的发展，自 2017 年起，上城区积极响应浙江省教育现代化建设的号召，积极引进国外优质研训课程。至今有 6 个研训项目落地上城：英国 Real PE 创意体育课程、英国戏剧直通车课程、英国 First Funs China 幼儿体育课程、加拿大 / 美国 STEM 课程平移项目、德国体态律动 / 原本性音乐教育课程、英国中学 / 小学英语教师专业发展及实践技能提升课程。

案例 5-1-2 英国 Real PE 创意体育课程的平移引入

1. 英国 Real PE 创意体育课程概述

风靡英国的体育和健康教育创意课程（Real PE），通过组织开展丰富多样、寓教于乐的活动来培养孩子三种基本运动素养（平衡感、协调性和灵敏度），激发他们对体育运动的热情，挖掘运动潜力，促进身体及心理素质综合发展，为孩子的终身幸福奠定良好基础。课程倡导体育与整体课程的黏合和带动效应。

2. 英国 Real PE 创意体育课程目标

该项目旨在促进教师发展自身技能和学识，合格的学员将在以下方面获得切实的提升：更好地理解如何教学，以及促使学生运用一系列的策略，以此充分发挥每个孩子和年轻学子的学习潜能；增长教师的学识，培养教师的自信心，敢于尝试不同的教学方法，运用多种丰富素材；增长关于基本运动技能教学的相关知识；了解创新性的竞争模式；探索多课程互融的主题教学方法论；激励孩子们在课堂内外都能积极参与和享受体育课程；更熟练地发挥体育和运动在学习上的催化剂的效果。

3. 英国 Real PE 创意体育课程设计思路（链接 5-1-1 是上城教育微信公众号《玩转课堂，精彩无限，Real PE 带你领略体育魅力》的文章，扫描二维码即可查看）。

链接 5-1-1 玩转课堂，精彩无限，Real PE 带你领略体育魅力

本项目根据培训目标，设计四个培训阶段。

第一阶段主题：感受英国体育 Real PE 课程。

Real PE 课程教学围绕培养基本的运动素养展开，全方位提升体育能力和素质，丰富体育教学内涵。教学方式以发展性为特点，充满趣味，展示上百种游戏或挑战，开发学员的平衡感、协调性和灵敏度。

第二阶段主题：体验英国 Real PE 课程的教学设计。

在实践英国 Real PE 课程的教学设计过程中加深对培养综合技能重要性的理解，并将之作为广义的、平衡的、以儿童为中心的体育和运动教学方法。

第三阶段主题：英国 Real PE 课程高质量地实施和评估。

聚焦教学策略和评估策略，确立框架体系和评估工具，赋权课程领导者，扶持所有教职工成长为卓越的体育教学工作者。

第四阶段主题：对参训者的评估和认证。

学员在第一至第三阶段的培训中，充分体验以下的学习策略：

合作学习（团队）；主动学习（场景模拟，游戏）；体验学习（获得学生将要体验的活动的第一手资料）；通过教育他人而学习（和别人分享他们的学习）。学员将在此基础上完成案例设计，供培训师评估。根据卓越为本（EFEC）的评估标准，为合格的学员颁发证书。

（方勤　杭州市上城区教育学院）

Real PE 创意体育课程有以下特点：

一是强调教师的实践体验。与传统体育教师教育相比，Real PE 创意体育课程着眼于学生的基本运动素养（灵敏度、平衡感和协调性），通过技能卡片上 200 多项挑战任务，帮助学员（教师）亲身体验如何形成层次清晰、难度攀升合理的学生身体素质发展路线。

二是强调教师的批判与反思。Real PE 创意体育课程中学员（教师）的学习方式更加注重反思，在反思的过程中帮助他们走出教育教学中的困境，促使他们在学习中发展自我、完善自我。

三是强调教师的框架重构。Real PE 创意体育课程中学员（教师）需要认识到体育课程培养孩子多元能力的发展，涉及六大领域：身体技能（运动素养和能力）、自我能力（自我认识和修养）、社交能力、健康与体能（对于运动常识和健康知识的掌握）、创造能力、思考认知能力，要让每一个孩子都有一个高质量个别化的学习旅程，充分参与，各展所长，保持终身参与体育运动的热情。

四是强调教师的有效行动。Real PE 创意体育课程中学员（教师）需要把课程所学应用于教学，通过至少一个学期，每周 1—2 小时的课堂实践，充分内化，形成新的教学风格。

2. 转化型研修课程的创生

随着区域教师教育对国外优秀转化型研修课程的理解、消化、吸收，进行本土化改造，实现了区域内转化型研修课程的创生，如源自英国 Real PE 创意体育课程培训的上城区英国 Real PE 创意体育课程多元能力实践与操作课程，又如源自英国教育戏剧基础课程的“运用教育戏剧技能，提升青年教师表现力与沟通力”课程等。相较于平移课程，更适合区域教师教育现状，适应当前的教育改革要求，目标更为清晰，精准指向教师教学核心能力的提升。

案例 5-1-3 上城区英国 Real PE 创意体育课程多元能力实践与操作课程的创生

1. 上城区英国 Real PE 创意体育课程多元能力实践与操作课程概述

培训目标人群：一般教龄在 7—16 年或具有中级职称的初中体育教师。

拟解决的核心问题：教师在体育教学中学生能力培养单一，多元能力培养的经验和方法不足。

解决问题的方法途径：学习和借鉴英国 Real PE 创意体育课程多元能力的培养目标，通过专题讲座、案例分析、操作实践、观摩研讨、教学考察等形式，了解多元能力的实施过程，培养教师实施多元能力的教学方法与手段。

2. 上城区英国 Real PE 创意体育课程多元能力实践与操作课程目标

了解英国 Real PE 创意体育课程中多元能力教学方法和手段。

将英国 Real PE 创意课程多元能力运用于体育课堂教学。

借鉴先进理念，设计出比较合理的多元能力教学方案，改变教师课程认识，提升教师教学能力。

链接 5-1-2
创意体育 | 承担责任　主动学习

3. 上城区英国 Real PE 创意体育课程多元能力实践与操作课程（链接 5-1-2 是上城教育微信公众号《创意体育 | 承担责任　主动学习》的文章，扫描二维码即可查看）。

（杭州市上城区教育学院）

根据上述培训目标，本项目采取“感知体验—批判反思—重构框架—有效行动”的设计思路，通过体验、学习英国 Real PE 创意体育课程，提高对 Real PE 创意体育课程多元能力培养目标的理解和对内容的把握，领会其课程设计核心理念；通过对英国课程培训班学员示范课的观摩与讨论，在教学理念、教学方法与手段、评价与指导等方面对比分析国内外体育课程教学；通过“全人、全面、全纳”的新理念，开发体育教学设计工具，突出运动能力 +N 项多元能力的整体指导；通过研修一体化实践提升上城体育教师的教学内容的设计，组织教学和课堂评价。

本项目围绕三个模块展开：了解国内外教育发展、课程改革、教学变革的现状与趋势；初步具有教育改革意识和能力；能够在体育课堂中尝试新思路、新内容、新方法和新策略。具体内容为：一是了解国外的体育教材，学习英国创意体育课程体系，明确教学目标、任务、内容；二是掌握英国 Real PE 创意体育课程多元能力实施的基本方法；三是能够借鉴使用英国创意体育课程多元能力教学目标，提升教师教学能力。

上城区英国 Real PE 创意体育课程在英国 Real PE 创意体育课程的基础上进行开发，兼顾了教师的硬实力和软实力，涉及教师专业知识、技能拓展，教师专业能力提升（课堂诊断、课堂实践、科研能力），专业精神培育，专业发展诊断等多个模块，并具有以下特色：

一是培训主题的针对性。在前期调研的基础上，课程设计实施团队针对不同阶段体育教师的困惑与需求，推出了形式丰富、针对性极强的培训主题。希望通过研训拓宽骨干教师的知识视野，增强其专业底气，同时增强其职业幸福感。

二是培训过程的参与性与生成性。在培训课程设计中，以“体验式活动”与“参与式对话”的形式为主，旨在创造平等、合作、分享的氛围，让研训者真正融入其中，并在活动中产生超越预设的新生成，尽可能提升对新生成的敏感度、驻留度和利用度。

三是解决问题的建设性。该课程的培训师不但有一线的省市名师、特级教师，更有高校的体育教育专家，为研训者提供多维度的营养，帮助他们在原有基础上更新教学理念、开阔教育视野、转变教学行为、规划个人专业发展，富有建设性地解决研训者在教学实践中、在理论学习上存在的困惑。

四是理论结合实践的指导性。该课程把沟通理论与实践作为“着眼点”，努力搭建教师学习理论和应用理论的“链接”与“导引”，促进研训者理论与实践的结合，努力促成中小学体育骨干教师“心中有规则”“手中有技术”“脑中有理论”。

第二节
具身实践的转化型研修案例

⊙

走向理想中的课堂，没有课桌和围墙的界限，资源可随手采撷。面向未来的学习，没有分数的约束，指向的是真实问题的解决。今天的一线教师具备的教学观念和采用的教学方式，决定了未来一代是否具有改造真实世界的能力和担当。Osterman 和 Kottkamp 于 1993 年提出的“理论转化障碍说”认为，只有当教师将“所倡导的理论”转化为“所采用的理论”时，教学行为改进才可能发生。当二者无法发生转化时，再先进的理念也是空谈，再具有建设性的课程标准，也难以推动真正的教学变革。

要培养未来之创新人才，就要在今日帮助学生创造性地成长，更要帮助教师理解并落实新课标、新教材、新技术、新理念。可以说，教师不改变，教育就无法改变。因此，教师研修，需要从过于偏重课堂教法的单一内容，走向对课程整体建设的全面研究，从听报告、看上课的单一形式，走向“做中学，学中研”的行动学习。变革教师研修的重中之重，是促成教师的教学思维的积极转化和教学行为的深度转化。

一、情景转化：走出教学定式看学习

思维定式，是指人们按照积累的思维活动、经验教训和已有的思维规律，在反复使用中所形成的比较稳定的、定型化了的思维路线、方式、程序、模式。迁移到教师的教学行为中，如果一味追求或信任先前形成的知识、经验、习惯，无法摆脱已有“框架”的束缚，就会形成“教学定式”，即把保守固定的教学模式或倾向作为标准，从而影响教师对学生学习的分析、判断、帮扶和指导。客观地看，“教学定式”是教学经验形成的必经之路，但必将影响教师，使其对教学改革表现出消极反应。教师若想要提高教学水平，就必须冲破思维定式。从这个视角出发，教师研修的组织者必须认识到，思维定式与创造性思维可以相互转化，教师研修的任务就是要促成这种转化。基于这样的认识，提出“情景转化”式研修。

1.“情景转化”的概念与特征

情景转化，是通过创设新型研修场域，重组研修任务，帮助教师发现课改实践问题，突破教学思维定式，以“假设—验证—优化—反思”为循环路径，找准问题、探寻策略、不断突破的研修模式。

传统的研修场域，通常由人（培训导师、被培训教师、学生等）、境（会场、上课场地等）、事（研修主题、教学内容等）三类因素构成。

情景转化中的新型研修场域，是围绕希望解决的问题，有意对其进行改变或重构的研修环境。一是改变“人”的因素，例如让教师作为学生角色参与研修，或者让教育部门以外的人员作为指导者参与研修。二是改变“境”的因素，可以走出会场、教室，走向博物馆、田野、山川，也可以改变研修设备、工具和材料，例如承担课堂观察任务的可以是教师、家长、学生，可以是录音、摄像设备，还可以是人工智能分析系统。三是改变“事”的因素，例如研修主题的最终确定、研修环节的设计、研修主持的语言风格等，都可能带来不一样的研修结果。课堂呈现方式、研修主题或内容、研修形式等都可能是影响研修效应的关键变量。

因此，情景转化式研修具有以下特征：

一是问题解决。不单纯追求教学技能的提升，引导教师学会“改革与创新的教学思维”，强调帮助解决教师教育改革实际问题。

二是全面提升。引导教师全面认识专业发展的意义，既要加强课程思政理念下“为培根铸魂而教”的方法学习，也要加强专业领域能力、方法领域能力、社会领域能力和专业自主能力全方位地提升。

三是自主建构。教师不是被动的经验接受者。教师的发展也不可能完全依赖外部环境和外力驱动，要让教师在更真实的研修场域中，成为课改的学习者、反思者、参与者、建构者。

四是实践转化。建立有深度、有关联的研修主题，重组能相互印证、交互创生的研修内容，匹配探究式的研修方式，推动结果导向、问题导向的研修过程，以实践激发教师的内生力和转化力。

2.“情景转化”式研修的模式建构

“情景转化”式研修模式，要把教师和问题一起放置在真实情景中，促使二者发生积极的化学反应。通常，这一模式通过六个环节实施，并形成循环（见图 5-2-1）。

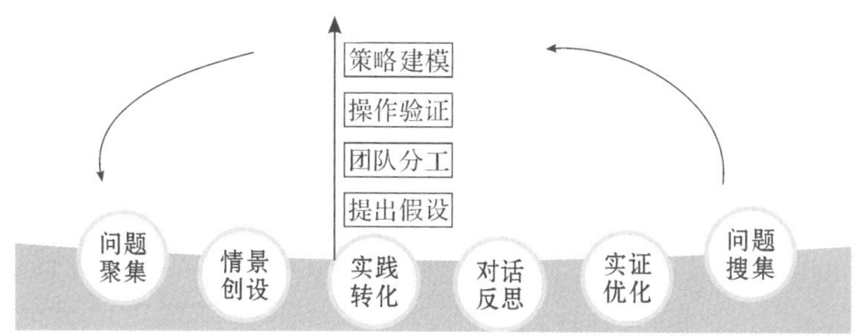

图 5-2-1 “情景转化”式研修模式

环节一是问题聚焦。把前期通过调研、问卷、观察、访谈等方式搜集到的问题进行分类、排序、整理、分析，最终结合参与者的研修期望和预期成果，确定并优化本次研修解决的问题。

环节二是情景创设。组合一切有利于教师开展行动研究、实证研究、问题研究的时间、场地、资源、工具等条件，并做好研修的准备工作，例如准备研修设备、试运行研修平台等。

环节三是实践转化。基于要解决的问题，鼓励教师在特别创设的情景中，引导教师展开深度研修，主要包括四个步骤："提出解决问题的假设""确定团队成员和角色分工""实际操作验证假设是否科学、可行""提出问题解决策略和实施方案"。

环节四是对话反思。尽管解决问题的策略是在情景实践中得出的，具有一定可行性，但仍然需要通过多主体的对话、多角度的反思，汲取尽可能多的建设性意见。

环节五是实证优化。经过实践转化而来、借助对话反思形成的研修成果需要在实践中反复循证，不断改进。

环节六是问题搜集。它与"问题聚焦"环节相互衔接，促成"情景转化"式研修模式的螺旋上升式发展。

3."情景转化"式研修模式的实施

（1）改变"境"的因素。上城区成为浙江省研学旅行试点区后，组织过一次研学导师的团队研修。来自中小学校的34名具有高级职称的中小学德育负责人及学校德育课程骨干教师，成为各个学校开展研学旅行工作的主力军。他们和大多数教师一样，对研学旅行十分陌生。"春游算不算研学旅行？去博物馆参观算不算？""怎么设计研学旅行课程呢？""除了参观、听讲解，研学旅行还有别的学习方式吗？""我们小时候都没参加过研学，出门旅游只会跟着导游跑。没有一点儿组织经验，怎么办？"

教师们关于研学旅行的问题很多，涉及概念理解、内容策划、学法指导等多个层面。这些问题要如何解决？负责研修策划和实施的教研员蒋敏，把研修地点搬到了浙江临海的江南古长城上。带着一大堆问题，他们开启了从杭州到临海，从纸上到路上，从设想到实践的研修旅程。

按照研修计划，出发前大家查阅了江南古长城的资料，并分别对研学课程提出设想。前一晚汇总作业时，蒋敏发现大家设计的研学内容还是老三样——走长城、听讲解、拍集体照，缺少目标意识、细节规划、评价载体，关键是无法吸引学生，没有充分运用当地的历史人文和地域资源。怎样才能让老师们看到自己的问题，找到解决这些问题的办法，还能提炼出研学旅行课程设计和实施的策略呢？

第二天上午九点，老师们分成四个组，同时从江南古长城山脚下出发，面对 198 级台阶的好汉坡，他们不仅要争夺冠军，还要通过实际体验回答一个问题：“组织一个班的同学分组竞赛登顶好汉坡，要做哪些准备？”

这实际上是先假设了一个研学旅行主题，再让老师们组建团队，用亲身经历来验证这个假设的可行性。

爬了几十级台阶后，大家发现，登顶比赛不适用于 20 人以上的研学团队，因为人多拥挤，安全难以保证；也不适合一、二年级的小学生，因为他们的体力有限；最起码需按教师与学生数量为 1 ∶ 4 配备研学导师，否则一旦开赛，学生们速度不一，无法兼顾。

大家席地而坐，七嘴八舌地开始讨论：“爬台阶可以去安全有保障的地方，来这里研学，就要用好古长城和戚继光的资源！”

“还是要从研学课程的目标来思考。我们想引导孩子在研学过程中了解传统文化，树立报国之志，就要引导他们去探究这些东西。”

“关键是要分学段来设计研学课程，还要让学生有选择。”

“我觉得一定要跨学科来设计研学主题，否则学生会觉得没意思。”

…………

看，老师们走着走着，就找到了问题的关键。纸上得来终觉浅，亲身体验才有发言权。这比听讲座、看著作更让人印象深刻。这样得来的思考和观点也更具有实践价值。

好汉坡上的研修很快生成了新的问题：“为你的学生设计一个最好玩、最可行的研学主题。”老师们还没全部登上好汉坡，第一个研学主题就诞生了——适合低年龄段小学生的“好汉坡有多长？”小朋友们可以设想不同的估算方法，例如先测出自己的步幅，再数步数，到了终点算一算，比一比，就会有新发现。慢慢走、慢慢数、慢慢算，既保证了安全，又能避开体力短板，不仅用到了数学思维，还考验耐心。

走过几个城楼，大家又商定了第二个主题：把临海古长城称作“江南八达岭”合适吗？通过资料搜索、外观对比，学生们会发现八达岭长城是江南古长城的“妹妹”！这个过程需要学生动用历史、地理、科学、建筑等多个学科的知识，比较适合小学高年级的学生。

来到用于防御的瓮城，历史老师提出的研学主题是“古长城为什么既能用于防御，还兼具防洪功能？”语文老师的设想是“还原戚继光《练兵实纪》中记载的鸳鸯阵需要多少兵力，需要哪些兵器。”体育老师马上补充：“可以演练一下，戚家军抗倭如何布阵。”这几个主题都需要整合应用跨学科知识。更重要的是，要完成这些研学主题，每名学生都需要了解古长城的设计意图、戚继光的抗倭功绩，从中窥见古人的智慧，学习他们英勇抗击外来侵略的大无畏精神。

接下来，老师们不断萌发新的主题，被同伴反驳得不断完善，被大家补充得乐不可支，得到呼应的更是迫不及待构思起实施计划。走一路，辩一路，研学情景下的研讨，让研学课程更生动，更落地。路上的研修给予研修者不一样的视角，不一样的发现。

（2）改变“人”和“境”的因素。2022 年 6 月的一个下午，上城区各中小学任教综合实践活动、劳动、地方课程、校本课程等课程的教师齐聚杭州博物馆，聚焦基于研究性学习的博物馆考察，开展“情景转化”式研修活动，形成了关于主题生成、方法指导、路线设计、研学报告指导等多方面的思考。

50 多位教师成功解锁第一关“按图索骥 预约入馆”。奖励是一份特殊的见面礼——4 套各不相同的任务单。拿到 1 号、3 号任务单的教师，或者设计一个指导学生把问题转化为博物馆研学的课题或主题，或者设计一条可涉及周边地点的杭博行走路线。拿到 2 号、4 号任务单的教师则要把自己当作学生，根据一个研学主题，选择最适合的2—3种探究方法，并提出应用这些方法可能会遇到的困难；或者回答“你认为学习档案袋里最重要的3份材料是什么？”

这套任务单担任了随行培训者的角色，兼具团队分组、参观索引、主题讨论等功能。随后，各组教师围绕自己的任务展开讨论，进行汇报，并听取大家的意见。

（3）改革“事”的因素。上城区独有的“思维课堂观察分析实验室”，则是对“事”的因素加以改变，重构研修。

“思维课堂”是杭州市上城区推动课堂变革的行动研究，旨在打造以思维能力、思维态度、思维习惯培养，优化学科学习进程，提升学生思维品质，发展其核心素养的学习活动实施场域。

研究自2017年起步。第一阶段建构了思维要素和各学科教学目标序列。第二阶段形成目标、流程、工具、课型为一体的“思维课堂”教学范式。第三阶段强化了课例研究，和华东师范大学基础教育改革与发展研究所合作发起全国思维课堂教学研究联盟，举行两届全国中小学思维课堂高峰论坛，推广成果落地。

“思维课堂观察分析实验室”项目伴随整个研究历程，帮助核心团队立足思维的科学诊断，有效改进、精准评价，遵循“专项调研—假设论证—组建团队—项目攻坚—实践推广—反思改进”的步骤螺旋推进，从四个维度对课堂进行指向于教学改进的观察和诊断：一是基于思维教学范式的实施和实证；二是指向学生思维成果的前测、后测；三是基于观察诊断框架的量规评估；四是借助智能诊断框架的分析反馈。

其中，“借助智能诊断框架的分析反馈”以人工智能融合互联网、大数据、人脸识别和音视捕捉等技术，通过设备对课堂进行无感跟踪拍摄，实时转化为多个反馈报告。智能诊断框架包含多个诊断点，如教师语言（语速、高频词汇），教学行为（走动、交互、参与学生讨论），流程用时（教师提问、教授、学生活动、师生活动），教学组织（问题分类、理答时间），在汇集近千个课例后形成基本诊断标准数值，为多维度课堂分析诊断报告形成提供依据。

2021年5月，上城区“思维课堂观察分析实验室”专题研讨活动上，教师们惊喜地看到，人工智能对于课堂的分析不仅可以清晰展示教师讲的时间，学生学的时间，还可以刻画出教师在课堂上的行动轨迹。

杭州市清河实验学校副校长马益彬以《“思维课堂”观察分析实验室的“三重门”》为题，畅谈AI视角下的课堂报告给予自己的启示（链接5-2-1是“思维观察实验室的‘三重门’——以《狼图腾小狼小狼》阅读导读课为例”的视频，扫码二维码即可观看）。在数智技术的运用下，教学过程成为“镜像”，一览无余，纤毫毕现；把经验判断转化为“精准诊断”，对采集到的数据进行运用分析，能看见思维过程，让数据真正服务于教学，触发课堂的重新建构。这一探索把主题教研和实验室项目进行整合，形成“采集—分析—诊断—改进”的实证研究范式，指导教师从思维课堂特征、学情诊断、标准评估和课堂镜像等多个角度开展教学反思，改进课堂教学。

链接5-2-1 思维观察实验室的“三重门”——以《狼图腾小狼小狼》阅读导读课为例

“情景转化”研修模式下的探索告诉我们，教师要持续发展，“内驱”和“外驱”两种动力缺一不可。不断进阶的教学革命让教师从“生手”变“能手”，但这还不够，需要架设“提升型”和“转化型”贯通的双通道，让教师成为变革型的学习教练，成为课程改革的生力军。

二、沉浸体验：海外研训拓视野

面向未来，对学生的培养聚焦于全球公民技能、创新和创造力技能、技术技能以及人际交往技能，学习体验的主流方式也向个性化学习、包容性学习、基于真问题的合作学习以及终身自主学习转变。上城区积极响应浙江省教育现代化建设的号召，致力于建设区域国际理解教育课程体系，从区域层面引进、研发相关的国际化教师培训课程，通过对比分析、实践探索，提炼出一条开展国外研训课程本土化实践的最佳路径，助力培育国际化教师。链接5-2-2是“吸纳 · 融合 · 重构 · 创生：国外优质研训课程本土化实践的

链接5-2-2 吸纳 · 融合 · 重构 · 创生：国外优质研训课程本土化实践的上城探索

上城探索”的视频（扫描二维维即可观看）。

上城提出了“ABCO”模式，即A（Absorb）——吸纳，B（Blend）——融合，C（Create）——创生，O（Output）——输出。从“吸纳借鉴”走向“融合重构”，最终实现“品牌输出”（见图5-2-1）。教师在多元化的国外优质研训课程中浸润式体验，吸纳借鉴，开展本土化课程重构，协同研发新项目，区域推广新成果。研究员与参训教师通过借鉴吸纳、融合实践、共同创生、重构更符合我国国情、更有利于教师专业成长的研训课程。这种“任务驱动、注重体验、强调参与”的培训形式，促进教师将国外先进教育理念内化，助力教师在教育理念、教学水平、科研能力和国际视野等多维度的整体提升。

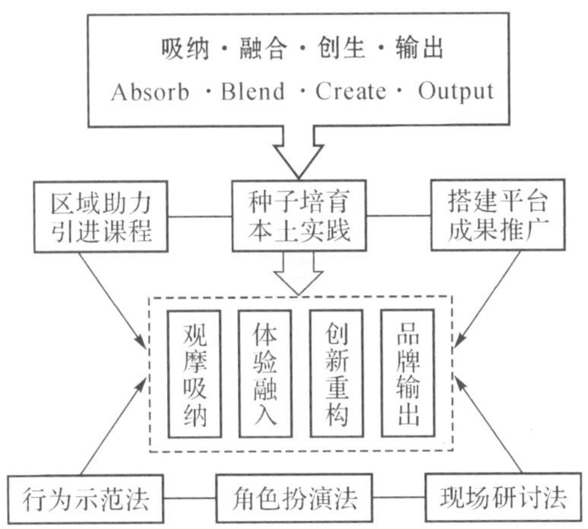

图5-2-2 “ABCO”模式：国外研训课程区域本土化实践路径图

1. 吸纳（Absorb）：多元化课程引进，汲取教育新理念

（1）合理引进，研训课程优质化。国外教师教育资源名目较多，良莠不齐。如何选取优质研训课程资源，需要教育行政部门和教育学院进行研判。国外研训课程的引进，应遵循需求性、前瞻性、实践性与实效性等原则。研训课程引进前，应对研训现状做调查，对教师需求作精准研判，引进的课程应该是在该国乃至世界范围内有一定影响力、先进性和前瞻性的教育成果和教师培训经验。引进的课程在内容安排上和研修形式上应具有较强的实践性，以引导教师

主动建构教育知识体系，并积极展开本土化实践；且应有利于教师解决教学实际问题，提升专业素养，切实助力课程目标的实现。例如，英国在教师培训，特别是体艺素质拓展方面具有独特优势。于是上城引进了英国“First Funs China 幼儿创意体育研训项目”，针对幼儿园教师的理念转变，引入本土化教学团队和内容，帮助教师们更好地学习及实践，提升幼儿的综合素养和多元能力。

（2）学为中心，需求分析精准化。上城区教育学院在引进国外研训课程时的首要任务就是打通培训需求分析的双向通道，既向参训教师介绍该课程的主要培训内容和形式，又在研究员的协助下让外方培训机构于前期介入，通过对教师开展问卷调查、专项测评，培训师提前入校听课观察等方式，作出科学诊断和准确把握，对培训内容和形式作出调整，有效避免因国情和文化的差异而出现的“水土不服”的现象，力争为后续培训能有效满足参训教师的学习需求打下良好的基础。

（3）课程全面，凸显转化型学习特点。国情不同，国家基础课程也不同，因而教师教育内容和方式也会各不相同。在引进国外研训课程时，区域层面围绕区域重点工作和重点研究项目，以及师生的培养目标，分层分类选择相关研训课程，确保引进的课程内容呈现出全面性与丰富性。上城围绕“强体培艺促成长”项目，进行校本体艺课程的开发和实施，引进的六项国外研训课程涵盖体艺类、文理科，涉及中小幼三个学段，教师受益面广。

2. 融合（Blend）：浸润式研训体验，学习教育新方式

（1）角色转变，全面融入课程。蒙台梭利曾说，“我听过了，我就忘了；我看见了，我就记得了；我做过了，我就理解了”。这不仅适用于学生学习，同样适用于教师培训。国外研训课程的课程环节设置决定了参训教师的身份，它是多重的，可以是学生、观察者，也可以是分析员、教师等。各种角色变化下，课堂气氛非常活跃。在培训课堂中，我们经常会进行各种角色的转变，让学员在多次的角色转换中获得不同的体验。一方面可以体验以学生身份参与学习的

感受，另一方面又让他们以教师的身份参与教学环节的设计，同时还能成为观察员和评价者，点评课堂设计的得失。

（2）中外对话，融汇课程精髓。在我国实施国外研训课程，通常会遇到语言沟通障碍和文化理解障碍。如果参训教师只观课，而不与外方培训人员交流，那么研修极有可能停留在表面。因此在课程实施中会特别安排"中外教师对话"环节，3 个学时左右，通过研讨与实践，分享与交流，在观点碰撞中融汇中外精髓，在激发灵感中收获智慧的成长。

如 2019 年美国 STEM 项目化学习平移课程中，较前三年的培训课程体系，除了观摩课堂外，还新增了"教师工作坊"与"中外教师座谈"。中外对话中，中方教师开始逐步理解美方教师的教育理念，将中西方文化融会贯通，美方教师也能根据中方教师提出的一些建设性想法对自己的教学作出改进。

（3）实时调整，加速文化融合。教师教育工作者的培训课程设计应在以终为始上达成共识，于是为参训教师绘制了一幅路径便捷的旅行线路图。学习者在这个过程中能获取知识、掌握技能、提升能力，但发展程度和体验感悟各不相同。国外研训课程均以小班化形式实施，人数一般控制在 30 人左右。培训者特别关注每一位参训教师的当堂反应和课后反馈。

在"戏剧直通车"课程上，每天培训结束前的 20 分钟，都是 thinking time（思考时间），学员们围坐一圈，交流观后感。此时，培训者则在一旁观察与记录，通常他会写满一黑板学员们提出的问题或他想要交流的关键词。有些当堂无法解决的问题，培训者会课后思考并进行教学改进，在第二天上课时，会先行解决上一节课的遗留问题。

3. 创生（Create）：本土化课程重构，实践研训新项目

教师研训可以理解为是一种对教师进行人力资源开发的智力投资活动，通过投入、应用和转换的方式，实现以人影响人、以智力资源再生智力资源的目标。它需要学员将理论知识与实践经验相结合，是一种基于实践的学习共同体活动，具有生产性。一门好的研训课程会引领参训教师生成一定的教育教学

成果。

（1）从平移到翻转，强调导师扶放有度。平移，指水平移动。这一数学术语用在国际研训课程上，意指将国外的课程直接整体打包，只是培训地点从国外移到了国内。与之相对应的是翻转教学。这对外方导师提出了扶放有度的要求。中方教师前期观摩外方教师上课，再与外方教师商定教学设计，然后开展翻转教学，外方教师进行观摩诊断，通过外部教学行为判断课程理念是否已经内化。

案例 5-2-1 一波三折的翻转课堂

2016 年起，上城区连续四年承办“浙江—印州 STEM 课程平移项目”，开展 STEM 项目化学习课程研修。2019 年，该项目成为 90 学时项目，教师们有两周时间参与培训。4 位教师在观摩美方教师教学一周后，进行翻转教学的尝试，期望让平移项目真正落地，实现本土化。

项目主题为 STEM 课程“纸电路”项目，实施对象是五年级学生，让学生以各类纸为载体，利用导电胶带、LED 灯泡、画笔、各类电器元件等，将真实情景重现或解决情景中的一个问题。

第一节课

杭州市胜利实验学校的王司闫老师在翻转教学“江南民居”时，以富春山居馆的创意和美感为出发点，引导学生结合江南建筑的特点，运用纸电路的原理，设计出一款具有江南特色的纸电路建筑，在全体学生合作之下，一幅美丽的江南民居立体画卷完美呈现出来。

因中外教师的背景和理念上的差异，美方教师喊停。她作出了重要提醒，认为“江南民居”方案的主题和情景比较明确，这不算真正意义上的项目式学习。因为情景主题相对明确的任务，其结果往往呈闭合性，且预见性和趋同性很强，可能会限制学生的创意，建议拓宽思路，此方案被推翻。

第二节课

画风一转，王老师说道：“同学们，刚刚以江南民居为例，我们描述了创意源于生活，源于自然，接下来，我们以纸电路为载体，以学习小组为单位，制作一个你们想制作的内容，主题可以是你们设计的建筑，可以是一个游戏，也可以是一个可能出现的场景等，将你们的创意呈现出来。”经过一天时间，学生呈现了海滨别墅、沙漠骆驼、江南民居、城市高楼等创意丰富的纸电路作品。这次，美方教师用欣赏的眼光看着王老师的教学和学生们脑洞大开的作品。

（王司闫　杭州市胜利实验学校）

在转化型研修中，导师与学员之间并不是服从于“我说你听”的单向模式。为了能够让新的教育理念被学员（教师）理解内化并外显为教学言行，导师的扶放有度显得格外重要，在翻转课堂的教学前后与导师的沟通交流中，既要体现导师的具体示范与悉心指导，更要看得见学员（教师）的认真揣摩与深度思考。链接 5-2-3 是“2019 浙江—印州 STEM‘课程平移项目’——上城教师翻转课堂研修案例”的 PDF（扫描二维码即可查看）。

链接 5-2-3
2019 浙江—印州 STEM“课程平移项目”——上城教师翻转课堂研修案例

（2）从示范到试水，促进教师理念内化。行为示范是指向受训者提供一个演示关键行为的示范者，然后给他们机会去实践形成关键行为的培训方法。在教师培训实践中，行为示范培训方法更多地适用于学习某一技能或行为。上城引进的国外优质研训课程以互动性强的课程为主。例如“戏剧直通车”课程中，培训前两期结束后，培训师特地给学员们预留了两个月的实践期。第三期的教育戏剧培训变身现场研讨会，在学员试水与导师示范中，自我反思、同伴互评、导师点评，颇有实效。

（3）从模仿到重构，研发本土化培训项目。国外研训课程在组织实施过程中，区域研究员发挥重要作用，承担多重角色。不仅是培训管理者，更是研训课程的研发者和实施者。在观察、模仿国外研训课程的基础上，研究员需要结合本国国情，设计出具有区域特色的本土化培训项目。基础教育研究中心的体育、音乐、科学、英语等教研员均开设相关内容的教研课程。

2019 年，在海外研训课程“戏剧直通车”培训结束后，上城区教师发展研究中心在海外研训的本土化实践方面做了有效探索，组建了教育戏剧讲师团，由 8 名种子教师组成，通过需求调研，共同研发本土化研训课程。2020—2021 两年，由教师发展研究中心组织实施了两期“运用教育戏剧技能，提升青年教师表现力与沟通力”24 学分培训班，直击入职三年以内的青年教师课堂表现力有待提升、家校沟通缺少经验等问题，通过浸润式体验、专项训练、角色扮演、互动讨论等形式，运用教育戏剧理论与技能，在戏剧学习与体验中剖析教育案例；在专项训练中提升言语表达能力和形体表现力；在互动研讨中实现自我反思与同伴互助。

4. 输出（Output）：辐射状师资孵化，研发课程重推广

（1）培育种子教师，激励持续生长。参训教师既是学员，又是种子教师。在培训中，区域研究员协同培训师应始终关注这一点，在新技能学习结束后，应及时引导学员做知识迁移，与学科融合，思考如何做教学实践。培训的间隙与尾声，外方培训人员会布置实践类作业，以促进学员思考并重构，激励他们尝试在自己的学科领域或者教师培训领域做一些本土化实践与研究。研究员及时跟进，通过区域层面搭建的个人成长的再生平台，推广海外优质课程学习成果。

（2）建立基地学校，推动区域辐射。在本土化实践的推进过程中，区域应致力于打造“以点带面，特色发展”的良好格局。通过项目化研究机制，或者依托课题研究，逐步吸收学校以基地校的身份加入研究阵营，同时区域需要协助指导各基地校，形成各校的特色模式，推动区域辐射。杭州天地实验小学是上城区的一所公办小学，也是上城区首个教育戏剧课程基地学校。2014 年 9 月，王雷英校长成立王雷英特级教师教育戏剧工作室，率先研究、实践教育戏剧课程，带领团队打造全国第一所满足孩子体验式学习的校园。2017 年 11 月，她主编的《玩转童话——教育戏剧创意教程》由浙江教育出版社出版。杭州天地实验小学的教师们成为教育戏剧“追梦人”，建构独具特色的戏剧课程

体系，让孩子们成为具有"力量感"的人；他们致力于"工匠精神"，推广教育戏剧育人理念。

（3）创立课程品牌，注重成果推广。不论是研究员还是一线教师，努力的方向都是一致的，都是为学生的全面发展和个性化成长助力。因此区域通过上城教育"金穗"计划，助推教师"著书立说"，更鼓励研究员协同一线教师开展学生拓展性课程的开发与成果推广。2017 年底，杭州市上城区教育学院受邀与英国卓越为本教育咨询有限公司（EFEC）共同开发面向幼儿的"喜越（jump for joy）趣味体育课程"。2018 年 6 月首发应用，这一品牌的输出，标志着上城教育迈向国际化。2020 年，《创意足球》出版，获得高度评价。《降落伞》《未来城市》是区域"STEM 项目化学习项目"的重要研究成果，2020 年荣获省级最佳创意奖。上城区多所学校的十余位老师参与该项目研究成果的编写以及相关的教学，参与该项目的部分学校成为上城区首批人工智能教育试点校。

国际化的研训内容和研修形式帮助上城教师打开了国际视野，促进了教师的专业发展，更新了教师的学科知识，提高了教师的教学技能，改进了教师的态度和方法，也促进了国内外教师相互学习、开展交流等，推动了上城教师队伍建设。

三、项目学习：支架搭建提能力

教师工作坊是组织教师学习共同体，聚焦教育教学问题，通过工作坊坊主引领、专家指导、同伴交流、互助分享等多种方式共同解决问题，并在解决问题过程中提升专业素养的研修模式。它基于转化学习理念，将传统的"坐听式"培训转变为"以学习者为中心"的体验式、参与式、互动式学习，有助于教师能力的提升。在教师工作坊的学习过程中，学习者有着学习的主动权，那么为学习者提供必要的学习支架就显得尤为重要，它能帮助学习者更好地掌握、建构，内化为帮助学习者从事更高认知活动的知识技能，能促进研修转化效果和教师学习力的持续提升。链接 5-2-4 是杭州市采荷第三小学教育集团“支架链：指向团队协作能力提升的实践研究”的视频（扫描二维码即可观看）。

链接 5-2-4
支架链：指向团队协作能力提升的实践研究

1. 学习支架在教师工作坊中的作用

（1）提供“有援”的学习环境。教师工作坊不是简单地由坊主或专家提供现成的系统知识、方法技能的学习，而是强调教师自己发现问题、提出问题、分析问题、解决问题。在这一过程中，教师必然遇到重重阻碍，而学习支架作为学习工具，有助于教师跨越最近发展区，在完成学习任务的同时获得相应的技能，为今后的学习迁移打下良好基础。

（2）创设“协作”的交互氛围。工作坊中的主体构成了一个学习共同体，其中主要包括两类角色，一是助学者（专家和坊主），具有丰富的教育经验，起指导作用；二是学习者，是在工作坊学习的人。两类角色之间天然的知识鸿沟，往往会导致研修重返讲听模式，而通过学习支架的搭建，创设共同体内部平等交流机制和规则，保障每位学员获得分享的时间和权利，学习共同体之间的相互作用能发挥到极致。

（3）带来“有得”的成功感受。学习支架是在学习者已经做了努力，但仍然不能独立完成任务的情况下提供的，以减少失败的可能性，同时，学习支架帮助学习者认识到自身潜在的发展空间，有助于提高其成功感和获得感。

2. 学习支架在教师工作坊中的应用

学习支架的分类具有多元性。从学习支架的表现形式来 看，可以分为范例、问题、建议、向导、图表等；从学习支架发挥作用的角度，可以将学习支 架分为情境型、策略型、资源型、交流型、评价型等。

下面以“跨区域项目化学习中 的教师研修工作坊”为例，探讨不同的学习支架在教师工作坊中的应用。

一是情境型支架，引导研修内容从发散走向聚焦。情境型支架指给学习者创设一个真实的情境，帮助学习者获得真实感受，激发学习者的兴趣和责任感，并精制驱动性问题。在“项目化学习中的教师研修”工作坊中，坊主往往以播放视频、讲述故事等方式设置情境型支架，引导学习者入境。如把情境型支架内置于“项目化学习教学环节七大核心要素（见图 5-2-3）中哪个要素最能帮助学生学习”的问题之中。学员在讨论这个问题时，首先要了解项目设计核心要素有哪些，然后从重要性角度进行比较，必然要与学生开展项目化学习的具体情境建立关联，经历了解、关联、分析、对比、归 因等一系列思维过程，不断从发散走向聚焦，最终得出结论。

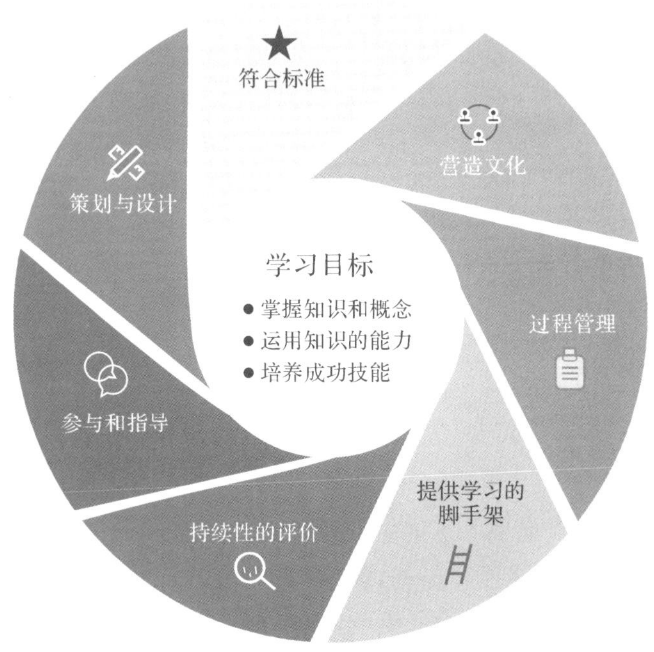

图 5-2-3　项目化学习教学环节七大核心要素

二是资源型支架，促进知识学习从被动接受走向主动建构。资源型支架指在学习者面临资源缺乏、无法持续的情况，为支持学习者完成学习任务、实现目标，给学习者提供解决问题的学习资源或进行学习导航，它可分为文本性资料、建议、图表和范例等四类。“项目化学习中的教师研修”工作坊中，选用了图表、文本性资料和建议三类资源型支架，帮助教师完成设计任务。图表是坊主为学员提供“项目化学习教学环节七大核心要素”的框架图，帮助学员整体而快速地了解七大核心要素，为讨论和对比要素重要性提供可视化信息。文本性资料内容是“认识项目化中的学习支架”，从来源及定义、理论基础、类型与作用等角度介绍学习支架，为学员提供比较系统的学习支架知识，为教师设计研修方案提供知识基础。建议则向学员提供研修方案设计的维度（研修主题、目标、具体内容、操作策略、成果与评价等），帮助学员形成结构化设计思路。从图表到文本类资料再到建议，由外及内、由浅入深地逐步引导学员形成对方案设计系统化思考的过程，避免了被动接受式学习，促进学员在意义生成中自主建构知识体系。

三是交流型支架，推动协作学习从碎片化讨论到结构化输出。教师工作坊主要是通过交流对话的形式促进彼此之间的观点质疑、思想碰撞、知识协商，进而共同完成一定的研修任务。但是，在实际操作过程中，学员间的交流合作往往达不到预期效果，主要是缺乏交流规则导致学员参与表达机会不均等，有的学员滔滔不绝，有的则一言不发。交流型支架很好地解决了这个问题。“项目化学习中的教师研修”工作坊中，搭建两类交流支架，一类针对组内交流，采用限时依次发言的方式，确保每位学员参与讨论，同时引导学员收集、提炼他者的信息，与自己的知识建立关联。另一类针对“全坊交流”的任务，是在坊内学员合作完成研修方案设计初稿的基础上，搭建了“画廊漫步”交流支架，要求各小组将方案粘贴到墙上，坊主、专家以及全坊学员逐一阅读各组方案，并直接写上自己的建议。这一支架，融发出信息、接收信息、处理信息三种交互情境为一体，教师对研修方案设计形成结构化认知，最终实现结构化输出。

案例 5-2-2 “项目化学习的教师研修”工作坊

一、工作坊设计意图

中国基础教育迈向核心素养时代，高质量教育体系建设呼唤项目化学习为典型的新学教方式常态化融入课堂。如何提高教师的项目化设计与实施能力，成为当前教师专业发展的重要课题。由此，工作坊以“如何组织高质量的教师项目化学习研修”为主题，通过参与式、体验式学习，促进学习者理解项目化学习设计的核心要素，建构教师项目化学习研修的基本框架，为快速普及教师项目化学习研修提供基础支持。

二、工作坊基本构成

工作坊一般由指导者1人、观察者2人、坊主1人及学习者若干（不超过20人）组成。

三、工作坊任务规划

工作坊以“如何组织高质量的教师项目化学习研修”为主题，以“设计一次教师项目化学习研修”为驱动性任务，引导学习者经历“建议共情—定义问题—产生想法—寻求建议—反思修正—形成方案”六阶段学习。学习者通过完成“开展记名字破冰游戏—讨论“项目化学习教学环节七大核心要素”—设计教师项目化学习研修方案—交流方案—修改方案—面向全坊，分享修改后的方案”六项子任务，最终形成教师项目化学习研修基本框架的公开成果。在完成任务过程中，学习者理解项目化学习设计的核心要素以及促进教师理解这些要素的研修方法策略。

四、工作坊学习过程

（一）组建团队

(1) 随机分组：学习者通过小程序抽得组号，对组入座。

(2) 建立共情：通过破冰游戏，建立联系。

(3) 角色分工：按照记名字多少顺序抽取颜色卡进行角色分工。

（二）定义问题

(1) 分组交流：阅读“项目化学习教学环节七大核心要素”，小组讨论哪个要素最能帮助学生学习。

具体要求：①每个人均要发言；②把小组讨论结果写在便签上，在全坊交流。

(2) 2分钟演讲：就本组讨论结果面向全坊作2分钟理由陈述。支架工具：提供“项目化学习教学环节七大核心要素”。

(三) 产生想法

(1) 设计任务：聚焦“搭建学习的脚手架”这一要素，设计一份教师研修方案。

(2) 支持工具：①文本类资料——提供《认识项目化中的学习支架》短文一篇，帮助更好地认识支架的内涵和类型；②建议——提供研修方案设计建议（建议从研修主题、目标，具体内容，操作策略、成果与评价等角度考虑），帮助教师形成结构化设计方案。

(四) 寻求建议

画廊漫步。各组将海报贴在移动白板上，每个人拿着笔对其他组的方案进行修改或提出建议 (15分钟)。

(五) 反思修正

改进方案：各组根据收集到的建议，进行方案修改。

(六) 形成方案

公开展示：各组面向全坊展示本组方案。

（汪湖瑛　杭州市上城区教育学院）

在定义问题环节，关于“项目化学习教学环节七大核心要素”讨论，坊主预设这个环节为开放讨论，将有多元讨论结果。但实施后，发现各个小组的结果惊人相似，均认为“搭建学习的脚手架”对学习帮助最大。这一结果与后续任务将要聚焦的要素也是一致的，这说明了学习支架搭建这一要素的价值，同时也反映了当前教师项目化研修的需求。

在寻求建议环节，在画廊漫步中，观察者发现各组方案均为框架式的（见图 5-2-4）。

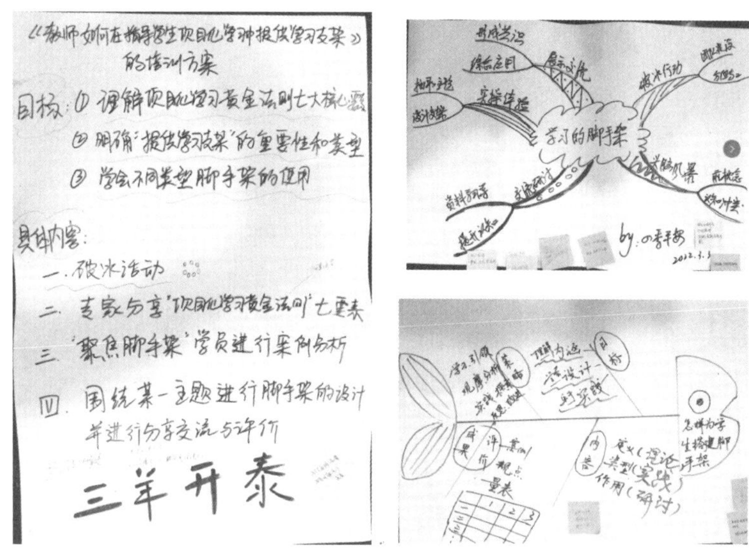

图 5-2-4　各组设计的教师研修方案

这种现象引起坊主的关注，并与学员进行了交流。有的学员表示设计 任务只说明设计研修方案，方案类型多样，有规划式的，也有实践式的；有长 期的，也有短期的，没有明确细化方向。有的学员表示是按照提供的建议（从 研修主题、目标，具体内容，操作策略、成果与评价等角度考虑）来进行设计 的，这个建议本身范围比较宽，所以，方案设计就显得比较空泛。

从学员的困惑中，指导者、观察者和坊主都认为这个设计任务提供的支架不足，学员没有建构起教师项目化研修方案设计的框架思路。

由此，坊内指导者为大家提供两点建议：

一是首先明确研修方案的设计类型，如长期的、短期的，实践性的、规划性的等等；然后明确研修方案应该包括哪些基本要素，比如时间、对象、课时、课程安排等要素应该是必备的。

二是运用设计思维进行设计。首先要明确学习者在“学习脚手架的搭建”的认知和理解中的痛点，然后聚焦问题，制订解决问题的方案，形成一定的共识。

第三节
共建共享的转化型研修区域推进

⦿

转化型研修建构了教师教育学习形态的新模式，引领了师生发展核心素养的积极探索。以学习者为中心，以问题为导向，通过前瞻性、多样化的转化型研修调动教师学习的自主性，促使教师深切体验，主动反思、不断提升，实现自身的专业发展，带动学校的发展，最终促进学生的全面发展。

1. 转化型研修课程的实施，更新了研究员研训理念

通过转化型研修课程的引进与研发、学习与借鉴，研究员们的研训理念也发生了很大的变化。正如海外培训项目“Teaching for Success”班主任、上城区教育学院学科教研员杜洁认为：“这种‘理论学习、导师示范、学员实践’的三步培训法是一种全新的培训样态，培训过程从理论到实践，步步引领、层层搭建，运用多种媒介和方式，全程充分发挥教师的自主性、参与性、合作性，使得学员们最终能将关键技能整合运用到自身教学中。”研究员们在开展“以教师为主体”的教研活动中，开始将实践活动作为教研活动的主要表现形式，

通过线上线下结合的形式，增加了教师实践与展示的机会。在培训中，研究员们不断以探索式、研究式、发现式、自主式等学习方法，激发教师的学习兴趣，提升教研效果。从浙江省教师培训质量监控管理平台的数据可以看出，一线教师对研究员们的研训项目的满意度均达到 100%。

2. 本土研训的实践，促进了教师多元化发展

国外优质研训课程的引进，为上城教师打开了全新的国际视野，促进了教师的专业发展，也促进了国内外教师相互学习、开展交流等，推动了上城教师队伍建设。

据统计，2017—2020 年，上城区参与国外研训课程项目化学习研修、情景转化式研修等课程的教师约 200 名，他们学以致用，逐步将课程理念真正内化，切实有效地将课程资源本土化，打造适合中国国情的学生课堂。学员们已经开始崭露头角：在相关领域的教科研方面获奖 230 余项；教师以团队合作的方式共同研发 STEM 项目 73 个，区级及以上层级项目展示研究课 70 多节（其中市级 2 节，省级 7 节，全国 4 节），获得杭州市及以上 STEM 荣誉的有 8 项；中小学英语教师均在省市级优质课评比中荣获一等奖；创意体育与体态律动培训班的学员教师执教省级培训示范课、省“百人千场”支教课或做相关讲座，获得好评；“戏剧直通车”英国研训课程优秀学员宋冠义荣获 2020 年度中国戏剧教育“青年潜力教师奖”；杭州市清波幼儿园黄子亦老师学思结合、学以致用，不断辐射、分享实践心得，组建幼儿教育戏剧工作坊，一直担任区教育戏剧培训班讲师团讲师，在多场国培、省培中所做的“教育戏剧”讲座深受好评。正如黄子亦所说：“教育戏剧让我重燃教育热情，为我迎来了幼儿教育的又一个春天。”

案例 5-3-1　教育路上的第二次生长

卢晓霞老师在杭州新世纪外国语学校已任教 20 余年。她说：“2018 年，

上城区教育学院组织的海外培训项目'Teaching for Success'促成了我教育生涯的二次生长，它给一个'老'教师注入了'新'的血液，为我的英语教学之路打开了一个全新的视角。很幸运自己是一位上城教师，幸运自己能参加这样的一场培训。"这场90学时的海外优质培训项目紧紧围绕"理解思维训练，理解阅读教学，理解听力技巧，理解语法教学"展开。为期12天的培训，由一个个目标清晰、趣味十足的小组活动组成，不仅仅是听专家说，看专家做。培训师Fraser，一个带着苏格兰式幽默的教授，在每天六小时的培训课中，不断以身示范，告诉上城小学英语骨干教师如何做一个细腻的聆听者、强健的思考者和有说服力的表达者；他总是和培训者站在一起，时刻注重双向反馈；他深谙如何把培训变得更有趣，让课堂时刻充满活力。这样的培训，不是苦苦思索式的学习，而是一段快乐的探索旅程。培训结束后，卢老师将此次培训里收获的"法宝"应用在一年级小学生身上，开始了新一轮的教育实践。三年后，在全国小学三年级英语水平测评中，她的学生分别取得听说读写满分的成绩，学校也斩获了全国英语王牌校Top10的荣誉称号。与此同时，作为教研组长，她也乐此不疲地把在培训班获得的经验传授给同行们。这几年来，组内年轻教师们的飞速成长，也正是培训经验传递的最好见证。

（卢晓霞　杭州新世纪外国语学校）

转化型研修课程的实施，从内容与模式上赋予各阶段各层面教师教育转型的动能，丰富的学习活动契合体验式研修形式，从而促进教师的深度思考与理解。

3. 研训课程的创生，结出了区域教科研硕果

区教育学院多名研究员成为相关课程的本土化实践的领军人物，继续带领种子教师们做进一步的实践研究，教科研持续结出硕果。浙江省STEAM教育协同创新中心成果中小学STEAM学习项目教材《降落伞》《未来城市》由浙

江教育出版社出版；基于创意体育理念的本土教材《喜越（Jump for Joy）》《创意足球》相继发布;《走进戏剧——英语戏剧表演》（陈瑶主编）于 2018 年出版，2019 年该课程被评为杭州市第十二届义务教育精品课程。《区域推进 STEM 学习的策略研究》获浙江省第九届教研课题成果评审一等奖;《吸纳 · 融合 · 重构——以海外优质课程“戏剧直通车”例谈区域国际化教师培训新路径》《基于区域特色的小学英语教师培训新样态》于 2020 年被评为省“十百千”教师培训优秀案例;《云剧场英语戏剧在线学习中心的建构及实施》发表在《教学月刊 · 中学版（教学参考）》2020 年第 10 期。2020 年“区域推进初中英语戏剧课程的开发与实施”成为浙江省教研重点课题立项，于 2021 年结题。2021 年教研课题“教育戏剧在小学英语教学中的实践研究”在省市级立项，并成功举行了上城区首次教育戏剧英语教学研讨活动。

4. 建立基地学校，推动区域辐射

在本土化实践的推进过程中，区域应致力于打造“以点带面，特色发展”的良好格局。通过项目化研究机制，或者依托课题研究，逐步吸收学校以基地学校的身份加入研究阵营，同时区域需要协助指导各基地学校形成特色模式，推动区域辐射。近年来，全区参与项目学习实践研究的基地学校共有 68 所，上城区也成为“浙江省 STEM 教育与项目化学习基地学校建设校”比例最高的区域。在 2021 年浙江省项目学习大赛中，上城区的参赛率更是达到了全省第一。其中创意体育基地学校有 5 所，分别是凤凰幼儿园、六一幼儿园、理想国幼儿园、凤凰小学、杭州中学。2019 年 12 月 4 日，由杭州市上城区教育学院主办的“体育与健康中小幼一体化教学研讨活动（篮球：运球）”在杭州中学进行，吸引超过 300 名上城区体育教师前来观摩。同时也引起了媒体的关注，《钱江晚报》“小时新闻”对此作了特别报道。

案例 5-3-2 转化型校本研修，助推学校特色发展

杭州市蒋筑英学校为有效建构项目化学习课堂，助力学生核心素养发展，建成以“蒋筑英纪念馆”和“未来科学 +”探究厅为核心的多元化集成式学习中心。随着项目化学习在学校教育教学中的不断深入与推进，教师的研修模式也在悄然发生着变化，教师由原来的听讲者变成了参与者，培训模式由单一的讲授式变成了多元的体验式。

一是基于学校特色，创设研修团队。在 STEM 教育理念引领下，融合科学、技术、工程、艺术等多学科，学校实施跨学科教学探索，推动学生的学习方式变革。为此，教师根据学科及研修主题，以项目组的形式形成相应的研修团队，针对性强、融合性大，充分体现了关注学科特色的人员融合。

二是依托专家引领，解码项目学习。随着项目化学习课堂的研究深入，学校聚焦“技术赋能下的项目化学习”这一主题，多次邀请省内外专家到校专业化引领校本研修。专家们落实项目化学习理念下的研修模式，将低效的讲授式研修转变为产能更高的体验互动式的项目研修。

三是结合志愿服务，转变研修角色。蒋筑英学校是杭州市第二课堂活动基地、上城区科技实践基地；全校教师既是学校项目化学习课程建设者，又是面向区域辐射项目化学习教育的志愿者。因此，学校的项目化学习研修的另一种形式为服务研修共进模式，在服务者、培训者、研修者等多个角色中转换，以服务促研修，以研修助实践。

四是形成“混合研修”，实现联盟研修。学校对教师研修机制进行重构，充分融入信息元素，有机融合线上研讨与线下实践，增强研修时效性。同时充分利用网络直播效能进行“互联网 + 联盟研修”，开展了“与常山、雷山结对学校线上项目主题交流活动”“‘学教方式变革实践探索’区域联盟成果共享会”等系列研修，跨越时空限制实现多地跨区域联合研修，共享专家资源、学校项目实践成果，助力教师成长。

蒋筑英学校基于项目化学习教育理念，进一步面向区域实施跨学科教学探索，助力学生实现面向未来的学习，开发项目学习优秀案例10余项，一直面向中小学开展免费的科技活动及项目化学习课程的体验，至今已接待几万名杭州市中小学生前来进行体验。面向全国、省市区开展活动50余次，接待1000余人进行课程体验，获得省内外专家、教师、学生的赞誉。聚焦跨学科项目化学习的学校及教师课题、论文、案例、课程获得省市区一、二等奖30余项。凭借在跨学科项目化学习中的成功实践，蒋筑英学校作为科技特色学校代表受邀出席浙江省暨杭州市科技活动周开幕式，筑英学子的项目化学习作品吸引了杭州电视台、《浙江日报》、浙江卫视等媒体的关注，纷纷进行采访报道，时任省科技厅党组副书记、副厅长孙旭东对筑英学子勇于探索科学技术的精神给予了高度的评价。

（根据杭州市蒋筑英学校研修资料整理）

“十室之邑，必有忠信如丘者焉，不如丘之好学也。”孔子曾把自己最美好的一面归结为好学，这对全体教师是一种启发。每一位教师，理应成为永远的好学者。教师必须学而不厌，才能诲人不倦，唯有不断学习，才能给学生更富足的精神生活，持续注入学习生活与人生追求的动力，从而深刻影响学生的学习态度、生活态度和人生追求。上城教育将继续积极探索转化型研修路径，持续深化研修课程改革，由点及面，扩大辐射，助力更多教师的专业成长。

参考文献

［1］中华人民共和国教育部．义务教育课程方案(2022年版)［S］．北京：北京师范大学出版社，2022.

［2］教育部等八部门．新时代基础教育强师计划［EB/OL］．(2022-04-14)［2022-06-23］.http://www.moe.gov.cn/srcsite/A10/s7034/202204/t20220413_616644.html.

［3］中共中央 国务院．全面深化新时代教师队伍建设改革的意见［EB/OL］.

（2022-01-07）[2022-06-23].http://rsc.hfut.edu.cn/2022/0107/c4041a269895/page.htm.

[4] 贺慧敏.教师主体性学习身份的建构与发展——转化学习理论的启示[J].现代教育科学，2016（7）:24-27+61.

[5] 陶伟，顾佩娅.国外教师转化性学习研究述评[J].外国教育研究，2015(1)：118-128.

[6] Mezirow J.Learning to think like an adult：Core concepts of transformation theory[M]// Mezirow J. Learning as transformation：Critical perspectives on a theory in progress. San Francisco：Jossey-Bass，2000：3-33.

[7] Mezirow J. Transformative dimensions of adult learning[M]. San Francisco：Jossey-Bass，1991：104，111，168.

[8] 冯忠良，任新春，姚梅林，等.教育心理学[M].北京：人民教育出版社，2010.

[9] 余新.教师培训师专业修炼[M].北京：教育科学出版社，2012.

[10] 刘江会，吴静芳，鲍晓晔.海外优质教育资源引进的理念转变与路径探索——以上海师范大学 Gateway 课程引进为例[J].教育参考，2015（02）：24-27+50.

[11] 罗伯特·M.卡普拉罗，玛丽·M.卡普罗拉，詹姆斯·R.摩根.基于项目的STEM 学习[M].王雷华，屈梅，译.上海：上海科技教育出版社，2017：9.

[12] 孔晓玲.思维课堂：面向未来的学教变革[M].北京：中国出版集团现代出版社，2021.

第六章
“众享与共生”教师发展共同体创建

“一个人可以走得很快，但不可能走得远，只有一群人才能走得更远”。在“合作共赢，抱团发展”的背景下，教师的专业成长依靠“单打独斗”是远远不够的。基于此，上城区通过设立特级教师工作站、名师工作坊、班主任工作室，以建构良好的骨干教师发展环境，让骨干教师在深度合作、交往与共享中成长，实现区域教育优质均衡高质量发展。本章从特级教师工作站、名师工作坊、班主任工作室的顶层设计、研修运行模式、研修成效等方面概述了上城区在建构教师专业发展共同体方面的探索与实践。

第一节
走向“田野”的百个特级教师工作站

⊙

特级教师是教师专业精神的“领航者”，是教育教学的“航标灯”。上城教育根深叶茂，新老教师之间通过完善的区域教师培养制度，将特级教师的精神、学术、德行传承和延续。目前，上城教育拥有一批在全省乃至全国有很高知名度的特级教师，上城区从 2016 年开始设立特级教师工作室，至 2022 年共成立了 100 多个特级教师工作站 。特级教师工作站以项目为抓手，组建学术研究共同体，有效组织各项研讨活动，传播先进的教育教学理念和方法，培养了优秀教师，促进了上城教育高水平均衡发展。

一、特级教师工作站的区域设计

特级教师是师德的表率、育人的模范、教育教学的专家。为进一步发挥特级教师的示范引领作用，加强教育科研和对中青年教师的传、帮、带，特级教师工作室的申报、管理、评估等过程皆遵循严格、明确的规章制度。

1.“优中选优”的申报方式

根据《上城区教育局特级教师工作站实施意见》(以下简称《实施意见》),做好上城区特级教师工作站申报工作,上城区中小学、幼儿园及直属部门的在职省特级教师、区特级教师均可申报设立特级教师工作站 ,并担任该工作站的领衔人。特级教师工作站原则上设立在区内普通学校和薄弱学校,申报者需肯吃苦、肯钻研、有决心。具体的申报流程为:①个人申报。有意申报并符合条件的省特级教师,需制订项目研究实施方案,并填写《特级教师工作站研究项目申报表》,经现工作单位盖章同意并签署意见后交区域审核。②专家评审。区域牵头组织专家进行评审。③教育局党委讨论。教育局党委讨论专家评审结果。④公示并发文公布。经教育局党委讨论通过的评审结果在线公示,公示七天无异议的,正式发文公布。

2.“共同发展”的管理方式

根据《实施意见》,特级教师工作站以特级教师领衔人姓名命名,学员通过个人申请、学校推荐、名师确认、统筹平衡等程序产生。特级教师工作站实行任期制,三年为一个周期。特级教师工作站从全区遴选的骨干学员一般不超过 15 人,工作站所在学校的相关学科教师自然视作本工作站学员,与遴选学员一同参加工作站的每一次活动,每位教师只能申请加入 1 个工作站。省特级教师(领衔人)填报的《特级教师工作站研究项目申报表》和遴选的骨干学员名单,须报区域审核并备案。

领衔人需明确特级教师工作站领衔人和骨干学员的职责与任务,树立良好的师德风范,倡导无私的奉献精神,不断提升自我专业水平,发挥自身辐射引领作用,带动学员共同成长。强化团队合作交流,围绕研究主题、方向,组织成员开展听课、评课活动,开展教学和科研课题研究,指导成员总结教育教学方法、经验、模式。每学期组织在场研讨活动不少于 4 次,其中在特级教师工作站所在学校组织的研讨活动不少于 2 次。骨干学员每学期围绕工作站研究主题、方向，至少研读3本相关的教育教学专著，完成3篇读书笔记；参与一项教育教学专题研究，三年内主持一项校级及以上科研课题，或参与一项区级及以上科研课题研究，或学科论文在区级及以上获奖或公开发表。案例6-1-1展示了李春波特级教师工作站整体工作实施方案。

案例6-1-1 李春波特级教师工作站整体工作实施方案

1. 工作站定位

本工作站将以教育科研为先导，以课堂教学为主阵地，以切实解决语文教学中的实际问题，提高课堂教学效率，提升学生语文核心素养为追求。在围绕项目研究的过程中，本工作站将提升教师研究水平，促进教师专业成长，提高教学实践能力，锻铸教师课程实施风格，形成工作站特色品牌。

2. 工作站周期目标

根据杭州市上城区教育局关于设立特级教师工作站的指导性意见，本工作站将立足教育教学实践，关注学生全面发展，通过不断提高工作站成员自身教育教学综合素养、语文专业水平、语文教学研究能力，使工作站成员由专业型、经验型教师向研究型、学者型教师转变，逐渐成长为有一定理论修养、能够独立进行课题研究的、有较鲜明的教学特色和风格定位的优秀教师，为上城区初中语文教学起到示范、引领、辐射带动作用。

3. 工作站成员培养目标

通过工作站三年周期的学习和研究，工作站成员教师在原有基础上能有较大的提升，能在学校、区乃至全市起一定的示范引领作用。

(1) 能承担校级以上研讨课任务，形成一定的反响。

(2) 参加区县级以上的教学竞赛，能取得优秀成绩。

(3) 参加市级以上专业素养、教学论文等竞赛，获二等奖以上奖励。

(4) 能独立承担小课题研究或担任立项课题主要研究者。

(5) 能承担各类教学资料和试题的编写工作。

(6) 能承担或参与校本课程的开发。

4. 工作站周期工作规划

(1) 联系实际学习教育理论和专业知识,提高工作站成员的理论水平和专业素养。

(2) 研究探讨初中语文教育的改革趋势和前沿动态,开展课题研究。

(3) 围绕课题目标,在各自的教学实践中探讨践行课题研究内容。

(4) 在一定范围内开展多种形式、多层次的交流活动,包括研讨课、专题交流、专题报告等,发挥工作站的引领和辐射作用。

(5) 积极参加各种对外的学习交流活动,包括短期学习培训,参加教学竞赛、专业学术会议等。

(6) 建设本工作站网站或建立 QQ 群,发挥网络优势为工作站服务。

(7) 做好档案管理,积累各种素材和资料,为形成研究成果提供有力的支撑。

以三年为一周期,以上规划有所侧重同步推进。

5. 工作站周期工作实施方案

(1) 2016 学年第一学期完成工作站的组建工作。

(2) 2016 学年第二学期开始进入工作站的实质工作状态。围绕主要研究的课题进行前期学习和调研,统一认识,明确方向。

(3) 2016—2019 学年,围绕“基于在语文课堂教学中提高学生核心素养的策略研究”进行探索、研究、实践。

(李春波　杭州市建兰中学)

在区域整体设计的基础上,除李春波老师和工作站成员一起制订李春波名师工作站整体工作实施方案之外,众多特级教师工作站也根据其工作站的特色和背景制订了个性化的实施方案,实行“一站一案”,帮助每一个工作站在把握基础的前提下个性发展。

3. “注重实效”的评估方式

贯彻执行《杭州市上城区特级教师工作站评估办法（试行）》，评估工作由区教育局特级教师工作站考核工作小组负责，区教育评估与监测中心具体操作。评估内容主要有五个方面：工作站自身建设、项目规划、过程管理、效果评价、创新特色。评估原则为“重实效、抓重点、重校评”，将评分重点放在工作站成员发展状况、工作站科研成果、工作站对所在学校影响力三个方面；减少要递交的过程性材料，减轻工作站负担；重视学员所在学校和工作站所在学校的评价。评估方式采取实地考察、资料查阅、个别访谈、过程跟踪、问卷调查和现场答辩等，以求客观、公正、准确、如实地反映工作站建设推进情况及成效。

评估分为学年评估和终结性评估两种方式，一般有自评与互评、区域审核评估、结果审定、结果公示几个步骤，评估结果是拨付工作经费和兑现负责人考核奖励经费的重要依据。

二、特级教师工作站的研修特色

特级教师工作站由省特级教师领衔人和学员组成，工作站以“专业引领、同伴互助、交流研讨、共同发展”为宗旨，以“特级教师工作站”为载体，以在场与在线相结合的交流手段，建构集科学性、实践性、研究性于一体的研修团体，形成了由特级教师牵头的教研共同体。特级教师组织开展内容丰富、形式多样的教学革新和教学研究活动，并将所取得的成果逐步提炼予以推广。

1. 专业引领：以研究为主体

特级教师工作站评估细则明确要求工作站领衔人需发挥自身辐射引领作用，定期组织召开工作站研讨活动。领衔人一般在学科专业教学、教材教法、课程改革等方面有深入研究和独到见解，遵循学生成长规律，教师育人成效显著，有独特的教学风格和教育主张。领衔人确立并制订特级教师工作站研究项目方案，制订工作室三年培养规划和当年工作计划，建立名师网上工作站，开展与学员及其他本学科教师的合作与交流，展示工作成效，积极开展学术研究展示活动，认真做好学年工作总结，充分发挥示范辐射作用，指导学员制订三年个人专业发展计划，建立学员培养档案，培养一批"善学习、善实践、善思考、善总结"的学者型教师。

例如，区内李春波特级教师工作站的项目"运用散文阅读引导表培养学生独立阅读能力的实践研究"源于语文阅读课堂中学生无暇思考、假思考、不会思考、不愿思考等现象。项目组立足初中教学实际开展研究，依据阅读文本的文体特点，从小范围入手，开展运用"散文阅读引导表"提高学生独立阅读能力的研究。师生共研设计出两类引导表，探索"先教后学—先学后教—自学互教"的引导表使用流程，最终在课堂追踪反馈之后完善引导表。工作站通过研究，发现学生在随笔撰写上的进步特别大，部分学生的语文测试成绩也有明显提高。项目立意很高，有亮点，有新意，对初中散文阅读有较好的实践指导意义。

2. 同伴互助：以学习为主导

以学员个人的实践探索、自我修炼为主线，工作站采用同伴合作、集中学习与分散研修相结合、理论学习与课堂展示相结合的学习方式，帮助成员开阔专业视野，积累经验成果。在工作站的共同研修活动中，开展教学联谊活动，以微课题研究为主题，追求联谊形式多样，如课堂教学、说课议课、观点分享、读书分享、互动交流等。成立在线研究小组，实现阅读推荐、信息传递、线上研讨等。为工作站成员搭建好一个平台，使工作站成员能在区"梯级名师"中相应提升一级或成为在某一方面学有专长、术有专攻的知名教师。工作站以特级教师为中介组织开展形式多样、有效的教师专业发展活动，具体包括以下五个方面：其一，组织教师开展集体备课、听评课活动，加强交流，共同探讨提高教学水平的策略。其二，定期开展公开课大赛、优质课评比等活动，激励教师不断进步。其三，定期组织集体学习及教学论坛、教学沙龙等教研活动，以拓展教师视野。其四，特级教师引导共同体成员做课题研究（教育科学研究），训练并提高教师的研究能力。其五，定期邀请专家到学校作报告并组织教师与之互动，总结提炼教师的教学经验，提高其教学研究的理论水平。

例如，王雷英特级教师工作站建立教师联盟。将有志于教育戏剧与创意阅读研究的老师组织在一起，统整与跨界研究，探索“向善的快乐教育”。领衔人邀请国内外知名专家成立导师团，工作站导师团为学员提供必备的素材，学员们团队合作，在思维的碰撞中互相学习，在体验中创造新的教学法。

3. 交流研讨：以项目为驱动

《实施意见》要求工作站项目研究方案具有现实意义或理论意义，各项培养措施有针对性、实效性，项目预期成果显著，成果呈现方式多，受益面大。学员在导师的引领下，围绕工作站研究主题、方向，完成个人三年发展规划，制订个人学年专业发展研修计划，抓好一项课题，针对教学实践中的重点、难点问题进行专题研究，以课堂教学实践为基础，促进微课题研究，提升研究水平和能力。特级教师通过示范教学、跟踪辅导、个别点拨、群体讨论、教学反思等多种形式进行长期而持久的引导，使工作站成员在教学理念、教学艺术等方面达到成熟水平，从而成为熟练教师、教学能手乃至名师。

例如，区内唐彩斌特级教师工作站的项目“拓宽视野 · 拓展课程：拓开数学教学新时代”主要从课程内容和课程实施方式两大板块展开研究：课程内容的拓展指向学生能力的培养，包括“每日一题”项目、“开放题”项目和英国毕业测试题项目；课程实施方式的拓展包括数学阅读的开展和数学项目学习的尝试。工作站领衔人与学员在三年时间内，在专家的引领下，以研究为主体，通过聚起来研讨课堂教学、邀请专家多次指导、走出去观摩学习等多项活动，取得了一系列的研究成果，如《每课一练》和《英国小学毕业测试题精选》。

4. 共同成长：以发展为目的

《实施意见》要求工作站成员积累、反思、成长的过程清晰呈现。在领衔人的专业引领下，在工作站成员的同伴互助下，在研修活动的交流研讨下，工作站成员共同发展，共同进步。在工作站全体成员的努力下，骨干成员可以出一批好成果，工作站成员可以开设一定数量的区级及以上公开课、培训讲座或教学论坛（报告会、研讨会），充分发挥工作站全体成员的辐射和引领作用。

特级教师工作站的研修机制是以特级教师为核心建立起教研合一的教师共同体，由特级教师对教师群体进行长期的教学引导，围绕教学实际问题和研究项目共同开展教学研究，并将教学经验和教研成果在校内以及校外更广范围内推广，这可以提高整体教学效果，推进新课程理念的践行深度，将教师专业发展落到实处，打造一支“师德高品位、专业高学识、能力高段位、研究高水平”的高素质专业化教师队伍。

例如，吴丹青特级教师工作站的项目“基于阅读期待的课堂教学模式的实践研究”回归语文教学的本源，确定了“基于阅读期待，建构先学后导，以学定教的课堂教学模式”为研究的主要内容，重构教学内容，探索出课堂教学模式的基本程序，创新了阅读策略、阅读方法和评价方法。其研究有新意，操作性强。该项目围绕课题展开研究，带领工作站全体成员获得成长，培养出了省、市、区教坛新秀、区学科带头人、省特级教师等多位名师。

三、特级教师工作站的示范与辐射作用

特级教师工作站是集教学、培训、研究于一体的研修共同体，其主要目的是创设一种相互支持和相互协作的学习环境，打造一流专业团队，创建学科教育的特色和品牌。特级教师工作站承担着发挥教学的示范和引领作用、组织开展教育教学课题研究、帮助工作站成员和学员共同提升、为区域教育发展献计献策等责任。多年来，一系列推进师资均衡的共同体相继创建，上城区打造

了一支坚韧而美好的教师队伍，这提升了全区整体教育水平，推动了教育均衡发展。

1. 名师引领，带动青年教师逐渐成为名师

特级教师之特首先在于“教学有特色”，教学专家指导是引领青年教师向名师发展的捷径。特级教师主要通过以下几种方式对青年教师进行教学指导：一是示范教学。特级教师进行现场示范教学，工作站成员教师跟随观摩学习，课后成员教师围绕示范课进行深入的座谈交流，总结观摩感受，挖掘特级教师授课的“亮点”。这种示范教学不是一次性的，而是多次进行的。二是跟踪辅导。学校研修共同体的每位教师在特级教师示范引领的基础上认真备课、上课，特级教师带领工作站其他教师轮流跟踪听课，课后集体对该教师的课进行评议和研讨，分析其授课的优点与不足，并提出完善教学设计、改进教学方法的建议。三是个别点拨。经过前两个阶段后，工作站教师对自身教学进行反思，特级教师根据每个教师的具体情况进行有针对性的点拨，帮助其提高教学水平，并在反思与感悟的基础上形成其教学特色。

案例 6-1-2 寻找最好的成长同伴，让成长成为必然

时任上城区小学语文教研员、浙江省小学语文兼职教研员、浙江省教育学会小学语文教学分会副秘书长余琴，具有较高的专业能力，从事小学语文教学研究、探索教师成长规律近三十年。她已开发多个满足教师不同需求的培训课程，积累了比较丰富的培训教师的经验。其工作站以项目研究为重要方式，教学研讨为主要内容，在上城区教育局的领导下，自主开展系列教研教改和培养优秀教师的工作。通过五个“一”的目标引领，她培养出一批又一批小学语文学科优秀教师。

建一个平台。建立名师网上工作站，开展与学员及其他本学科教师的合作与交流，展示工作成效，每学期组织在线研讨活动不少于4次，充分发

挥示范辐射作用，形成教师专业发展的网络共同体。

做一次展示。引领小学语文学科建设，工作站每个成员和学员每年至少承担一次区级或以上主题展示活动，以研讨会、报告会、名师论坛、公开教学、现场指导等形式，充分发挥名师的带头、示范、辐射作用，实现优质教育资源的共享。

带一支团队。通过三年为一周期的培养计划的实施，有效推动培养对象的专业成长，力求在一个工作周期内使工作站成员在师德规范上出样板，课堂教学上出精品，课题研究上出成果，管理岗位上出经验，实现工作室成员的专业成长和专业化发展，以引领学科教学共同发展。

抓一个项目。在实践中总结教育教学经验，瞄准新课程实施和教学改革前沿，探寻教研教改的新思路、新方法并确定一项具有实用价值的科研课题，并以此为研究方向，在实践探索中破解学科教学难题，带领工作站成员开展有效的科研活动。

出一批成果。工作站教育教学、教科研、管理等成果以精品课堂教学实录、个案集（含教学设计、课件、教学评析）、论文、课题报告、专著等形式向外输出。

（余琴　时任上城区教育学院小学语文教研员）

从案例 6-1-2 可以看出，在特级教师工作站具体落实的过程中，一个又一个特级教师工作站运行范式逐渐显露。余琴老师在小学语文教学领域专业能力突出，她发挥自己的专业智慧，确立团队学习的重要目标，帮助工作站成员的专业成长，引领着青年教师走向名师。

2. 基于校本，开展丰富的教学研究活动

校本研修立足学校教学实践，是“校本”的，同时也是“行动取向”的，是一种教育行动研究。校本教学研究是教师为了改进教学方式，在教学中发现某个问题并在教学过程中以追踪反思或借鉴他人经验的方式予以解决的探索

或尝试。在此过程中，教师既是实践者，又是研究者。开展真正属于“校本”且为“行动取向”的研修活动主要有以下五种形式：其一，听课、评课式教研活动。开展听课、评课式教研活动能在工作站中形成良好的学习氛围，促进教师团队成员之间相互学习，取长补短。为做好听课、评课式教研活动，讲课教师要精心准备，评课教师要实事求是地点评，针对讲课中的不足提出改进意见。其二，教学比武式教研活动。教学比武即教学水平竞赛，参赛者准备并讲授一节自我感觉最优秀的课，教师间通过相互借鉴以提高教学水平。其三，经验交流式教研活动。主要通过举办座谈会、交流会等形式组织工作站教师展开交流、讨论。交流前各教师要有准备，交流时畅所欲言。其四，学术沙龙式教研活动。学术沙龙式教研活动是一种可以自由发言的专题讨论会，每次围绕教学实践中某个教师不易理解或存在争议的话题展开讨论，旨在开阔思路，加深教师对某一问题的认识，形成多个可选的教学策略或方案，教师筛选后可用于自己的教学实践。其五，课题研究式教研活动。即将教学研究与教育科学研究有机融合，以教学过程中较复杂的问题或内容为对象制订研究计划，围绕课题进行理论分析，以探寻教学策略或问题解决方式的合理性、可行性。课题研究式教研活动具有理性、深入、规范、严谨等特点。案例 6-1-3 展示了郑方明名师工作站成员们的一次课例研讨活动。

案例 6-1-3 聚焦课堂教学，扎扎实实上好每一节课

2017 年 12 月 27 日下午，郑方明名师工作站的成员们齐聚杭州市金都天长小学（以下简称“金都天长”）的阶梯教室，开展了每周一次的课例研讨活动，金都天长的语文老师们也参加了本次活动。带来课例展示的是杭州娃哈哈双语学校的余婷老师和金都天长的戴梦娜老师。

活动一开始，余婷老师就带来了一节有趣生动的《狐狸分奶酪》课堂。余老师以讲故事的方式导入课题，孩子们听得津津有味，在不知不觉中就学习了“俩”“始”“拌”等生字。教师范读、学生个别读、创设情境读，各

种形式的朗读把狐狸的狡猾刻画得入木三分，余老师还引导学生开展四人小组合作，圈画关键字，展开想象，感受狐狸的狡猾。课堂上，余老师时刻关注孩子们说话的完整性，如让学生利用关键词说一句完整的话，回答问题要说完整，这既帮助孩子理解了文章的内容，又提高了学生的语言表达能力。

随后，金都天长的戴梦娜老师带领孩子们一起走进美丽的《五花山》课堂。戴老师紧紧抓住了选学课文的文本特点，引导学生抓住关键词语品读句子，通过自主感悟、圈画和小组合作的形式，感受语言美，体验五花山的美。戴老师给予学生充足的时间分组研讨秋天五花山的五种颜色，并进行分组表演，充分发挥了学生的主体作用，做到了把课堂还给学生，整个课堂充满着民主自由的气氛。戴老师还非常注重引导学生进行语言的积累，例如在学完五花山的秋天后，戴老师问孩子们秋天的五花山是一座什么样的山，除了课文中的"五颜六色"一词外，又随机补充了"五彩缤纷""五彩斑斓""五光十色"等词汇。学完课文后，戴老师还通过竞赛的形式鼓励孩子将喜欢的优美段落背诵下来。

课后，工作站的所有成员围绕着两节课的精彩之处和值得改进的地方开展了小组讨论，每组各派一名代表进行了汇报，大家频频点头，又一次碰撞出思维的火花，产生了情感的共鸣。最后，郑方明老师对两节课进行了点评，郑老师充分肯定了两位老师的努力，同时也对课堂教学提了几点建议：教师要锤炼、规范课堂语言，提高课堂效率；只有教师全身心地投入课堂，才能调动学生的学习激情；教师要把握候课的时间，事先进行充分的预设，在教学时，教师要学会适时抓住学生回答的要点进行下一步教学。

（郑方明　杭州新世纪外国语学校）

这是众多校本研究活动中的一场，也是众多特级教师工作站的一个缩影，特级教师与普通教师的紧密联动，开展了一系列落地且可供借鉴参考的教学研究活动，较好地提升了本校甚至本片区的教育教学研究水平。

3. 参与科研，提高教师的教育研究能力

教育研究包括教学研究与教育科学研究两个方面。前者是工作研究，主要解决“怎么做”的问题；后者是溯因研究，主要回答“是什么”或“为什么”的问题。教学研究与教育科学研究也有一致性，即都是为了促进学校发展、提高教育质量，都具有应用研究的特点，二者相辅相成。特级教师在注重教学引领和教学研究引领的同时，将教学研究与教育科学研究结合起来，以培养“专家型”和“研究型”教师为出发点，切实提高教师的教育研究能力。第一，引导团队成员形成并强化科研意识。一个合格的教师，应当具备较强的教学能力和一定的科研能力，尤其是在实施新课改的条件下，教师必须从“经验型”向“科学型”“创造型”转换，必须走教育教学与教育科研一体化道路。因此，作为工作站领衔人或共同体核心的特级教师要身体力行，在教师群体中形成重视科研、参与科研的氛围，强化教师的科研意识，要让教师深刻体会科研是“每位教师分内的事，是每位教师心灵深处的需要”。第二，有计划、有步骤地培养团队成员的科研能力。特级教师通过日常活动对工作站成员的科研能力进行综合考察，并根据实际情况制订科研能力培养方案。举办以课题研究为案例的科研培训，在短期内可有效提高教师的理论水平，而倡导教师自学教育学理论、心理学理论以及教育研究方法等，则可夯实教师的教育理论功底。特级教师结合课题对教师进行研究指导或引导，训练并提高教师从事科研的能力，同时结合教学研究与教育科学研究，以研促培，以研促教，以研促改，最终促进教师整体素质的普遍提高。

4. 总结凝练，由点到面逐步推广研究成果

教学革新旨在改进实践，教学研究主要指向实际问题的解决，其成果具有实用性与实效性；同时，由特级教师引领、教师团队参与的教学革新和教研活动水准较高、价值更大，教育局和学校以工作站或特级教师或教师群体的名义，采取点面结合的方式逐步推广研究成果。成果推广首先在学校内部进行。

如果特级教师工作站的教学革新或教学研究取得成效并有推广价值，学校通过各种形式大力宣传，确保成果在校内外得到切实推广。在推广应用的过程中，特级教师及其工作站成员可通过与各校骨干教师集中交流或深入各校进行巡讲等形式展示成果，介绍经验，也可通过校际日常交流座谈或研讨的方式进行宣传和推广。

5. 站际互动，扩大工作站成果的辐射面

特级教师工作站或围绕学科建立或依共同的兴趣形成，一所学校可能会有多个特级教师工作站。为使之发挥更大的引领作用，校内特级教师工作站加强“站”与“站”之间的联系和互动。同时，各学校都会建立或形成同类的工作站或教师共同体，校际特级教师工作站之间的互动也是必要的。这两种不同层次的交流和互动可采取不同的交流策略。校内工作站之间可加强日常交流，而校际工作站之间可定期交流。这样的交流可以让教师们相互学习、借鉴并完善教研成果，改进工作站的工作。因此，特级教师的引领作用不仅局限于“工作站”，还扩展到了学校，乃至辐射到一定区域。

第二节
名师驻点的百个学科名师工作坊

为深入实施人才队伍建设规划，充分发挥名师的示范、引领、辐射作用，促进人才梯队建设，打造学科骨干教师团队，优化骨干教师校际结构，整体提升教师队伍素质，从2014年起，上城区教育局在区域范围内大力推进名师工作坊，为上城教育的科学和谐发展提供强有力的智力支持与人才保障，真正实现“名校就在家门口，名师就在我身边”的上城区教育新高度、新品质，为每一位学生提供均衡、适性的教育。

一、名师工作坊的设计理念

上城区名师工作坊，以特有的异校运作机制、学校需求导向机制，以及项目团队运作机制，取得了很好的实践效果：不仅充分发挥名师的示范、引领、辐射作用，更为促进区域教育均衡、优化骨干教师校际结构、整体提升教师队伍素质做出重要贡献。

1. 异校设置，辐射全区

通常，名师工作坊都设立在名师所在校，受益的往往只有一所学校。而上城区名师工作坊设置在普通学校，以普通学校发展中的问题或需求为导向，面向全区公开招募名师。工作坊领衔人是面向区域遴选，不仅要求名师有较好的学科素养，而且其个人的学科发展需求要与学校发展需求一致，再以薄弱学校学科教师为基础在全区范围内招募学员组建团队，完成为期三年的项目研究。期满后学校和名师个人再双向选择留任或返回原校。通过异校设置机制，上城区完成了普通学校的扶持和骨干教师校际比例的调控，也助力名师克服成长过程中多方面的考验。名师在异校领衔研究的过程中，锻炼了自身的项目管理能力和学术研究能力。普通学校借工作坊引来了名师，提升了学科研究能力，促进了学校教师的成长。

2. 主题导向，合作共赢

名师工作坊大多以名师的专业特长和发展方向为导向，受益更多的是名师个人或名校。上城区名师工作坊特别强调名师的专业特长和学校发展需求的结合。浙江省杭州第六中学作为艺术基地学校，围绕学校艺术特色建设，需要专业教师开展艺术课程建设。为此，学校开设了音乐、书法和绘画三个工作坊，从全区招募了三名艺术老师，分别从事相关项目的课程建设、师资培养和课题研究。上城小学数学名师张麟带着导学单的研究任务走进了上教院附小，成立"基于活动导学单的自主学习方式研究"研究团队。三年中，工作坊一以贯之地以活动导学单为载体，开展自主式课堂教学探索实践，促成学生学习方式的转变。另一位小学数学名师吴玉兰工作坊关注数学实验教学，将最新的数学综合学习、项目学习带入勇进实验学校。初中语文名师叶晓峰把猜读教学带入了惠兴中学，经过三年打磨，工作坊学员王璇被评为杭州市教坛新秀，马晓曦等在省级以上刊物发表论文 2 篇；3 人次开设省级公开课，3 人次开设杭州市公开课，40 多人次在区市各级比赛中获奖；叶晓峰也在 2018 年被评为省特级教师。每一个工作坊的主题都是学科前沿研究和学校发展需求相匹配的结果。工作坊领衔人和学员在主题研究中提升了学术思想，也促进了学校的发展，实现了共赢。

3. 项目运作，团队成长

上城名师工作坊从设立开始就以项目方式运作。名师作为项目的领衔人，自行组建 10 人左右的研究团队，制订研究计划，开展实践研究。区教育局给每个项目团队提供三年共 10 万元的研究经费，解决了项目研究的资金困扰。项目结束后，区教育局还组织专项评估，对该工作坊的团队成长、领衔人的学术影响力进行终结性评估，表现优秀者还能获得人均 3000 元的专项培训经费，用于后续的学习和提升。

项目运作期间，领衔人作为工作坊的组织者和管理者，主持项目工作，建立学员成长档案，管理经费开支。同时，领衔人又是工作坊的示范者和指导者，组织并参与听课、评课活动，研究学科教学，指导学员及时总结教育教学方法、经验和模式。领衔人还是学校发展的参谋者和践行者，深入课程前沿研究，协助学校完成教师培养计划并加以落实，优化学校的师资队伍。

2015 年 8 月，学前教育名师颜瑶卿被聘为上城区名师工作坊领衔人，带领 15 位志趣相投的骨干成员与陶子幼儿园 20 多位青年教师一起探索多彩光谱理念下的幼儿园韵律活动，形成线上线下联动的学习共同体，以提升教师的音乐教学能力和水平，促进教师的专业化持续性发展，成效显著，其编著的《多彩团队和音绽放——幼儿园音乐活动项目式研训》，是目前全国第一本关于幼儿园音乐研训的书籍。上城区教育学院陈波老师回忆起和师父颜瑶卿一起走过的 1000 余天，说："这是多彩和音名师工作坊整个团队带给我的另一个感悟：共同发展下的传承，让彼此的梦想持续。在一次次的携手中，我们对教育的认知越来越清晰，对教育的热爱也更加执着。我们也在实践中发挥主观能动性，点亮了智慧之火，不断地创造一个又一个奇迹。"链接 6-2-1 是颜瑶卿名师工

链接 6-2-1
《多彩和音——颜瑶卿名师工作坊》

作坊的介绍视频（扫描二维码即可观看）。

二、名师工作坊的运行机制

名师工作坊践行在项目研究过程中实现团队成员共同成长，并促进学校教师培养机制的发展。

1. 双向选择的组建形式

以学校发展需求或问题解决为导向，以项目驱动的方式运作，上城区在全区范围内选聘优秀的区学科带头人或特级教师担任工作坊领衔人，由领衔人组建项目团队，根据项目计划以三年为一个周期共同完成项目研究任务。为此，上城区制定了《杭州市上城区名师工作坊管理办法》和《杭州市上城区名师工作坊评估办法》。名师工作坊组建流程分为四步：

一是申报。学校依据本校的办学特色及需要优先发展的项目，拟定项目工作方案，申报名师工作室坊项目。

二是审核。上城区名师工作坊管理领导小组组织专家对申请学校的项目工作方案进行审核，确定立项项目并向全区发布。

三是发布。上城区名师工作坊管理办公室向全区发布立项项目。

四是组建。符合条件的名优教师根据个人特长及项目要求，提出申报意向，立项学校依据项目研究需要按程序选定名师工作坊领衔人。领衔人立项后在全区范围内公开招聘学员，组建学科项目团队，制定项目计划，在三年内以项目研究带动团队成长，促进学校发展，也实现自身的跨越式发展。

案例 6-2-1　注重设计、研用一体的名师工作坊三年规划

上城区毛玉河美术名师工作坊于 2015 年 9 月在浙江省杭州第六中学成立，成立之初，即确立了以"中小学美术类拓展课程教材的区域合作研发与教学实施研究”为研究主题的课题组，并以意愿优先、双向选择为原则，选拔和召集了区内老、中、青各个层次的老师组成强有力的研究团队。毛玉河与工作坊研究团队共同制订了《玉河美术名师工作坊三年工作规划》。

1. 2015年9月（团队建设季）

（1）成立美术名师工作坊研发中心及研发团队（10—15人）。

（2）明确项目总任务总目标，各位成员分工及三年各段目标任务。

（3）责任老师分别在各自学校成立相应的拓展课程组织。

（4）开始初期资料准备。

2. 2015年10月—2016年8月（团队专业发展季）

（1）各位团队研发老师在各自学校积极开展特色拓展课程实践活动，做好课程资料的收集整理及科研成果的总结工作。

（2）定期开展拓展课程研讨活动，组织相应教师进行理论学习、外出名校参观考察，完善各拓展课程教材资料的搜集整理工作。

（3）完成第一年度拓展课程教学任务，提交拓展课程教材初稿。

3. 2016年9月—2017年8月（团队深入研发季）

（1）进一步开展相应拓展课程教学活动，深入挖掘教材精髓及教法理论内涵，完成社团教材终稿的修订编写工作，并提交工作坊研发中心，研发中心聘请省市专家进行审阅。

（2）认真积累拓展课程教学活动中各种先进的教学理念、教学方案、教学案例、组织方法、优秀论文，整理成《中小学美术社团教学集锦》。

4. 2017年9月—2018年8月（成果展示季）

（1）进一步聘请国家级专家审阅教材，汲取营养，充实完善内容。

（2）中小学系列拓展课程教材完稿并发行（争取全国发行）。

（3）中小学系列拓展课程教学文集出版发行。

（4）举办省级拓展课程教研展示活动，展示教材及教法实践。

（5）在省市“七色花艺术节”中展示科研及教学成果。

（6）在中考招生中检验名师工作坊社团教研成果。

（毛玉河　浙江省杭州第六中学）

从案例 6-2-1 可以看出，毛玉河美术名师工作坊的成员中，既有德才双优、经验丰富的名师，也有刚刚入职、渴望进步、可塑性强的新人，该工作坊形成了以老带新，以强带弱，共同成长的发展思路和成长理念。这对名师工作坊三年规划的制定起着决定性的作用。

2. 人事随迁的运作优势

为确保名师能在工作坊专注工作，名师工作坊领衔人的人事关系随迁到立项学校。名师工作坊由领衔人负责运作，其教育教学工作量建议参照立项学校中层的工作量核定，在完成学校基本教学任务的基础上，进行名师工作坊项目的管理和运作。例如，天长小学的科学名师陈甜，调到高银巷小学开展名师工作坊研究工作。高银巷小学原校长叶青对陈甜赞不绝口，认为她带来了差异教育理念，助力学校年轻教师的培养，也真正让高银巷小学的科学课堂实现差异化发展。杭州市胜利实验学校的中层干部陈滔，来到原市教科所附属小学成立了名师工作坊，陈滔创新思路，将工作坊与学校、上城科学钱江联盟片组的工作有机整合，工作坊的工作推进与学校科学组建设以及学校特色的建设齐头并进，多方受益，效果较好。

3. 多方协同的保障优势

一是组织保障。上城区教育局成立上城区名师工作坊管理领导小组，加强对名师工作坊的领导，为名师工作坊的顺利开展提供政策、组织和经费保障。领导小组下设名师工作坊管理办公室，办公室设在区教育学院教师发展研究中心，负责具体日常工作。二是经费保障。区教育局为每个名师工作坊安排专项经费 10 万元，主要用于名师工作坊的日常开支。名师工作坊的经费使用由名师工作坊领衔人负责，由所在单位实行专项管理，专款专用，区教育局将定期对专项经费使用情况进行督查。三是制度保障。设立名师工作坊的学校要为名师工作坊创造良好的工作环境，在保障办公条件、保证工作时间和协调工作关系等方面给予大力支持。区教育局聘请省内外名师、高校专家和专职教育科研人员担任名师工作坊顾问，提供理论支持和实践引领。

三、名师工作坊的考核机制

建立行之有效的考核评价机制是名师工作坊顺利运行的保证，为此，上城区建立了完善的名师工作坊考核奖励机制。

1. 成果评估，注重全面性

名师工作坊以三年为一个工作周期，在工作周期内以学年过程性评估和届满终结性评估相结合的方式，对名师工作坊进行全面评估。上城区名师工作坊领衔人每学年应就工作坊的开展情况及取得的阶段性成果向上城区名师工作坊管理领导小组作专题汇报。一个周期结束时，上城区名师工作坊管理办公室组织专家通过深度访谈、现场答辩、问卷调查、资料查阅、成果检验、展示汇报等方式对名师工作坊工作进行终结性评估。

2. 评估对象，注重层级性

名师工作坊的评估从学校、领衔人、成员三个层面进行。学校层面主要考核项目运行情况，教科研及专业发展实际情况和经费使用情况；领衔人层面主要考核规划的制定及落实情况，个人专业发展情况，学术辐射影响力和经费使用情况；成员层面主要考核工作坊活动参与情况，个人专业发展情况等。

3. 成果奖励，注重推广性

评估结果分为优秀、合格和不合格三个等级。对成果突出、业绩显著的名师工作坊将给予一次性奖励，同时名师工作坊领衔人享有市级及以上业务类荣誉和先进评选的优先推荐权。定级为优秀的工作坊进行区域及全国展示交流，并将区内培训成果向省市推广。名师工作坊在终结性评估的过程中涌现出众多的基于实践的智慧结晶，为进一步促进上城区名师工作坊建设，总结交流名师工作坊经验，讲好名师成长故事，发挥区域示范引领作用，上城区教育评估与监测中心公众号对各名师工作坊进行系列推送。各个名师工作坊从工作坊简介、主要研究方向、三年主要工作、取得的成效等几个方面逐一进行总结交流。

四、名师工作坊学习共同体的建构

名师工作坊的运作是上城区教师培训个性化的具体实践，强调名师与教师之间的亲密合作关系。名师工作坊的创设是组建专家引领下的学习共同体，以行动研究的方式，通过实践与合作增加专业智慧。名师工作坊注重学习共同体的文化建设，抓住教师专业发展的关键问题，激发教师的内在动力，促进成员教师进入主动学习状态，有效接受专业训练，形成持续的学习力。

1. 深度化、适切性的研修主题

名师工作坊的研修主题来源于日常教学，但又应有所突破或提升。这就要求工作坊领衔人能结合实际确定研究主题。学员可以根据个人需求申报，共同确立基于教育教学真问题的研修主题，设定深度化、适切性的研修目标。

杭州市胜利山南小学罗永军老师于 2018 年 8 月成为上城区小学数学名师工作坊领衔人，他认为如何让每一个学生从小喜欢数学、亲近数学，进而让更多的人在数学大道上走得更远这一课题，值得探索和研究。基于儿童好奇心强、好动活泼的天性，工作坊开展了以动手动脑为核心的“实验数学”项目设计与实践，并设定了有深度且适切性强的研究目标：（1）探索小学《实验数学》的内容结构和实践形态，使教学有样例可循。（2）为教材配套整理“课课能操作，人人能动手：嵌入式实验清单”，编著拓展性学习材料《数学动动手：

给小学生的数学实验》，使实验数学能有效开展。（3）建设实验数学室，研制出配置标准和相关实验器材，为实验数学的实施提供保障。

2017 年成立的钟玲语文名师工作坊将主要研究方向瞄准了小学语文教学实践中的难点——写话与习作教学。工作坊项目主题为“交往：小学写话与习作课程二度开发与实施路径研究”。三年里，工作坊以此项目为核心研究内容，聚焦习作教学难点问题，立足课堂教学这一主阵地，寻找解决写话与习作教学难题的源头活水。同时，以青年教师专业能力建设为重点，寻找教师专业发展成长的源头活水，提升工作坊成员、基地学校语文教师队伍的整体专业发展水平。

2. 研究化、实践性的形式内容

名师工作坊秉持带着问题开展合作研究活动的理念，以立体式生态学习的培养模式为主，以课题研究为引领，从以课堂培训为主向课内外结合转变，强化参与体验，注重学员教师在实践中成长。

毛玉河美术名师工作坊，三年来开展了形式多样、内容丰富的研究实践活动，如制定教师个人三年发展规划、选择个人教科研方向和课题、进行课堂教学改革和实践、师徒结对进行教学研究、邀请名师进行主题性培训和指导、同课异构进行课堂教学技术技法研讨、组织外出采风写生、送教下乡帮扶兄弟学校美术教学、开展形式多样的画展活动、辅导艺术社团、配合上级组织协调各级艺术节比赛等，共开展大型教研活动 35 次，其中集中研讨 18 次、外出写生 5 次、送教下乡 2 次、课堂教学观摩 10 次。通过各种研究实践活动的锻炼，工作坊内教师的教育教学能力和水平有了质的飞跃。

罗永军数学名师工作坊以“小学数学实验”课程为主题，以课题项目为引领，以理论学习、实践研究相结合的工作方式，带领工作坊成员进行深入、系统的研修和研究，成果显著，有效地促进了成员的专业成长。李绮名师工作坊以“图示法阅读”项目为抓手，通过“名师进校园”、理论书籍阅读、专题论坛展示交流和日常课堂教学研讨，助力工作坊青年教师教学能力的提升。李茗名师工作坊以“幼儿绘画心理”项目为抓手，通过理论专著研读、“处方式”培训、参与学术论坛研讨和学习，有效地促进了工作坊教师的专业成长。

名师工作坊注重理念与实践对接、观点与行动对接、接受与分享对接，共同探讨问题解决的方法，反思教育教学行为，获得经验教训，实现教育主张的升华。

3. 团队化、创新性的文化建设

学习共同体的建设是开展名师工作坊研修的基石。工作坊只有拧成一股绳，才能有效开展课题研究和教学实践研究，促进彼此的专业成长。

学前教育颜瑶卿名师工作坊在学习共同体的文化建设上颇有新意。领衔人颜瑶卿努力建构充满关爱、尊重、信任、民主、平等、感恩的和谐团队。工作坊在创建初期，成员们就工作坊的命名进行了研讨。一方面明确工作坊的创建目的——基于加德纳多元智能理论，以“小陶子五彩文化课程”为背景，探索“多彩光谱”理念下的幼儿园音乐活动；另一方面，期许成员们能够以主人翁的姿态开展工作坊工作，更好地为儿童服务。因此，工作坊取名为“多彩和音”。工作坊借鉴高音符号的变形，设计了专属 LOGO。在成员们的提议下，对领衔人办公室进行了创意性布置。工作坊还发挥音乐教育专业成员的专业优势，在专家的指导下，共同创作工作坊主题曲《多彩和音　扬帆启航》。这些无不反映整个团队的核心理念——多彩的教师、多彩的孩子共同谱写和谐的乐章。

为了保障名师工作坊各项活动的顺利开展和各项研究的圆满完成，制度文化的建立不可或缺。毛玉河美术名师工作坊成立之初就制订了各项目标职责和规章制度，包括《美术名师工作坊总体目标与任务》《美术名师工作坊成员活动规范》《美术名师工作坊领衔人职责与任务》《美术名师工作坊成员职责与任务》《美术名师工作坊年度考评细则》等一系列活动规范和量化细则，以保证工作坊活动高效、顺利进行，切实指导青年教师开展课题研究、推广教学成果、开发教学资源、提高艺术教师的专业成长，从而提升学生的美术素养。

值得一提的是，上城的名师工作坊不仅培养上城教师，还积极响应东西部扶贫协作的号召，助力美好教育共富之路。众多名师工作坊通过线上线下相结合的方式，积极推进东西部教育优质均衡发展。案例 6-2-2 就是上城名师工作坊助力西部教育的体现。

案例 6-2-2 名师工作坊助力西部教育

2019 年 4 月，黄勤语文名师工作坊骨干成员陈罗贤老师跟随上城区支教团来到位于贵州黔东南苗族侗族自治州的雷山县丹江第二小学，进行了为期一个月的支教帮扶活动。在坊主的指导下，陈罗贤精心组织了“上城—雷山”星级班主任论坛暨德育案例研讨活动。在活动中，陈罗贤作观点报告，并与雷山的老师们展开案例交流与讨论。此次论坛，开启了雷山县开展德育案例研讨和班主任培训的先河，赢得了当地县政府和教育局、学校的一致好评。

2019 年 9 月底，湖北恩施鹤峰县思源实验学校的江少琴老师加入工作坊团队。根据实际情况，工作坊成员共同制订了结对计划，并开展了线上研讨活动，如 10 月 9 日工作坊开展的“聚焦点面结合　落实学习策略”研讨活动，10 月 16 日区教研“图示为先　提升思维”审辩式思维校本教研活动展示网络直播，11 月 7—8 日统编口语交际与写话 · 习作教学研讨网络直播等。江少琴老师和同事们认真观看活动的网络直播，并组织学生听课学习。

此外，工作坊还通过 QQ 群、微信群等与江少琴老师分享团队研究成果，及时解决江少琴老师的教学疑难、困惑，精准帮扶。

（黄　勤　杭州市蒋筑英学校）

五、名师工作坊的实施成效

上城区名师工作坊，以特有的异校运作机制、学校需求导向机制和项目团队运作机制，取得了很好的实践效果。

1. 同伴互助，促进学科领域的团队探索

肖伯纳曾说，你有一个苹果，我有一个苹果，我们彼此交换，每个人仍然只有一个苹果。你有一种思想，我有一种思想，我们彼此交换，每个人就有了两种思想，甚至多于两种思想。名师工作坊团队形式的深入推进，激发教师创生更多的新观点、新实践、新经验，促进学科领域向纵深发展。

陈瑶英语名师工作坊围绕项目“基于核心素养的初中英语课程建设与实施研究”展开了专家引领、同伴互助的深入研究，形成了课程群，提炼了项目化实施路径。课题组形成了指向学科核心素养的知识拓展类课程群，听、说技能提升类课程，课外阅读拓展类课程，中西文化鉴赏类课程和语言综合实践类课程，其中有一项被评为市精品课程，获区拓展性课程评比一等奖 3 项、二等奖 2 项、三等奖若干。课程“英语戏剧 Sleeping Beauty”被评为第九届杭州市义务教育精品课程；“走进英语戏剧”被评为第十二届杭州市义务教育精品课程。工作坊编写的戏剧拓展课程教材《走进戏剧——英语戏剧表演 The Little Mermaid》和《走进戏剧——英语戏剧表演 Pinocchio》，由浙江教育出版社出版。继 2018 年 9 月出版后，该书成为全市学校开设戏剧课堂的教材之一，为戏剧课堂提供了权威、系统的资源。

2. 教学相长，实现了发展共同体的携手共进

名师工作坊领衔人和学员思想认识一致，互动关系良好，教学资源共享，坚持开展专题教研和课题研究，努力提升教育理论素养与学科理论素养，共同实现了专业成长。

在罗永军数学名师工作坊的项目研究中，教师需要不断思考如何设计出既

有数学思维又能让学生觉得好玩，同时能经过实践检验的实验，还要将此过程总结、概括、提升，转化为文章发表，这些都极大地促进教师的专业水平发展。工作坊在教育部领航工程中进行 1 天的专门展示，在中国名师名校长论坛上做半天展示，开展的活动有浙江省百人千场送教活动 5 次、支教 19 次、教研活动 75 次，开课 127 节，研究课题 17 个，论文发表或获奖 105 篇，所获荣誉 36 项，还共同编写了《数学动动手：小学生的数学实验》1 套 4 册书。实验数学课题自开展以来，源源不断地输出原创内容供国内学校乃至国际学校选用，得到了大家的支持与喜爱。工作坊教师还在小学数学教学主要刊物中发表论文 23 篇，在浙江省“百人千场”“千课万人”等省市级以上场合分享教学。

闻蓉美名师工作坊注重教师个人专业成长，每个月至少进行一次线下教研（新冠疫情期间进行线上教研），一批年轻的 STEM 骨干教师迅速成长起来，成为有一定影响力的 STEM 名师。如余国罡老师经常参加各级各类 STEM 教育活动，展示教学经验，交流学习成果，帮助成员进步，指导其他学校开展相关教学和研究；侯晓蕾老师积极组织相关教学活动，主持的省级课题“‘STEM 研学护照’——基于跨校研学的中小学生区域性创客孵化机制”获奖，并且把上城 STEM 经验带到省内外的学校；俞纪鸣老师在开展上城区 STEM 研学护照活动中发挥重要作用，其负责研发的“制作花灯”课程成为学员们学习的典范；史桂丽老师将 STEM 理念落地 DI（目的地想象），指导学生参加各级比赛，均获得佳绩，成长为 DI 名师……领衔人闻蓉美获评区特级教师。案例 6-2-3 是钟玲语文名师工作坊形成教师专业发展共同体的展现。

案例 6-2-3 小荷尖尖“话”成长

钟玲语文名师工作坊经过三年的学习研究，在“专家助力、团队合作、自我反思”的氛围中，初步打造形成“爱学习、乐研究、勤实践、共成长”的教师专业发展共同体。

1. 教学互助，坊主学员共成长

领衔人钟玲老师于2018年被评为浙江省特级教师。12位教龄1—9年的学员中有4位顺利晋升中级职称，3位评上区教坛新秀，也有学员陆续获得区优秀教师、区十佳教师、五阶段教师等荣誉称号。2019年1—9月，12位学员共有51人次开设区级及以上公开课，获得荣誉称号并获奖。

2. 项目研究，交往习作渐有招

经过三年的项目研究，工作坊逐渐形成比较清晰且具操作性的“交往性写话与习作教学策略”。较有代表性的研究成果《小学交往性作文教学策略》在中文核心期刊《小学语文教师》发表。基于交往性写话与习作教学理念设计实施的《我的好朋友》《劝说》等课例在《教学月刊》《小学教学设计》《创新教案：小学语文口语交际与习作》等期刊、书籍中公开发表。

3. 团队辐射，小荷尖尖初长成

以课为例，工作坊在2017年9月—2020年4月以上城区教育学院附属小学为圆心，一共进行了42次学习研讨活动。除了基地学校与上城区内，还带着《学写留言条》《我想养小动物》《奇妙的想象》《转述》《我们眼中的缤纷世界》等十余则课例，在余杭、温岭、建德、富阳、滨江、临安等多地区的教学联谊活动中做教学展示，并获得一线老师与专家的认可与肯定，形成一定的团队辐射力。

任慧丽在入职第9年有了快速成长的机遇——加入了钟玲语文名师工作坊。作为团队里的“老”教师，她说：“起点不同，能做的就是努力。也正是这一场不同寻常的学习之旅，让我在一次次的课例研究中接受心灵的洗涤，慢慢靠近教育圆心。”任慧丽以课堂为基点：研究课例，返璞归真。以发展为目标：内外生长，提升自我。以努力为路径：态度为先，取长补短。积极参加各级各类评比活动，在《语文小学教学设计》《杭州教育》发表课例和文章，在关键教育事件征文中获杭州市一等奖，还获得区教育教学论文评比一等奖、区说课比赛一等奖、第一届特殊教育案例评比一等奖、区教师小课题成果评比三等奖等。

（任慧丽　杭州市胜利山南小学；钟　玲　杭州市上城区教育学院）

名师工作坊领衔人是组织者与管理者，更是示范者与指导者。工作坊领衔人和学员在主题研究中共同提升学术思想，携手践行教育教学改革，实现共赢。

3. 反哺增效，推动了基地学校的特色发展

名师工作坊所在的普通学校，受益良多，基地学校的特色发展成效明显。名师工作坊领衔人通过专业引领，带动学校成员教师团队发展。基地学校给予最大的支持。同时，名师工作坊的成果反哺基地学校，给学校发展、师生成长注入了新鲜的血液。

陈滔科学名师工作坊在杭州市胜利山南小学建立以来，引领学校走上了融冶教育理念下的学校教育发展新样态之路。工作坊围绕“二维码书植入小学科学课外学习的实践研究”项目，在开展工作坊研究活动时，还进行了“场域建设 + 项目化学习”的有效探索，利用校园丰富的生态资源，从城市劳动教育出发，打造“会呼吸、自循环、能创造、共成长”的生态文明校园，促进五育融合，探寻城市“自然之子”的培育模式。截至 2022 年，学校已形成了百鸟争鸣林、朴门种植园、海螺生态池、牧歌唱田园等多个特色鲜明、充满生机和活力的自然学习中心，学校的每一个空间改造皆是为学生发展、育人目标达成而服务。工作坊促成了融冶教育引领下的“校园工程师”学校教育发展新样态，基本形成了学校特色品牌，领衔山南，辐射上城，影响杭州，在省内外都小有名气，仅一个学期就有 30 个批次省内外的专家、同行来校进行交流。浙江省教育厅教研室主任张丰来校调研时，高度认可学校的教育改革方向和实施路径，称胜利山南小学的项目化学习改革是一种省内最高水平的新样态。

浙江省杭州第六中学（以下简称“杭六中”）创办于 1928 年，有着悠久的办学历史。杭六中自从 2012 年被评为上城区中学生艺术教育基地后，开始积极探索学校艺术特色创建与中学生艺术教育活动的新途径、新方法。后开始陆续招收艺术特长生。从 2013 年春季开始，基地已面向全区中学生开设才艺培训班与艺术社团。学校设立艺术名师工作室，旨在建构杭六中艺术校本课程和面向区域中学生的艺术基地课程。在名师工作坊活动的扎实开展，名师领衔

人的专业引领下，杭六中逐步形成了艺术特色校园文化，校园具有优质、高雅的视听环境。杭六中艺术教师队伍在研究的状态下工作，所以教师们的专业水平得到提升，所有教师向一专多能型发展。杭六中的每名学生都可从丰富多彩的艺术社团课程中选择自己喜欢的参与，除培养艺术特长外，还能拓宽艺术升学路径。杭六中原校长陈立英说，通过两届艺术名师工作坊的引领，杭六中的艺术特色创建成效明显，校内年轻教师成长很快，真正"锻炼了一支艺术教师队伍、开发了一批精品样本教材、辐射了一种艺术教育影响力"。

上城区名师工作坊，以特有的异校运作机制、学校需求导向机制以及项目团队运作机制，在实践中取得了很好的效果：名师领衔人和学员建立了良好的互动关系，资源共享，共同实现了专业成长，为促进区域教育均衡、优化骨干教师校际结构、整体提升教师队伍素质做出了巨大贡献。新时代背景下，名师工作坊的管理模式可以实现新一轮的迭代升级，进一步发挥名师效应，继续带动一片、辐射一片、引领一批，坚持锤炼和积淀个人教育教学智慧，不断提升教学水平和科研能力，为上城区教育的高质量发展、更多优秀人才的培育发挥重要作用。

第三节
联盟协作的百个星级班主任工作室

⊙

有人说:“一个好班主任就是一个好班级,一个优秀班主任群体就是一所好学校。”这句话道出了班主任工作的重要性。班主任是学校实施教育、教学工作的骨干力量,是班集体的组织者、教育者和指导者,在学生的学习生涯中有着深远的影响,是学生思想的指引者,是学生成长过程中重要的陪伴者。一个好的班主任不仅关系到学生的健康快乐成长,还关系到教育理念、方针的落实。为了加强班主任队伍建设,上城区开展了星级班主任评定,组建百个星级班主任工作室,建构了以班主任工作室为载体的班主任专业发展研修共同体。班主任工作室正作为“研究的平台、成长的阶梯、辐射的中心、师生的益友”,在区域推进班主任专业化建设中发挥重要作用。

一、明确方向:班主任工作室的顶层设计

良好的顶层设计是成功的基础,为了推进班主任工作室建设,上城区出台

了《杭州市上城区班主任工作室实施意见（试行）》《杭州市上城区班主任工作室管理办法（试行）》《杭州市上城区班主任工作室评估办法（试行）》等文件，分别对班主任工作室的定位、目标、职责、管理、评价、考核等做出明确的规定，保证了班主任工作室的运行质量。

1. 精准定位，建构班主任学习成长共同体

班主任工作室是班主任学习共同体，也是专业发展共同体。作为引领班主任专业发展的重要平台，上城区班主任工作室围绕"引领"做文章，以"班主任专业发展"为核心概念，以"学习""研究""发展"为关键词，将班主任工作室定位于以学习交流为主导，以德育研究为主体，以班主任工作为主线，以骨干班主任为纽带，以促进班主任专业成长为目的的研修共同体，践行在项目研究过程中实现团队成员共同成长，提升全区班主任育人能力的培养机制。班主任工作室以青年班主任专业发展需求或班级管理问题解决为导向，以项目驱动的方式运作，积极传播先进的班级教育教学及管理理念和方法，充分发挥骨干班主任的示范、引领、辐射和指导作用，促进青年班主任专业成长，进而推动学校、区域教育高质量发展。

班主任工作室是由领衔人（星级班主任）、骨干成员和学员共同组成的发展共同体。工作室领衔人是工作室的核心，领衔人的理论素养和专业化管理能力直接关系班主任工作室的运行成效。上城区对班主任工作室领衔人在职业道德、专业发展、指导能力上做了具体要求：领衔人必须热爱学生，尊重学生人格品质，领衔人工作务实、有效，具备二星级及以上班主任资格，具备指导青年教师的专业精神和专业能力等。领衔人由符合条件的星级班主任提出申报意向，上城区班主任工作室管理领导小组组织专家进行评审，从中遴选优秀项目及领衔人，然后确定立项项目，以三年为一个周期完成项目研究任务。工作室骨干成员由领衔人负责在全区范围内招募，每个班主任工作室由 10 名左右骨干成员组成（外校占比不少于 50%）。工作室学员由领衔人所在学校的班主任组成。

任何团体和个人的发展都需要一个目标来指引，以班主任工作室为载体的班主任发展共同体的建构更是如此。为此，班主任工作室领衔人要对工作室成员进行全面、充分了解，在此基础上，结合工作室的职责与任务，制订工作室三年发展规划、年度实施方案以及与之配套的管理、评价、考核机制，然后征求工作室成员、相关专家意见，进行优化完善。工作室规划确定后，工作室领衔人需要根据工作室成员的发展水平、班主任岗位实际及专业成长需求，指导每个成员制订个性化的发展规划。这样由全体成员参与形成的自上而下的共同愿景和根据个人需求制定的个人愿景，极大地激发了工作室成员成长的内驱力。

2. 任务驱动，提升班主任工作室研修实效

任务驱动是指在班主任工作室的运行过程中，各成员在领衔人的引领下，围绕任务开展研修活动，达成研修目标，促进成员专业成长，提高工作室凝聚力、研究力的研究活动。工作室只有在明确的任务驱动下，才能落实发展目标，促进工作室建设的多维发展。为此，上城区从两个方面规定了班主任工作室的具体任务：

一方面，项目研究是驱动工作室发展的内核。上城区班主任工作室以项目驱动的方式运作，每个工作室都以项目研究为载体。如：杭州市回族穆兴小学张小杭班主任工作室以“提升班主任德育活动设计与实施能力”为研究项目，通过“三个一”的学习、系列主题班会活动的设计研究，提升班主任德育活动设计与实施能力；杭州师范大学第一附属小学俞琪班主任工作室围绕“‘圈’出新型家校合作新方式的平台与运作”的研究主题，开展具有可操作性的主题研讨以及相关经验分享交流，促进班主任共同成长，提高教育教学的有效性。

另一方面，上城区明确工作室领衔人、成员的职责要求。领衔人职责为主持班主任工作室的日常工作，开展跨校及以上德育示范课展示活动，深入研究班级管理、德育教学中的重点和难点问题，主持完成至少一项区级及以上德育研究课题并取得成果，积极为工作室发挥示范辐射作用搭建平台等；工作室成员职责为积极主动参加工作室的学习活动，在校级及以上活动中上一节优

秀班（队）会、优秀团课，完成一篇优质的德育教育教学论文等。

任务驱动下的班主任工作室发展，主题更加明确，目标更加具体，操作更为可行，为班主任成长提供专业支持，促进工作室成员在交流与合作中共同成长，切实提高了研修的针对性和有效性。

3. 全景保障，优化班主任工作室运行环境

为保障班主任工作室更有效的发展，上城区设立了以局长为组长的上城区班主任工作室管理领导小组，领导小组下设班主任工作室管理办公室，办公室设在上城区教育学院教师发展研究中心，负责具体日常工作，加强对班主任工作室建设的领导。

班主任工作室的设立学校为班主任工作室工作开展创造良好的工作环境，在保障办公条件、保证工作时间和协调工作关系等方面给予大力支持。班主任工作室领衔人的教育教学工作量建议参照立项学校中层的工作量核定，在完成学校基本教学任务的基础上，进行班主任工作室项目的日常管理和运作。区教育局聘请省内外名师、高校专家和专职教育科研人员担任班主任工作室顾问，提供理论支持和实践引领。

同时，区教育局为每个班主任工作室安排周期内专项经费 10 万元，用于班主任工作室的日常开支。班主任工作室的经费使用由班主任工作室领衔人负责，由工作室所在单位实行专项管理，专款专用，区教育局定期对专项经费使用情况进行督查。

4. 考核评估，促进班主任工作室内涵提升

一直以来，考核评估都是最难破解的问题，往往存在着“一放就散，一管就死”的现象，所以建立行之有效的考核评估机制是班主任工作室高效运行和内涵式发展的保证。上城区在班主任工作室考核评估制度设计与实践中，建立了多维的考核评估路径，促进了班主任工作室的内涵提升。

上城区班主任工作室的考核评估以三年为一个工作周期，实行学年过程性

评估和届满终结性评估相结合的考核方式。学年过程性评估重点考核年度任务完成情况。届满终结性评估重点考核工作室项目成果、工作实效和满意度情况，通过深度访谈、现场答辩、问卷调查、资料查阅、成果检验、展示汇报等方式进行。

班主任工作室考核评估针对基地学校、领衔人、成员三个层面进行。基地学校层面主要考核项目运行情况、教科研及专业发展实绩情况和经费使用情况；领衔人层面主要考核规划制定及落实情况、个人专业发展情况、学术辐射影响力；成员层面主要考核工作室活动参与情况、个人专业发展情况等。

在考核评估主体上，基地学校和工作室领衔人由上城区教育评估与监测中心负责评估考核，成员由工作室负责评估考核。评估结果分为优秀、合格和不合格三个等级。对圆满完成三年项目内容，项目成果突出，工作实绩出色的工作室及基地学校，区教育局给予一次性奖励。对能较好完成学年项目内容，评估合格及以上的工作室领衔人，按照名优教师考核办法给予奖励。区教育局对圆满完成三年项目内容，项目成果突出，工作成绩出色的工作室领衔人及成员，给予表彰奖励，并在评优评先和研修培训等方面优先推荐。

二、实践取向：班主任工作室的研修模式

班主任工作是一项专业性、实践性很强的工作。一个优秀的班主任不仅需要具备足够的教育理论知识，更需要有丰富的实践经验。在班主任的培训过程中，不少班主任反映：对专家讲的理论有感触、有共鸣、深受启发，可遇到实际问题时仍然不知所措，他们更需要理论指导下关于实际问题的解决策略。上城区班主任工作室经过近几年的探索，建构了联盟协作式、问题解决式、案例分析式等研修模式，提高了班主任基于真实情境下的问题解决能力，促进了班主任团队的专业成长。

1. 联盟协作式

班主任工作室的研修是通过合作互动的学习来发展班主任的教育智慧的，实际上，不同班主任工作室领衔人在知识结构、管理方法、风格特色等方面都存在差异。因此，上城区班主任工作室在实现内部教育经验、教育思想交流碰撞的基础上，积极加强与其他工作室的联系，通过工作室之间、工作室与成员校之间、工作室与结对校之间的合作性研修学习，一起分享和交流各自的专长，实现优质教育资源的联合，建立起联盟协作研修的新机制，提高了班主任工作室研修活动的效率。上城区班主任工作室联盟协作式研修模式主要有以下几种形式。

一是集群研修式。上城区把分散独立的班主任工作室集合在一起，形成一个个既有共同愿景又有共同目标的班主任工作室联盟群落，促进班主任工作室之间的合作、互补和共享，创造出集群总体培养绩效大于单个工作室培养绩效之和的聚合效应。区域层面，建立上城区班主任工作室联盟，由全体班主任工作室构成，通过定期开展专题讲座、经验交流、沙龙对话等联盟主题研修活动，建构班主任专业发展研究共同体和发展共同体，引领和带动班主任工作室建设与班主任成长。工作室层面，由各个班主任工作室领衔人牵头，根据工作室发展目标、风格特色、研究项目等组成各具特色的小联盟。如胜利实验小学陈雪影班主任工作室、凤凰小学林霞班主任工作室、服装职高姜霞班主任工作室和杭十中夏欣班主任工作室结盟成立名班主任工作室联盟。四位工作室领衔人通过调研确定共同需要研究解决的问题，以问题为导向，共同设计主题化、系列化研修活动，同时，发挥各自的专长，联合组织研修活动，实现联盟协作研修与各个工作室日常活动的同频共振，改变各个工作室相互封闭、各自为营的状态，促进班主任专业化发展。

二是室校联动式。班主任工作室与区域内学校建立互助联动关系，可以是班主任工作室领衔人和骨干成员走入区域内学校，指导学校的班主任研修活动和班级特色品牌创建；也可以是学校班主任走出去，参与班主任工作室的研修活动，倾听、分享、贡献优秀教育管理经验。如：濮家小学李美萍班主任工作室以“特色班级的创建”为主要研究方向，与区域内学校开展联动式研修活动。为了帮助创建东城小学的特色班级，李美萍班主任工作室全体成员进入东城小学，全程跟进，悉心指导。从文化品牌的甄选，到方案的制订、审查，再到具体实施、活动的开展，直至最后的特色班级展示，李美萍班主任工作室全都参与其中，共同见证学校在班级创建方面的努力和班主任的成长。杭州市金都天长小学吴碧华班主任工作室与周边地区的小学建立八校联盟，借助联盟共同体交流会扩大交流平台，拓展学员们的展示空间，学员们除了聆听优秀班主任的智慧分享，还有机会在实践导师的指导下分享自己的心得体会，能力得到了锻炼。

三是跨域协作式。班主任工作室与区域外中小学建立结对互助关系，通过“请进来”和“走出去”的策略，加强与区域外学校的合作交流，提升班主任工作室的专业影响力，实现班主任工作室优质资源的开放与共享。如：天长小学陈佳妃班主任工作室，分别为江山代表团、台江代表团、慈溪四小、教科所附小做班主任讲座分享 20 余场，对班主任工作实践中的重点、热点、难点问题进行深入研讨。濮家小学李美萍班主任工作室先后与缙云县大洋学校、缙云县丹址小学、宁波余姚凤山小学等学校结对，多次接待了来自湖北恩施市施州民族小学、濮家小学集群学校班主任的跟岗学习，工作室还经常去各地送教，先后去缙云县丹址小学、临平第一小学送教，为丽水乡村小学教师“新陶行知”高级研修班、临安新教师培训班、西藏那曲骨干教师培训班做专题培训，展示推广工作室的研究成果。

2. 问题解决式

班主任在教育教学工作中会遇到各种各样的疑难问题，如何帮助班主任更好地解决这些疑难问题是班主任工作室需要解决的问题。上城区班主任工作室问题解决式研修模式基本思路是：收集班主任在教育教学工作中遇到的问题，研究相应的解决方案，并根据解决方案开展研修。如：陈雪影班主任工作室联合其他三个工作室开展"协同 · 共学：基于工作室的年轻班主任问题解决式研修模式"的研究，建构基于工作室的问题解决式研修模式（见图 6-3-1）。

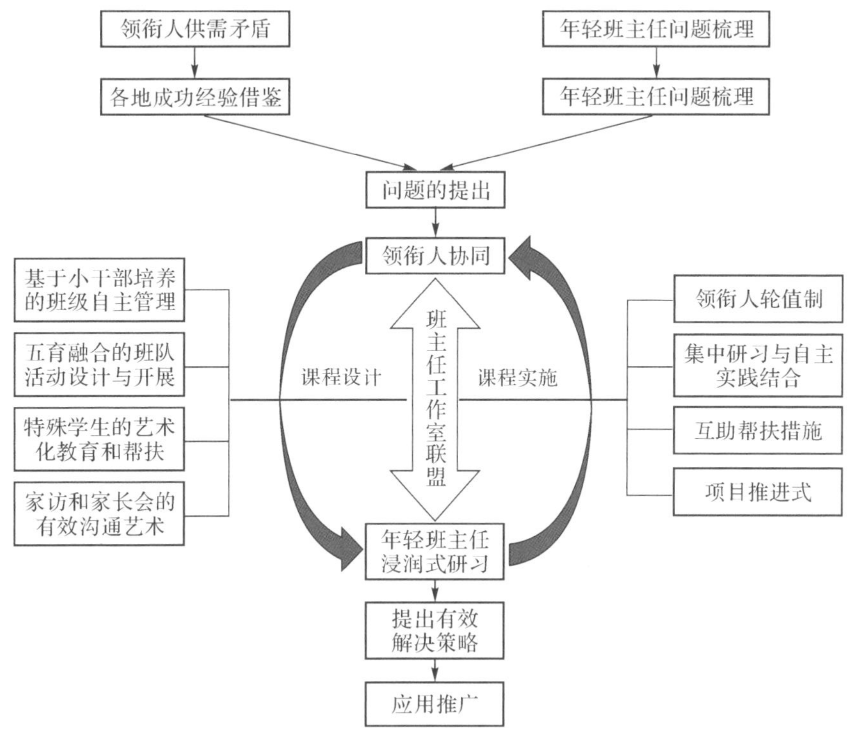

图 6-3-1　班主任工作室问题解决式研修模式架构图

从图中可以看出，问题解决式研修模式研修内容的选择自下而上，全部来自年轻班主任的需求。班主任工作室从问题提炼、课程框架确立、课程内容开发等入手，通过借鉴各地领衔人供需矛盾解决的成功经验，聚焦年轻班主任在班级治理、活动组织、团辅个辅、家校协同等各方面工作中遇到的共性和个性问题，梳理归类，并分析其成因，在专家或领衔人的引领下，开展协同研究，提出行之有效的问题解决策略，指导年轻班主任有效解决问题，最终满足年轻班主任的需求，真正有效助力年轻班主任的成长。

问题解决式研修模式最大的优势在于，通过搜集班主任的班级管理问题，可以增强研修的针对性，使得培训内容符合学员的实际需求，从而提高班主任的积极性和参与度。以研促修，以修带研，研修一体，契合班主任的发展需求，提升了班主任的班级管理水平，也提升了班主任的专业意识和独立解决问题的能力，真正让班主任工作室成为班主任学习的共同体，成为班主任经验分享交流的辐射中心。

3. 案例分析式

在班主任的实际工作中，往往会面临这样一种困境，尽管他们已经学习并掌握了相当丰富的班级管理理论，通晓常用的班级管理办法，但一旦面临实际的班级冲突情境时，常常不知如何处理。案例分析式研修作为一种在真实情境中寻找班主任专业发展的有效路径，因其与一线班主任实践性的工作性质高度契合，所以能成为帮助班主任架通理论与实践之间的桥梁。上城区班主任工作室开展了案例分析式研修模式的研究与实践，如：时代小学陈革文班主任工作室结合立项课题“城区小学‘90后’班主任培养的策略研究”“案例教学应用于班主任培训的策略研究”，形成了班主任工作室案例式研修策略。

一是名师示范引领策略。从广大优秀班主任的先进事迹材料、工作总结、著作、论文中，筛选出包含思想、道德、学习、人格培养、师生关系等方面，理论性和实践性相统一的，对“90后”班主任开展工作具有针对性和可借鉴性的典型案例。通过共同参与对典型案例的讨论、剖析，进行问题探究，从而提出基于问题解决的专业决策和行动策略，将某些隐藏于成功经验背后的智慧和规律加以提炼，帮助“90后”班主任提高处理同类问题的能力，帮助年轻班主任迅速掌握班级管理中的一些常规策略，极大地缩短上手时间。同时，尝试将失败的教训进行总结，防止类似问题的发生，帮助“90后”班主任沿着优秀班主任成长的足迹前进。

二是问题解决引导策略。引导“90后”班主任在做中学，鼓励他们在工作室的培训中提出日常班级工作中棘手的问题，与专家、同伴一起讨论解决的办法，写出处方，撰写案例。“90后”班主任可以在撰写案例的过程中进一步学习班级管理的策略与方法。“让学生爱上喝水”“学会示弱，做幸福的班主任""班里有个爱哭的孩子""为孩子们热牛奶""学生吵架了"……一个个具有启发性和实践性的鲜活案例，大大缩短了年轻班主任探索的时间，提高了其处理班级工作的能力。

三是警示案例规避策略。班主任经常会用表扬或批评的方式教育学生，而语言批评是一个老生常谈的话题，同时也是一门需要研究、需要不断完善的教育艺术。警示案例对"90后"班主任意义重大，一方面，"90后"班主任年轻气盛，容易冲动；另一方面，应对自媒体时代特点，年轻的班主任们需要用红灯案例提醒自己，让自己的言行合法合规，规避风险，既保护学生，也保护自己。工作室组织学员寻找警示性案例，尤其是近年来发生在本区域的班主任工作红灯案例，组织学员认真学习反思。

四是项目课题提升策略。引导"90后"班主任撰写班级管理案例、教育叙事，就自己困惑且感兴趣的方面申报个人小课题。用小课题、小项目来促使理论联系实际，反思工作实践，把从实践中得到的感悟和思考上升到理论，促进"90后"班主任的专业成长。

三、同生共长：班主任工作室的实施成效

上城区班主任工作室根植基地学校，凝聚了一批有教育理想和专业素质的班主任，在工作室领衔人的带领下，在共同愿景的引领下，一起学习、研修、分享，发挥了专业成长共同体的最大效益，实现了基地学校、工作室成员、工作室领衔人的同生共长，促进了区域教育高质量均衡发展。链接6-3-1展示的是上城区第一届班主任工作室建设成果（扫描二维码即可查看），每个班主任工作室从工作室简介、主要研究方向、三年主要工作、取得的成效等几个方面展示了建设成果。

链接6-3-1
上城区第一届
班主任工作室
建设成果

1. 以研促修，激发领衔教师高位发展

“要给别人一碗水，自己就得有一桶水”，班主任工作室的领衔人是工作室的核心，要想更好地发挥示范、引领、辐射作用，必须不断学习，在与学员的互相交流、共同研究中实现共同成长。

案例 6-3-1 “室”为远方，诱我奔赴

黄玉芳是浙江省杭州四季青中学的一名优秀班主任，是首批“杭州市班主任工作室”领衔人。

黄玉芳班主任工作室成立后，黄老师与“室友”先后确定了“后进学生的转化”“家庭教育指导平台的搭建与运作”两个研究主题。其中，“家庭教育指导平台的搭建与运作”是一个省规划课题，研究指向为渗透正面管教策略，专业指导家庭教育，面对面沟通家长问题，构筑合作共赢的家庭成长圈等。工作室扎实推进课题研究，让研究在实践中沉潜，让实践在研究中深耕。在“面对面沟通家长问题”这个内容上，工作室借助网络，推出同步直播、在线互动、自由点评等方便人人发声的方式，极大地调动了家长参与的热情。继而建立“家庭成长圈”，每个圈内搭配专业人士，帮助家长像专家一样思考家庭教育，不纠结孩子的当下，而是向着美好的明天出发。

2020 年初，新冠疫情肆虐，学生居家学习，复学后，学生情绪波动大，许多班主任因此焦虑不已。工作室马上聚焦“减心负”策略，进行沉浸式的研究。通过心路体验、推心置腹、助人自助等多个环节，既帮助学生“减心负”，也缓解了班主任们的焦虑。

几年来，黄玉芳班主任工作室完成 2 项省规划课题研究，3 项市课题研究，并获得市级优秀成果一等奖 2 项，二等奖 2 项，工作室考核结果为优秀，成功申报了浙江省班主任工作室。黄玉芳也被评为杭州市育人先进个

人、杭州市教科研先进个人、杭州市教科研标兵、区第四届钱塘师表。

（黄玉芳　浙江省杭州四季青中学）

工作室以课题研究来促进研修，增加了工作室研修的科学性和有效性，同时在工作室领衔人和学员之间引发“鲶鱼效应”，促使领衔人走教育科研之路，成为学者型的教育专家。

2. 深度浸润，促进学员教师专业成长

班主任工作室是培养骨干班主任的温室。为了加强骨干班主任的培养，工作室积极为学员“指路子、压担子、搭台子”，通过工作室领衔人的示范引领和工作室伙伴的互助研修，开展深度浸润式培养，不断提升学员教师的自我学习能力和自我发展能力，推动学员教师快速成长。

案例 6-3-2　成长路上，有幸遇见你

周吉是杭州濮家小学教育集团（以下简称濮家小学）的一名年轻班主任，是李美萍班主任工作室的骨干成员，在李美萍老师的引领下，周吉快速成长，2019 年成为杭州市周吉班主任工作室的领衔人。

2016—2018 年，周吉跟随着李老师的“雷锋班”，三次走进缙云山区做班级公益——他们走进缙云方溪小学、大洋镇小学，见证着“雷锋班”孩子的热情献演和无私援助，经历过家长们为留守儿童做饭的热火朝天，体验了颠簸山路上运输爱心物资的辛苦，感受到贫苦家庭收到捐赠的真心谢意……三年的“跟班”经历，让周吉从一个不知如何开展校外集体活动的班主任，成为有方向、有方法的辅导员。2019 年 1 月，在濮家小学德育部门的支持和校办公室的牵线下，周吉的“小荷班”和“雷锋班”一起前往建德长林希望小学，为那边的留守儿童进行新年演出，并送上新年的慰问。

周吉勤奋好学，虚心求教，积极实践。他发现李美萍老师的“雷锋小军

营”是濮家小学特色班级对外的一张金名片，班级文化建设非常大气，制度和组织建设落实相当到位，学生总是精神抖擞而有礼貌，班级总是干干净净，简直就是学习的榜样。于是在路上相遇时、在食堂就餐时，他常常就班级工作与李美萍老师展开讨论。在师父的引领下，周老师对“一班一品”有了更加深刻的理解。2017 年 11 月，李美萍老师带领工作室开展“浙江省德育高端班暨李美萍名班主任研修活动”，周吉进行了主题班队课的展示。2018 年 6 月，李美萍老师开展“阳光拓展课程”的展示，周吉做了班级建设的主题报告。在 2020 年 1 月，师徒两个工作室在“绍兴树人小学班主任研修班”上共同做了报告。

在德育科研和备课上，在李老师的引领下，周吉与工作室其他学员共同参与了省立项课题“劳动赋能：城市小学劳动的新样态”和杭州市少先队课题“小农场 大社会”的研究，参与了学校“濮淘园”课程建设。大暑天里他们在葡萄架下和孩子们共同采摘葡萄，酿制“濮小拉菲”；地铁末班车时刻，年轻班主任们深夜磨课，反复探讨、凝神思考。在一次次的活动开展中，周吉从参与者变成了同行者，用李美萍老师的话说：“周吉，是我们工作室孵化的名班主任。”

（周吉　杭州濮家小学教育集团）

班主任的成长需要个体的努力，也需要导师的引领和同伴的支持。周吉的经历只是上城区班主任工作室学员成长的一个缩影。工作室学员在领衔人的带领下，共同探讨，相互交流，一起研究，分享成果。在浸润式的培养过程中，年轻班主任得到了快速成长。

3. 实现价值，提升基地学校育人品质

班主任工作室设置在领衔人所在学校，为学校班主任队伍可持续发展搭建了相互交流、凝练成果、传帮带的平台，引领与推动学校班主任队伍素质的整体提升，增强了学校德育工作针对性、实效性、时代性和感染力。

案例 6-3-3 依托"微班会",提升学校德育工作实效

班主任经常要面对不同学生的多种日常行为小问题。这些小问题不及时处理就会造成大后果。年轻班主任喜欢采用"一对多"的个别谈话模式,这种方法简单有效但耗时太多,工作量巨大。其实同一班级,孩子们的日常行为小问题共性较强,不一定都需要个性化处理。

浙江省杭州第六中学吕益群班主任工作室结合学校的"选课走班"模式,尝试开展指向中学生日常行为改进的"微班会"设计研究,增强年轻班主任的教育力,提升学校德育工作实效,讲好自己的教育故事。

一、微亦有为——提升班主任日常"捕捉问题"的观察力

微班会采用一事一议,通过十几分钟的时间灵活解决学生日常发生的一些"微"问题。为了"精准定位"主题,班主任就要练就一双"捕捉问题"的慧眼,让微班会在亡羊补牢的同时做好未雨绸缪,提高班主任的工作效率。如小张老师在课间"捕捉"走班的过程中发现,有的孩子总是迟到,于是针对这一问题设计了两节微班会,"'双减'后记"和"书包瘦身记"。依托"微班会",班主任发现,德育除了"诗和远方",其实更多的是精准聚焦孩子们的日常行为问题,引发讨论和思考,改进行为,达到教育的目的。

二、微亦有法——提升班主任课堂"走进问题"的执行力

班主任工作中,努力很重要,但很多时候方法更重要。微班会中,班主任要用精练准确的语言表情达意,用简洁明了的语言跟学生沟通交流,用生动形象的语言让学生融情于境。班主任要用智慧让微班会走进孩子们的心灵,通过微班会,年轻班主任养成了用"3W"洞察问题的能力:用"What"来判断类别,用"Why"来分析原因,用"How"来寻找对策。

三、微亦有赢——提升班主任课后"研究问题"的实践力

微班会的问题来源于学生,微班会的开展服务于学生。微班会的创意

设计中，融入了年轻班主任的思维和选择，不仅是为了改进学生的问题，也是为了帮助自己成为老练的班主任。微班会为学生行为改进赋能，更为教师自我成长赋能，真正达到教学相长。比如担任班主任只有一年的王老师，在同课异构研讨课"减＝加？！"的微班会中，通过"识七巧板—选七巧板—说七巧板—思七巧板"等活动指导孩子在"双减"政策后高效利用"减"出来的时间，达到减负增质的效果。同样通过微班会达到自我成长赋能的张老师说：从十几分钟的微班会"奥特曼打小怪兽"，提升到参加区级比赛的心理辅导课，再打造成一节市级公开课，最后整理成案例和德育论文，每一次都有惊喜和收获，赢在突破。

（吕益群　浙江省杭州第六中学）

微班会能够将班主任从烦琐的教育工作中解放出来，以学生为主体，彰显学生个性，促进学生全面发展。吕益群班主任工作室通过微班会的设计研究，较好地解决了年轻班主任和学生沟通低效的现状，增强了年轻班主任的教育力，提升了基地学校德育工作效能。

参考文献

［1］项海刚．让教育更美好［M］．杭州：浙江教育出版社，2018.

［2］刘要悟，韩维东．特级教师长效引领实践要略［J］．中国教育学刊，2012（08）:68-71.

［3］胡晓玮．教学名师工作室建设路径和机制研究［M］．北京：中国纺织出版社有限公司，2020.

［4］丁玉华．名师工作室"六向革新"研修模式的实践探索——以丁玉华名师工作室为例［J］．文教资料，2021（12）：111-114.

［5］王晓春．名师工作室的核心价值及其运行策略探索——从教育均衡的视角出发［J］．小学教学参考，2017（03）：1-3+101.

［6］袁振霞．抓"任务驱动"内涵促名师工作室发展［J］．教育实践与研究·理论版，2021（10）：45-46.

第七章
总结与展望

以终身学习理念为引领，以转化性研修项目开发为创新生长点，指向教师专业持续发展的“五阶研训”范式架构与实践，是顺应 21 世纪社会发展与新时代中国课程改革步伐的教师发展理念的重塑，也是上城教师教育历年来发展力量积淀推动下的转型升级，更是上城教师教育面对新挑战的又一次自我攀越与变革创新。

本章将从“五阶研训”范式转型升级过程中的助力机制与体系建设、教师终身学习理念与行为提升、“提升与转化研修”三方面出发，重点在课程内容开发与培训方式创新、教师培养效果等维度上做亮点与问题梳理，进一步明晰适应变革的上城教师教育未来发展路向。

第一节
上城研训的别样成效与创新

◉

“五阶研训”助力教师发展的实践探索升级了上城教师专业发展的理念认识，激发了上城教师可持续发展的内外双驱动力，不仅为上城教师铺设“五阶段、五梯队、多维度”外部成长通道，让上城教师从新手变成能手，同时在研修内容与实施过程中强化了“转化性研修”，并建立共建共享的区域推进研修机制，引领上城教师成为具有批判性思维和可持续发展能力的变革型教师。

案例 7-1-1　上城努力探索美好教育新路径　成就和幸福每一位教师

“静心教书，潜心育人；敬业成人，精业育才……”铮铮誓言、拳拳之心，2021 年暑假，上城 750 余名新教师完成庄严的宣誓后，奔赴各自岗位。

在新教师入职仪式上，上城区教育局党委书记、局长项海刚由衷地说，希望新教师用自己温暖的教育情怀和持续的教育努力，让上城区的每个孩子都能享有公平而有质量的教育，真正实现“名校就在家门口，名师就在我身边”。截至2021年，上城教育拥有79名省特级教师、38名区特级教师。很快，大批新教师会成为上城教育的主力军，也会加入未来的上城名师队伍。

在上城，教师拥有与日俱增的荣誉感。十多年来，为了让区内各教龄段老师有成长的舞台，上城教育让自己成为“园丁”，设立“君子兰奖”“米兰奖”“金桂奖”“红梅奖”，增设“新苗奖”“新秀奖”“能手奖”“风华奖”“红烛奖”，为未来的名师们搭建成长的平台。同时，成立特级教师工作站、名师工作坊以及班主任工作室，搭建并生成教师“一新两锐”培养工程，为区学科带头人、省市教坛新秀、特级教师储备人才。

在上城，教师拥有持久的成就感。每一位教师可以根据自己的个性特点，选择适合的发展通道。有在班主任岗位上做得兢兢业业的，如凤凰小学林霞在全区中小学班主任星级评价体系中快速成长，今年成为12名区级优秀班主任之一。有在教学业务中不断精进的，如清河实验学校马益彬，从一名普通教师成长为学校副校长，从区教坛新秀发展成市教坛新秀，今年又被评为省教坛新秀。

在上城，教师拥有实实在在的幸福感。扎根教育38年的采荷中学教育集团校长孙寅，今年摘得了区级至高荣誉“君子兰奖”，获得奖励30万元。其他各等次奖项，也有相应的奖励。物质奖励是保障，关心关爱每一位教师在上城教育已形成一种氛围。丁兰实验中学升级教师福利，大胆地为教师增设恋爱假、亲子假、幸福假，提升老师们的幸福感。全区还召集年轻教师集体过节、集体过生日。中秋节即将来临，在杭的年轻教师又将享受到特别温馨的过节仪式感。正如一位老师所说：“在上城，别人有的幸福，我们有；别人没有的幸福，我们也能享受到。”

都说新上城版图像一只金靴子，金靴起跑，奋勇当先。上城教育作为新上城的一张金名片，正在全力打造优质均衡、人民满意的“美好教育引领区”，而这其中，最亮眼的正是这支内心丰盈、专业精深的教师队伍。

（节选自《杭州日报》报道）

一方水土养一方人，只有卓越的教师教育才能成就卓越的区域教育，上城从区域层面不断建构与时俱进并颇具特色的助力教师成长模式。“十四五”期间，上城教师们的成果十分显著，这自然离不开他们扎根成长的上城“五阶研训”。

一、“五阶研训”升级了教师专业持续学习与发展理念

古希腊哲学家苏格拉底曾说，教育不是灌输，而是点燃。教师培训同样不是向教师灌输知识或者理念，而是点燃教师自主学习的欲望与激情。上城的“五阶研训”范式围绕教师内驱力激发与转化学习意识及能力培育，全方位升级了上城教师的专业持续学习与发展理念。

1. 树立了基于职业理想的“专业持续发展”意识

上城“五阶研训”促进教师发展与成长，伴随着教师生命与专业成长水平的变化，教师的自我效能与职业理想也会发生阶段性的变化。树立职业理想是教师专业可持续发展最为重要的推动力，也是教师实现个人目标与生活理想的路径和手段。教师在为职业理想的实现不断付出努力的过程中，不断推动自我价值的实现与能力提升。上城教师深刻认识到，要在不断更新的学习中为应对未来挑战做好专业发展储备，才能更好地服务于学生成长，为他们提供高质量的教育服务。

2. 形成了以“实践行为转化”为核心的价值取向

五阶研训“转化性研修”强调高质量教师学习与研修要能促进教师实践行为改变，教师学习转化行为的重要标志在于能将“所倡导的理论”转化为“所采用的理论”。在这一理念引领下，上城教师研修主题与内容均来自国家课程改革的重点难点、教师实践中的问题需求，要突出适应本区域教育发展的要求和本区域教师发展的需求，扎根日常的、真实的问题情境展开。在研修的方式与成效上又强调必须通过教学实践历练与验证。由于教师的学习活动具有

反复性，新的理论、知识与信息被教师感知之后，往往要经过教师个体反复、多次的活化使用，即将知识与信息付诸实践，并在实践中见到成效，才能真正形成教师的个体认识与行动哲学，才能真正成为教师后续教学实践中自觉自如的教学策略与行动。

3. 提升了基于专业共同体的“自我导向性学习”能力

上城名师工作坊、特级教师工作室从 2006 年创生性实践到 2022 年迭代升级再创新，前后经历 16 年探索实践，目前工作室、工作坊学员覆盖全区每一所学校。在这一过程中上城教师深刻感受到，教师的专业发展与成长需要自我导向性，同时不能脱离环境以及团队单独进行，需要一定的人力、物力资源，需要与他人共同配合，才能更好地实现自我学习的目标。教师学习共同体所具有的持续性、实践性和合作性等特征，能对教师学习产生积极、持久的影响。因此，上城“五阶研训”中的教师学习不仅关注教师个体需求，而且还关注教师所处学习共同体的资源与作用。通过学习共同体等团队性的形式和途径，共享区域资源，调动教师已有的经验，形成持续的积极变化。在某种程度上，教师学习是在学习共同体中实现的，而教师学习的途径与方式则基于学习共同体的自我导向性学习。

二、“五阶研训”建构了分层分类教师专业成长体系

在不断探索、推进、完善“五阶研训”的实施过程中，上城已经形成具有区域特色并有效促进教师成长的“五阶段、五梯队、多维度”分层、分类的区域教师专业持续发展的“助力机制与成长体系”（见图 7-1-1）。

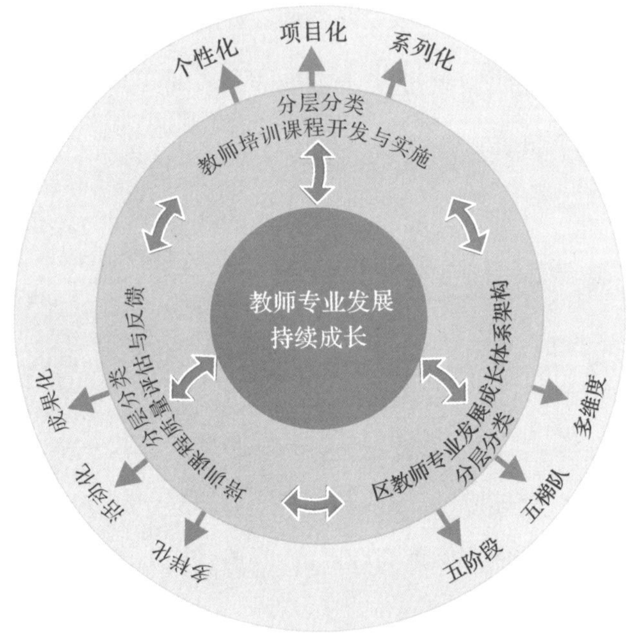

图 7-1-1 “五阶研训”分层分类教师专业成长支持体系

在“五阶研训”范式引领下，上城遵循教师专业成长规律，用分层分类理念组织教师培训课程开发与实施、培训课程质量评估与反馈，并架构服务教师个性化发展需求的专业成长支持体系，高质量促进每一位教师的专业发展持续成长。

1. 各有侧重，互为整体：助力不同阶段教师专业成长

教师的专业发展有周期变化，不同发展阶段的教师对自己的要求与要达到的水准不一样。教师专业发展是一个有意识的过程，是一个持续的过程，是一个系统的过程，是一个伴随职业生涯始终的过程。设立科学的阶段发展目标，选取合适的激励策略，形成教师专业发展激励机制，对各年龄段、各专业发展阶段的教师都会有促进作用。

2. 共同进步，整体提升：助力不同层级教师专业成长

上城教师分层培养遵循“共同进步，整体提升”原则，是一个从教师个体水平提升到促进区域教师群体发展的过程。所以，上城的分层研训要加强教师、学校、区域的团队合作意识，尤其注意组织同一层次内教师间的交流，架构不同层级教师的交流，在此基础上达成区域教师教育资源的共生共享，让每个教师都有成就感和上升空间，从而促进区域教师队伍整体素质提升。

3. 立足岗位，多维生长：助力不同特色教师专业成长

从教师生命成长与岗位发展的角度来看，每一名教师都是独一无二的，都有自己的特色。上城设立的“学科教师、班主任、管理者”等多岗位、多专长的多维发展通道为满足教师个性化需求提供了优质服务。特色发展的内涵是丰富多元的，但其核心指向同样的理念与方向。建构不同的特色发展通道才会给教师提供真正到位的成长助力服务，有不同的特色教师成长路径才会给学生成长和区域高质量教育提供真正优质的发展助力。

三、“五阶研训”创新了研训课程内容与实施方式

在西方英语世界里，课程（Curriculum）一词最早见于英国教育家斯宾塞（H.Spencer）《什么知识最有价值？》（1859）一文中。它是从拉丁语“Currere”一词派生出来的，意为“跑道”(Race-course)，也可作“奔跑”理解。作为助力教师专业发展的教师培训课程，要为教师提供尽可能个性化、选择性的跑道，让教师用适合自己的方式去奔跑，从而有效助力其专业发展。同时，教师培训课程设计的目标又是多维的，且教师培训的本质是有效地支持和促进教师学习，要尽量体现出系统化、专业化和终身化三大特征。结合上城区区情，“五阶研训”课程的开发与实施主要通过“梯队式培养机制化、全景式培养个性化、团队式培养项目化”三个维度展开内容与路径的创新（见图 7-1-2）。

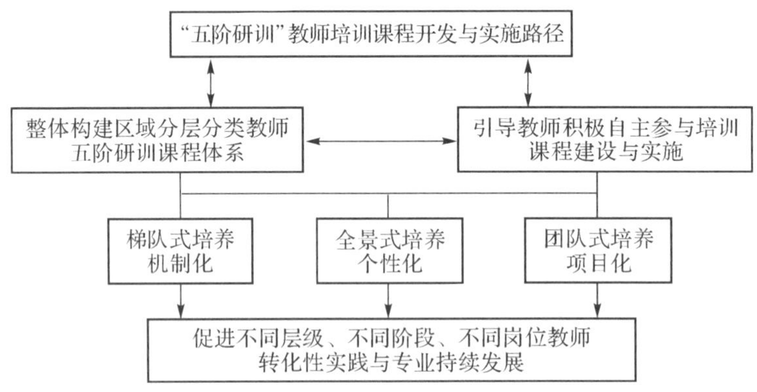

图 7-1-2 "五阶研训"教师培训课程开发与实施路径

1. "梯队式"培养机制化

"五阶段、五梯队、多维度"教师成长体系面向上城每一位教师，以提高素质为核心，以增强能力为目标，进行教师队伍建设长效机制架构，为上城美好教师蓬勃生长奠定了坚实的基础。每一个阶段的教师群体存在共性的特征，在教育教学实践中可能面临相似的问题，他们的发展有规律可循，因此上城"五阶研训"教师培养的每一阶段课程都会针对不同教师群体的特点与需求进行调研，而后设计培训的目标和内容。

2. "全景式"培养个性化

教师教育是一种基于实践的情景化的教师精神与教育智慧的传递，培养的是"立体的、大写的"人。在"五阶研训"的骨干教师培训中，上城区非常重视理论修养与实践智慧相融的教师个人综合素养提升：一方面注重教师精神培育，通过爱心体验、扶贫支教等活动锤炼教师意志品格，拓展教师情怀担当；另一方面立足教育教学实践，为教师成长设计个性化的培养方案。通过全景式、个性化的培养帮助教师实现教育教学方式、工作方式、思维方式与生活方式的综合转变。

3.“团队式”培养项目化

名师发展是一个人，工作室建设是一群人，最终影响的是一批人。在上城教师成长体系的顶端，是上城特级教师、学科名师队伍，他们是上城区宝贵的人才资源。未来，既要发挥这些名优教师群体在全区教师专业发展助力培训中的引领作用，同时要促进他们的进一步专业发展与成长提升。上城以“团队式”培养项目为载体，设置上城区特级教师工作坊、班主任工作室，助力高端、尖端人才成长，开发与实施教师培养系列课程，多维助力上城教师专业持续发展。通过项目牵引、引领示范，团队成员对某一特定问题或领域的思考和研究将更深入、更精准。同时工作坊团队通过对项目的集智攻关、合作研讨，进一步凝聚团队智慧、激发研究热情，既促进名师工作坊成员由研究型人才向理论型人才成长，又促进工作坊团队成员由实践型人才向研究型人才成长。

四、“五阶研训”提升了区域教师队伍的整体水平

这几年，随着“五阶研训”区域教师成长范式的探索与实践，无论是在人才培养的目标、机制建设层面还是骨干队伍的结构与数量层面都有了显著的变化，上城区教师队伍的整体水平有了明显的提升。

1. 人才建设目标清晰

教师作为持续发展的专业群体，从逐渐成熟到自主发展成为符合时代要求的高素质专业化教师，这一“连续性、动态性和终身性”的过程对于个人而言是漫长的。在“五阶研训”范式的引领下，上城的教师人才建设目标清晰，坚持“基于每位教师，为了每位教师”的教师培养宗旨，设立“五梯队提升进阶”体系架构，从教师生命成长的时间维度和教师专业发展的层级维度，对教师的“入职培训、在职研修、终身发展”做了整体规划和设计。以终身教育理念和教师专业化发展理论为指导，整合教师教育目标、培训资源、课程内容，既遵循教

师专业发展的阶段性规律，又充分关联并发挥各发展阶段优势，形成上城教师教育的整体合力，为上城美好教师的专业可持续终身成长提供助力与保障。

2. 队伍建设成效显著

通过“五阶研训”机制建设，加快培养高素质教师队伍，加快培养新生代上城教育领军人物，建成了一支结构相对合理、专业化程度较高、富有创新活力，并能符合教育现代化要求的教师队伍。截至 2022 年 6 月，上城区在职在岗的 12478 位教师中，硕士研究生 1866 人，高级职称教师 1055 人（其中正高级教师 17 人），浙江省特级教师 77 人（其中在职 53 人），区特级教师和三星级班主任 132 人，区学科带头人和五阶段获奖教师则辐射到区内每一所中小学、幼儿园。全区省特级教师、名师数量占全区教师总数的 35%，并在省、市处于领先地位。这支教师队伍弘扬“静心教书、潜心育人、敬业成人、精业成才”的上城教师精神，是一支朝气蓬勃、积极向上、风清气正的教师队伍，同时也是面向未来的上城美好教育蓝图发展的坚实保障和重要根基。

五、“五阶研训”扩大了区域研训的品牌辐射范围

在“立足上城、面向浙江、辐射全国、走向国际”的上城教师教育目标引领下，在“教育共富”与“高质量发展”的社会背景下，上城在“五阶研训”实施过程中用看得见的创新与做得到的行动体现了区域研训的品牌辐射力量。

1. 机制创新有特色

为保障“五阶段、五梯队、多维度”教育人才多维生长台的运行，上城出台一系列教育人才队伍建设的制度，包括优秀教育人才激励实施办法、特级教师工作室“异校设立”机制、学科名师工作坊“人事随迁”制度、未来名师未来名校长培养工程“一人一方案”运行机制、教师海外研修基地和加拿大高贵林教师杭州培训基地设立、海外优质课程项目化引进机制、中国杭州名师名

校长国际论坛系列化举办机制等一系列教师培养新举措，建构了上城美好教师成长新生态。2019 年，上城荣获“全国教师队伍建设十大优秀案例”荣誉称号。至 2022 年，上城连续四次获评两年一度的“浙江省师干训先进集体”称号。

2. 辐射推广有实效

上城坚持走符合区域实际的多机制、多样化、多层次师训之路，在全省乃至全国承担各级各类教师培训任务，申报成为浙江省教师教育创新实验区、中国高等教育学会教师教育分会高校单位会员、国家级教师培训管理者发展研究中心“培训专业化”实践基地。“十三五”期间，承办面向全国各省市教育局和教师培训机构的国培综合改革项目班“自主选学培训制度建设培训”、国培计划“学分制培训制度建设培训”；组织了“长三角中学名校长高级研究班”；承办“浙江—印州 STEM 课程平移项目”教师研修班；组织实施“基于核心素养的德育校长领导力提升培训”“创意体育足球研修”“小学语文读写结合教学策略”等省级及以上培训项目。与此同时，上城区教育学院还大力开展面向东西部的扶贫协作教师培训项目；为新疆阿克苏、湖北鹤峰、贵州雷山、浙江开化等地提供各类教师、管理者培训服务，连续十多年开展浙江省“百人千场”送教下乡活动，拓宽省内外各贫困地区教师的成长视野，提升教师能力素养，为促进各地教育均衡发展贡献上城力量。

第二节
适应变革的未来发展路向

⊙

上城“五阶研训”教师发展范式的实践研究，是随着 21 世纪教师教育改革趋势和上城教师队伍建设过程中不断涌现的现实需求、挑战而产生的。随着国际教师教育领域学术研究、中国新课程改革与上城教育高质量发展的深度推进，面向未来的上城教师发展与成长需求也必将与时俱进，“五阶研训”也需面向未来，在创新更迭中继续走变革与发展之路。

案例 7-2-1 以“项目之力”推进“学院之治”

“教育 4.0”时代的到来使区域优化调整迫在眉睫，上城迎来全新的机遇和挑战。上城区教育学院创新治理体系，尝试引导研究员们运用项目研究方式，把上级的要求、群众的诉求和学院的追求三者相结合，力争做到协同创新，学术引领，服务精准。

2021—2022 年，上城区教育学院深度推进《上城区教育学院项目研究实施办法》，以项目制研究的形式积极推进学院的重点工作。学院将目光聚焦在协同创新上，注重在多人协同与跨部门协同下高质量完成项目。以项目研究带动学院治理体系的整体改革，实现区域教育研究工作与教师专业的同步发展。借助项目制，不仅明确了区域教育改革的问题和方向，同时形成了学院治理体系现代化的实践路径和运作模式。

浙江大学刘力教授认为，上城教育学院的项目研究是一种新的治理体系，跨越部门的协调组织，跨越层级的优化整合，跨越学科的交叉知识，跨越内外的合力攻关，跨越自我的工作激励。说到底是跨越常规的制度创新。

未来已来，将至已至。上城区教育学院院长王莺提出，上城的教师教育要以变革迎击挑战，项目研究就是全区目前重点开展"五阶研训"很好的研究路径，要通过项目的方式，让学院的研究全覆盖，力量全发动。更重要的是通过项目的策划与实施，让学院的这支研究员队伍凝心聚力，在团队合作实践研究中，提炼优秀的教师培训经验，并将这样的经验与成果运用在后续的教师培训项目中，以此改变全区老师们的思维方式和话语方式。

（节选自"杭州市上城区教育学院"微信公众号文章）

链接 7-2-1
杭州市上城区教育学院宣传片《让教育成为最美好的遇见》

放眼世界，当下是一个充满易变性、复杂性、不确定性和模糊性的时代，面对百年未有之大变局，教育和教师都面临巨大挑战，教师教育也需要提高站位再发展。上城区教育学院一直是助力上城教师专业发展与成长的工作"母机"。链接 7-2-1 是上城区教育学院 2019 年摄制的宣传片《让教育成为最美好的遇见》（扫描二维码即可观看）。在区域助力教师成长的探索中，上城区教育学院坚持问题导向，以推进治理体系与治理能力现代化为抓手，努力建构适应新时代教师教育需要的工作机制。上述案例中的项目化研究只是其中一个创新亮点。后续上城区教育学院还将继续依托高校专家资源，借力上城教育智库力量，以协同创新的方式，促使学院四个中心从课堂、课程、课题等不同维度展开更多教师培训研究的变革创新，促进上城教育高质量发展。

一、以培训带动培训，加速培训者队伍专业化发展

培训者队伍的专业素养，直接影响教师成长的专业素养与发展质量。培训者自身的发展和成长，是教师发展与成长的基础与先导。基于上城培训者队伍现状，后续仍需在理念、策略与成效上做全过程、全方位的专业发展与进阶提升。

1. 理念进阶：要关注教师发展需求，更要引领教师发展需求

教师培训既要基于教师当下的、个人的需求，又要关注长远的、未来时代需要，努力做到教师培养与未来的工作需求相适应。即教师培训既要关注教师的当下问题需求，又要引领教师的未来发展需求。

2. 内容进阶：要领会课改前沿理念，更要转化落实课改前沿理念

全面而迫切的课改任务下，教师培训面临巨大的挑战，培训者队伍自身需要学习新课程方案与新课程标准，这对于所有培训者的教育观念、知识结构，培训策略更新，都是一次严峻的挑战。“培训者培训”必须立足于最新的观念、知识、经验和方法，培训者要能准确领会课改精神，在后续的教学和研究工作中发挥示范和辐射作用，要能关联教育教学实际并将课改新理念活化、转化为有实践操作价值的培训课程内容，这样才能真正为一线教师的教学方式变革转型助力。

3. 策略进阶：要面向培训中的教育现场，更要面向培训后的教育现场

教育对象的特殊性、教学情境的复杂性、教学问题的生成性使得任何一种教学理论与教学实践都不可能只是简单的线性因果关系，所以教师在学习与培训中获得以及建构的认知依然不能完全解决实践中的困境与问题。因此，有必要加强对教师培训之后的跟进指导策略研究进阶，保证教师在教育教学实践遇到困难时能得到及时的动态交流与到位指导，教师才能充分运用在培训

学习中获得的新技能、新理念价值，从而切实增加教师的培训效能感。

二、以实践创生实践，推动培训深入课改全过程

在一个教育教学不断变革的时代，深化课改是重中之重。上城的教师培训将“以学定培，让教师培训真实进入课程改革全过程”作为重要路径。简而言之，学生成长指向在哪里，课改重点就在哪里，与此相对应，上城教师专业发展的难点、盲点与生长点在哪里，面向未来的教师培训落点就在哪里。

1. 学习者中心：从理解教师“这个人”的逻辑展开培训助力

高质量教师培训要以教师为中心，在“需求导向、问题导向”中量身定制培训课程，提高培训课程的针对性和准确性。但教师和所有在社会中生活的人一样，少有能在理念上意识到时代的变革，也少有因为自己肩上有了“教师”这个职业所担负的育人重责而在瞬间向着理想的规划目标转变。教师的进步与发展需要经历对时代变化的理解、接受、适应，而后才能进入自觉主动的创造阶段。因此，教师培训应该从更广阔的时代视野以及更深入的人文视角出发去设计，从而在“改变一点点，一点点改变”的过程中助力教师专业与时俱进，使其获得科学切实的专业可持续发展。

2. 实践价值取向：建构教师专业发展实践创新的方法体系

对教师而言，实践性知识是教师专业成长的关键。教师的专业发展是靠实践性知识保障的，真正能帮助教师解决问题获得成长的知识和经验，应当来自问题解决背后的实践智慧。教师成长和发展的关键在于实践性知识的不断丰富和实践智慧的不断开发。但实践智慧是缄默的，隐含于教学实践过程之中的，更多地与教师的个体思想和行动过程保持着“共生”关系。上城教师培训已经意识到要从教师需求出发，以课例研究为载体，在“实践取向”价值引领中创新教师研修方式；因此，上城教师培训提出教师研修的内容要分层设计，应

基于上城各学段学科教师的实际，选择不同层次的教师在教育教学实践中遇到的实实在在的问题，按照“缺什么，补什么”“需要什么，培训什么”的原则进行培训。在这样的过程中引导教师以课例研究为目的，促使教师在行动研究中提升专业水平。但在“五阶研训”推进过程中，不仅需要在培训中开发教师的实践智慧，更要帮助教师建构实践创新的方法体系，培养教师实践创新的习惯。

3. 技术赋能发展：从问题中心的技术培训走向发展需求的素养提升

教育 4.0 时代的教师，需要把握未来发展的脉搏，要学习基于大数据、云计算、物联网、虚拟现实等的人工智能技术，深度学习算法、模式识别技术，建构学生学习过程动态分析、发展动态画像及智能诊断系统，赋予当下的学生迎接未来的能力。在这样的时代背景下，教师培训的技术创新，整合教育信息化资源，探索新型教师培训形式，是提升教育人才培养的有效策略。未来，需要直面区域教师对现代教育技术应用的实际需求，做好教师的现代教育技术应用能力的培训工作，有效提升教师的教育信息化工作素养。更需要将信息技术助力人才培养的上城范式从零散、点状、实验性的尝试，慢慢由点及面、不断深化，从以解决教师实践问题为中心的技术培训走向为教师发展需求助力的素养提升培训。

三、以变革促进变革，打造高质量发展的教师队伍

面对百年未有之大变局，教育大形势、小环境都受到深度挑战，并产生全方位的深刻变化，以高质量为指引的教师教育也需要时刻保持变革与发展状态，才能成为夯实教师队伍高质量发展的重要基础和保障。

1.“变革意识”是促进教师专业持续发展的原生动力

在组织区域分层分类教师进行不同主体和内容课程培训的过程中，传统的由上至下管理不利于教师充分且积极主动地参与专业发展学习。无论是教育

主管部门，还是区域助力教师专业发展的导助机构，以及学校和参训教师本人，都要有到位的“变革意识”，让更多成员参与教师培训与实施的过程，共同建设与评价，从根本上促进教师专业发展的主动性与有效性。

2.“动态完善”是教师培训课程建设的重要策略

面向不同阶段、不同层级、不同岗位的教师，建设并优化培训课程资源库虽然是基于一定的课程目标和课程内容，但这是不够的。要在明确目标的前提下，依据动态课程资源生成与完善原则，意识到培训过程也是课程资源不断生成与课程内容不断“动态进阶”的过程，不断更新这些资源，并优化资源建设，是需要受到重视并严格实施的。

3.“选择性进阶”是教师培训体系建设的必备路径

“五阶研训”的分层、分类教师发展目标是多维的，教师培训的本质是有效地支持和促进教师学习，具备系统化、专业化和终身化三大特征，所以培训设计必然是一个系统工程。我们既要关注教师培训需求，同时也要避免他们要求学什么，我们就开设什么课程，从而忽略培训的系统性。所以，区、县培训机构在实施教师培训时，必须系统性地考虑教师专业发展的主客观要求，既有横向维度的选择性设计，又有纵向深度的发展进阶性设计，才能满足每一位教师的专业发展需求。

4.“实践导向”是培训成效的核心价值体现

教师培训属于成人学习范畴，其标准应是在学到有用知识的同时感到愉悦。有效评价是激发教师专业发展积极主动性、提升教师专业发展质量的重要组成部分。因此在对培训质量进行评价时要有“成果和实践导向”，应加入与教学实践应用相关联的评价进行综合分析，从而进一步改进后续课程内容与实施方式。

5.“要素匹配”是培训范式高质量实施的效能关键

上城教师教育改革基于以往发展，但研训工作的变革契机是由现实需求引发的，每一个阶段的工作推进都是客观要求使然，并非所有研训体系的关键要素都有充分的主客观准备，也并非都是在经过长期酝酿与实践的基础上展开的。范式架构体系中的某些要素与其余要素之间也并非完全匹配。就当前的上城现状而言，上城教师个人发展的进阶通道建设已经比较科学、完善，但转化性研修课程的项目开发、研修内容的体系化建设以及培训者本身的培训等要素建设都需要紧密跟进，以促进整个研训体系的效能提升。

教育的过程，就是一个不完美的人，带着一群不完美的人，去追求完美的过程。以“五阶研训”为推手，将打造高质量发展的教师队伍的理想，变成理想的高质量发展的教师队伍，是上城教师培训理想愿景。教育的魅力是创造的魅力，是创造生命发展的魅力。以变革促进变革，上城将在不断深化的研究和实践中继续创新变革，助力更多教师持续专业发展，使他们获得职业生涯的价值感，并享受幸福的教师生涯。

参考文献

[1] 李绍才．提升执行力：教师培训的上城模式研究［M］．上海：上海教育出版社，2010.

[2] 李绍才．区域助力教师成长的上城模式［M］．杭州：浙江教育出版社，2014.

[3] 项海刚．让教育更美好［M］．杭州：浙江教育出版社，2018.

后　记

三月的阳光，映着满城的春色，杨柳依依，桃花灼灼。《五阶研训：指向持续学习力的双驱赋能教师发展范式》的书稿在大家的支持和帮助下，终于付梓了。

上城教育作为新上城的一张金名片，正在全力打造优质均衡、人民满意的“美好教育引领区”，而这其中，最亮眼的正是这支内心丰盈、专业精深的教师队伍。一直以来，上城教育涵养“静心教书、潜心育人；敬业成人、精业成才”的教师精神，引导广大教师做爱的守望者、正能量的传递者、永远的学习者、未来的创造者。为了激发教师持续学习力，上城区创新实施“五阶段五梯队多维度”教师专业培养机制，让全区每位教师在不同时期都能找到自己的“生长点。

进入中国式现代化建设的新时代后，如何把新政策、新理念、新目标“长”到教师身上，真正融入教师的日常教育教学生活中，最终成为教师专业成长的一部分？解决这些困扰我们多年的普遍难题的重要路径之一，在于实现一种转化。“五阶研训”——指向持续学习力的双驱赋能教师发展范式，根植于上城教育这块沃土，已然成为实现这种转化的中国经验。

本书由钟玲主编，廖关红担任副主编，徐雪峰担任科研助理。各章的作者分别为：第一章，钟玲；第二章，徐雪峰；第三章，廖关红，张芳，王珍；第四章，胡缨，刘英，翁堤青；第五章，毛慈萍，金大鹏，蒋敏；第六章，邵晓婷，毛慈萍，蒋华灿；第七章，钟玲。

在本书撰写过程中，我们得到了许多领导、专家的支持，上城区教育局党委书记、局长项海刚，上城区教育学院院长王莺，上城区教育局教育发展规划科科长程艳等都提出了宝贵的建议。特别需要感谢的是浙江大学刘力教授，作为本书撰写的指导专家，在理念提升、框架构建和经验凝练上，多次给予高位引领和详细指导。上城区各中小学、幼儿园及相关老师，也为我们提供了案例和素材。在此，谨一并表示感谢。

“教育、科技、人才”三位一体发展是加快建设现代化强国的战略性部署，教育是基础，科技是关键，人才是根本。批判性思维、数字素养、育人能力和综合素养等逐渐进入教师专业发展图谱。以变应变，决胜未来！上城教师研训，继续行进在路上。本书肯定会有不尽如人意的地方，加之作者水平有限，谬误也在所难免，敬请同行不吝赐教。

编者

于 2023 年 3 月